卞尺丹几乙し丹卞と

Translated Language Learning

The Adventures of Pinocchio

ماجراهای پینوکیو

- Carlo Collodi

English / فارسی

Copyright © 2024 Tranzlaty
All rights reserved
Published by Tranzlaty
ISBN: 978-1-83566-452-0
Le Avventure di Pinocchio, Storia di un Burattino
Original text by Carlo Callodi
First published in Italianin 1883
Illustrated By Alice Carsey
www.tranzlaty.com

The Piece of Wood that Laughed and Cried like a Child
تکه چوبی که مثل یک کودک می خندید و گریه می کرد

Centuries ago there lived...

قرن ها پیش در انجا زندگی می کردند...

"A king!" my little readers will say immediately

"یک پادشاه "!خوانندگان کوچک من بلافاصله می گویند

No, children, you are mistaken

نه بچه ها، اشتباه می کنید

Once upon a time there was a piece of wood

روزی روزگاری یک تکه چوب بود

the wood was in the shop of an old carpenter

چوب در مغازه نجار پیر بود

this old carpenter was named Master Antonio

نام این نجار پیر ارباب انتونیو بود

Everybody, however, called him Master. Cherry

همه او را استاد مینامیدند.گیلاس

they called him Master. Cherry on account of his nose

او را استاد میناميدند .چری به دلیل بینیاش

his nose was always as red and polished as a ripe cherry

بینیاش همیشه سرخ و براق بود، مثل گیلاس رسیده.

Master Cherry set eyes upon the piece of wood

ارباب چری به تکه چوب نگاه کرد

his face beamed with delight when he saw the log

با دیدن کنده درخت صورتش از شادی درخشید

he rubbed his hands together with satisfaction

با خرسندی دستهایش را به هم مالید

and the kind master softly spoke to himself

و ارباب مهربان به نرمی با خود حرف میزد

"This wood has come to me at the right moment"

"این جنگل در لحظه مناسب به سمت من امده است"

"I have been planning to make a new table"

"من برنامه ریزی کرده ام که یک میز جدید بسازم"

"it is perfect for the leg of a little table"

"برای پای یک میز کوچک مناسب است"

He immediately went out to find a sharp axe

بی درنگ بیرون رفت تا تبر تیزی پیدا کند

he was going to remove the bark of the wood first

میخواست اول پوست درخت را بردارد

and then he was going to remove any rough surface
و بعد میخواست هر سطح ناهمواری را از بین ببرد
and he was just about to strike the wood with his axe
و میخواست با تبر به چوب ضربه بزند
but just before he struck the wood he heard something
اما پیش از انکه به جنگل برخورد کند صدایی شنید
"Do not strike me so hard!" a small voice implored
"اینقدر به من ضربه نزدید "!صدای کوچکی التماس کرد
He turned his terrified eyes all around the room
چشمان وحشتزدهاش را به اطراف اتاق برگرداند
where could the little voice possibly have come from?
این صدای کوچک از کجا امده است؟
he looked everywhere, but he saw nobody!
همه جا را نگاه کرد، اما کسی را ندید!
He looked under the bench, but there was nobody
زیر نیمکت را نگاه کرد، اما کسی نبود.
he looked into a cupboard that was always shut
به گنجهای نگاه کرد که همیشه بسته بود.
but there was nobody inside the cupboard either
اما در گنجه هم کسی نبود.
he looked into a basket where he kept sawdust
به سبدی که در ان خاک اره نگهداری میکرد نگاه کرد.
there was nobody in the basket of sawdust either
در سبد خاک اره هم کسی نبود
at last he even opened the door of the shop
سرانجام در مغازه را باز کرد
and he glanced up and down the empty street
و به بالا و پایین خیابان خالی نگاهی انداخت
But there was no one to be seen in the street either
اما در کوچه هم کسی دیده نمی شد.
"Who, then, could it be?" he asked himself
"پس چه کسی می تواند باشد؟ "او از خود پرسید.
at last he laughed and scratched his wig
سرانجام خندید و کلاه گیسش را خاراند
"I see how it is," he said to himself, amused
"من می بینم که چگونه ان است، "او به خود گفت، سرگرم کننده
"evidently the little voice was all my imagination"
"ظاهرا صدای کوچک تمام تصورات من بود"

"Let us set to work again," he concluded

"بیایید دوباره کار کنیم، "او نتیجه گرفت

he picked up his axe again and set to work

تبرش را برداشت و به کار خود پرداخت

he struck a tremendous blow to the piece of wood

ضربه محکمی به تکه چوب زد

"Oh! oh! you have hurt me!" cried the little voice

"اوه !آه !صدای کوچک فریاد زد" :شما به من صدمه دیده اید"!

it was exactly the same voice as it was before

درست همان صدایی بود که قبلا بود.

This time Master. Cherry was petrified

این بار استاد چری سنگ شده بود

His eyes popped out of his head with fright

چشمانش از ترس از سرش بیرون پرید.

his mouth remained open and his tongue hung out

دهانش باز بود و زبانش باز بود.

his tongue almost came to the end of his chin

زبانش نزدیک بود به انتهای چانهاش برسد

and he looked just like a face on a fountain

و قیافهاش درست مثل چهرهای بود که روی فوارهای افتاده باشد.

Master. Cherry first had to recover from his fright

استاد .چری ابتدا مجبور شد از ترس خود بهبود یابد

the use of his speech returned to him

استفاده از سخنانش به او بازگشت

and he began to talk in a stutter;

و با لکنت شروع به صحبت کرد.

"where on earth could that little voice have come from?"

این صدای کوچک از کجا امده است؟«

"could it be that this piece of wood has learned to cry?"

ایا ممکن است این تکه چوب گریه کردن را اموخته باشد؟«

"I cannot believe it," he said to himself

"من نمی توانم ان را باور، "او به خود گفت.

"This piece of wood is nothing but a log for fuel"

"این تکه چوب چیزی جز یک چوب برای سوخت نیست"

"it is just like all the logs of wood I have"

درست مثل تمام چوبهایی است که من دارم

"it would only just suffice to boil a saucepan of beans"

فقط کافیه که یه ماهی تابه لوبیا بجوشه

"Can anyone be hidden inside this piece of wood?"

ایا کسی می تواند در این تکه چوب پنهان شود؟

"If anyone is inside, so much the worse for him"

"اگر کسی در داخل است، خیلی بدتر برای او"

"I will finish him at once," he threatened the wood

"من او را در یک بار به پایان برساند، "او چوب را تهدید کرد

he seized the poor piece of wood and beat it

تکه چوب بیچاره را گرفت و به ان زد

he mercilessly hit it against the walls of the room

با بیرحمی ان را به دیوارهای اتاق کوبید

Then he stopped to see if he could hear the little voice

سپس ایستاد تا ببیند ایا صدای کوچک را میشنود یا نه.

He waited two minutes, nothing. Five minutes, nothing

دو دقیقه صبر کرد، هیچ چیز .پنج دقیقه، هیچ چیز

he waited another ten minutes, still nothing!

ده دقیقه دیگر صبر کرد، هنوز هیچی!

"I see how it is," he then said to himself

"من می بینم که چگونه ان است، "او سپس به خود گفت

he forced himself to laugh and pushed up his wig

خود را به خنده انداخت و کلاه گیسش را بالا برد

"evidently the little voice was all my imagination!"

واضح است که صدای کوچک تمام تصورات من بود!

"Let us set to work again," he decided, nervously

"بیایید دوباره کار کنیم، "او تصمیم گرفت، عصبی

next he started to polish the bit of wood

بعد شروع کرد به صیقل دادن تکههای چوب.

but while polishing he heard the same little voice

اما هنگام صیقل دادن همان صدای کوچک را شنید

this time the little voice was laughing uncontrollably

این بار صدای کوچکش بدون هیچ کنترلی میخندید

"Stop! you are tickling me all over!" it said

بس کن !شما در حال غلغلک دادن من بیش از همه "!او گفت:

poor Master. Cherry fell down as if struck by lightning

استاد بیچاره چری افتاد، انگار رعد و برق به او اصابت کرده بود.

sometime later he opened his eyes again

مدتی بعد دوباره چشمانش را باز کرد

he found himself seated on the floor of his workshop

خود را در کف کارگاهش یافت

His face was very changed from before
چهره او نسبت به گذشته بسیار تغییر کرده بود.
and even the end of his nose had changed
و حتی انتهای بینیاش تغییر کرده بود
his nose was not its usual bright crimson colour
بینیاش به رنگ قرمز روشن همیشگیاش نبود
his nose had become icy blue from the fright
بینیاش از ترس ابی یخ زده شده بود

Master. Cherry Gives the Wood Away
استاد .گیلاس می دهد چوب دور

At that moment someone knocked at the door
در این لحظه کسی در را زد
"Come in," said the carpenter to the visitor
"بیا داخل، "نجار به بازدید کننده گفت
he didn't have the strength to rise to his feet
او قدرت برخاستن از روی زمین را نداشت
A lively little old man walked into the shop
پیرمردی کوچک و با نشاط وارد مغازه شد
this lively little man was called Geppetto
این مرد کوچک و زنده را ژپتو مینامیدند
although there was another name he was known by
گرچه اسم دیگری هم بود که با ان شناخته میشد،
there was a group of naughty neighbourhood boys
گروهی از بچههای محلهی شیطون بودند
when they wished to anger him they called him pudding
وقتی میخواستند او را عصبانی کنند اسمش را پودینگ گذاشتند
there is a famous yellow pudding made from Indian corn
یک پودینگ زرد معروف وجود دارد که از ذرت هندی تهیه شده است
and Geppetto's wig looks just like this famous pudding
و کلاه گیس ژپتو درست مثل این پودینگ معروف است
Geppetto was a very fiery little old man
ژپتو پیرمردی اتشین بود
Woe to him who called him pudding!
وای بر کسی که او را پودینگ صدا می کند!
when furious there was no holding him back
وقتی خشمگین میشد هیچ چیز او را از خود باز نمی داشت

"Good-day, Master. Antonio," said Geppetto

روز بخیر استاد انتونیو، گفت :ژپتو

"what are you doing there on the floor?"

روی زمین چه کار میکنی؟«

"I am teaching the alphabet to the ants"

"دارم الفبا رو به مورچه ها یاد میدم"

"I can't imagine what good it does to you"

نمی تونم تصور کنم که چه کار خوبی برات می کنه

"What has brought you to me, neighbour Geppetto?"

"چه چیزی شما را به من اورده است، همسایه ژپتو؟"

"My legs have brought me here to you"

"پاهام منو به اینجا اوردن پیش تو"

"But let me tell you the truth, Master. Antonio"

اما بگذارید حقیقت را به شما بگویم استاد .انتونیو

"the real reason I came is to ask a favour of you"

"دلیل اصلی اومدنم اینه که ازت یه لطفی بخوام"

"Here I am, ready to serve you," replied the carpenter

"من اینجا هستم، اماده خدمت به شما، "نجار پاسخ داد

and he got off the floor and onto his knees

و از روی زمین بلند شد و روی زانوهایش نشست

"This morning an idea came into my head"

"امروز صبح یه فکری به ذهنم رسید"

"Let us hear the idea that you had"

"بگذارید ایده ای را که شما داشتید بشنویم"

"I thought I would make a beautiful wooden puppet"

"من فکر کردم که یک عروسک چوبی زیبا خواهم ساخت"

"a puppet that could dance and fence"

عروسک خیمه شب بازی که می تواند رقص و حصار "

"a puppet that can leap like an acrobat"

"یه عروسک خیمه شب بازی که میتونه مثل یه اکروبات بپره"

"With this puppet I could travel about the world!"

با این عروسک می توانم در سراسر جهان سفر کنم!

"the puppet would let me earn a piece of bread"

"عروسک خیمه شب بازی به من اجازه می دهد یک تکه نان بدست بیارم"

"and the puppet would let me earn a glass of wine"

"و عروسک خیمه شب بازی به من اجازه می دهد تا یک لیوان شراب به دست اوردن"

"What do you think of my idea, Antonio?"

نظرت در مورد ایده من چیه انتونیو؟

"Bravo, pudding!" exclaimed the little voice

"افرین، پودینگ "!صدای کوچک فریاد زد

it was impossible to know where the voice had came from

معلوم نبود این صدا از کجا امده است.

Geppetto didn't like hearing himself called pudding

ژپتو دوست نداشت به خودش بگوید پودینگ.

you can imagine he became as red as a turkey

شما میتوانید تصور کنید که او مثل یک بوقلمون سرخ شد

"Why do you insult me?" he asked his friend

"چرا به من توهین می کنید؟ "او از دوستش پرسید.

"Who insults you?" his friend replied

"چه کسی به شما توهین می کند؟ "دوستش پاسخ داد.

"You called me pudding!" Geppetto accused him

تو به من گفتی پودینگ «ژپتو او را متهم کرد

"It was not I!" Antonio honestly said

من نبودم «!انتونیو صادقانه گفت:

"Do you think I called myself pudding?"

فکر میکنی به خودم گفتم پودینگ؟»

"It was you, I say!", "No!", "Yes!", "No!"

"این شما بودید، من می گویم"!،" نه"!،" بله"!،" نه"!

becoming more and more angry, they came to blows

بیشتر و بیشتر عصبانی می شدند، به ضربات می رسیدند

they flew at each other and bit and fought and scratched

به طرف یکدیگر پرواز میکردند و گاز می گرفتند و میجنگیدند و میخاریدند

as quickly as it had started the fight was over again

با همان سرعتی که شروع شده بود، جنگ دوباره به پایان رسید.

Geppetto had the carpenter's grey wig between his teeth

ژپتو کلاه گیس خاکستری نجار را بین دندانهایش گذاشته بود

and Master. Antonio had Geppetto's yellow wig

و استاد .انتونیو کلاه گیس زرد ژپتو را داشت

"Give me back my wig" screamed Master. Antonio

"کلاه گیسم را به من بازگردانید "استاد فریاد زد .آنتونیو

"and you give me back my wig" screamed Master. Cherry

"و شما کلاه گیس من را به من بازگردانید "استاد فریاد زد .گیلاس

"let us be friends again" they agreed

"بیایید دوباره دوست باشیم "انها موافقت کردند

The two old men gave each other their wigs back

هر دو پیرمرد کلاه گیسهای خود را پس دادند
and the old men shook each other's hands
و پیرمردها دست یکدیگر را فشردند
they swore that all had been forgiven
انها قسم خوردند که همه چیز بخشیده شده است.
they would remain friends to the end of their lives
تا اخر عمر با هم دوست خواهند ماند.
"Well, then, neighbour Geppetto" said the carpenter
"خوب، پس، همسایه ژپتو "نجار گفت
he asked "what is the favour that you wish of me?"
پرسید :چه لطفی از من میخواهی؟»
this would prove that peace was made
این نشان میداد که صلح برقرار شده است
"I want a little wood to make my puppet"
"من یک چوب کوچک می خواهم تا عروسکم را بسازم"
"will you give me some wood?"
"میشه یه ذره چوب بهم بدی؟"
Master. Antonio was delighted to get rid of the wood
استاد .انتونیو از خلاص شدن از جنگل خوشحال شد
he immediately went to his work bench
بی درنگ به نیمکت کار خود رفت
and he brought back the piece of wood
و تکه چوب را اورد
the piece of wood that had caused him so much fear
ان تکه چوب که ان قدر او را به وحشت اورده بود،
he was bringing the piece of wood to his friend
داشت تکه چوب را برای دوستش میاورد
but then the piece of wood started to shake!
اما بعد تکه چوب شروع به لرزیدن کرد!
the piece of wood wriggled violently out of his hands
تکه چوب به شدت از دستش بیرون امد
this piece of wood knew how to make trouble!
این تکه چوب میدانست که چگونه دردسر درست کند!
with all its might it struck against poor Geppetto
با تمام قدرت به ژپتو بیچاره حمله کرد
and it hit him right on his poor dried-up shins
و او را درست روی ساقهای خشک شدهاش زد
you can imagine the cry that Geppetto gave
شما میتوانید تصور کنید که ژپتو چه فریادی زد

"is that the courteous way you make your presents?"

"ایا این روش مودبانه ای است که هدیه های خود را ارائه می دهید؟"

"You have almost lamed me, Master. Antonio!"

شما تقریبا مرا لنگ کردید، استاد .انتونیو!

"I swear to you that it was not I!"

به خدا قسم که من نبودم.

"Do you think I did this to myself?"

فکر میکنی این کار را با خودم کردم؟«

"The wood is entirely to blame!"

"چوب کاملا مقصر است"!

"I know that it was the wood"

"میدونم که اون چوب بود"

"but it was you that hit my legs with it!"

اما این تو بودی که با اون به پاهام ضربه زدی

"I did not hit you with it!"

من تو را با ان کتک نزدم«!

"Liar!" exclaimed Geppetto

"دروغگو "!ژپتو فریاد زد

"Geppetto, don't insult me or I will call you Pudding!"

ژپتو، به من توهین نکن وگرنه بهت میگم پودینگ«!

"Knave!", "Pudding!", "Donkey!"

نوکر !پودینگ !خر!

"Pudding!", "Baboon!", "Pudding!"

در پودینگ !بابون !پودینگ!

Geppetto was mad with rage all over again

ژپتو از شدت خشم دیوانه شده بود

he had been called been called pudding three times!

سه بار اسمش را پودینگ گذاشته بودند!

he fell upon the carpenter and they fought desperately

او بر نجار افتاد و انها به شدت جنگیدند

this battle lasted just as long as the first

این نبرد به اندازه نبرد اول ادامه داشت

Master. Antonio had two more scratches on his nose

استاد .انتونیو دو خراش دیگر روی بینیاش داشت

his adversary had lost two buttons off his waistcoat

حریفش دو دکمه جلیقهاش را از دست داده بود

Their accounts being thus squared, they shook hands

حسابهایشان به این ترتیب مربع شد، با هم دست دادند

and they swore to remain good friends for the rest of their lives

و قسم خوردند که تا پایان عمر دوستان خوبی باقی بمانند

Geppetto carried off his fine piece of wood

ژپتو تکه چوب خود را برداشت

he thanked Master. Antonio and limped back to his house

از استاد تشکر کرد. انتونیو لنگ لنگان به خانه برگشت

Geppetto Names his Puppet Pinocchio
ژپتو عروسک خیمه شب بازی خود را پینوکیو می نامد

Geppetto lived in a small ground-floor room

ژپتو در یک اتاق کوچک در طبقه همکف زندگی میکرد.

his room was only lighted from the staircase

اتاقش فقط از پلکان روشن بود

The furniture could not have been simpler

اثاثیه از این سادهتر نمیشد

a rickety chair, a poor bed, and a broken table

یک صندلی زهوار، یک تخت خواب ضعیف و یک میز شکسته

At the end of the room there was a fireplace

در انتهای اتاق بخاری دیواری قرار داشت

but the fire was painted, and gave no fire

اما اتش رنگ امیزی شده بود و هیچ اتشی نمی داد

and by the painted fire was a painted saucepan

و در کنار اتش یک ماهی تابه رنگ شده بود

and the painted saucepan was boiling cheerfully

و ماهی تابه رنگ شده با خوشحالی میجوشد

a cloud of smoke rose exactly like real smoke

ابری از دود درست مثل دود واقعی برمیخست

Geppetto reached home and took out his tools

ژپتو به خانه رسید و وسایلش را بیرون اورد

and he immediately set to work on the piece of wood

و بی درنگ شروع به کار روی تکه چوب کرد

he was going to cut out and model his puppet

میخواست عروسکش را تکه تکه کند و مدل کند

"What name shall I give him?" he said to himself

"چه نامی باید به او بدهم؟ "او به خودش گفت.

"I think I will call him Pinocchio"

فکر میکنم او را پینوکیو صدا خواهم کرد«.

"It is a name that will bring him luck"

"این اسمیه که براش شانس میاره"

"I once knew a whole family called Pinocchio"

یه زمانی یه خانواده کامل به اسم پینوکیو رو میشناختم

"There was Pinocchio the father and Pinocchio the mother"

"پینوکیو پدر بود و پینوکیو مادر"

"and there were Pinocchio the children"

"و بچه های پینوکیو هم بودن"

"and all of them did well in life"

"و همه انها در زندگی خوب عمل کردند"

"The richest of them was a beggar"

ثروتمندترین انها یک گدا بود.

he had found a good name for his puppet

برای عروسکش نام خوبی پیدا کرده بود

so he began to work in good earnest

بنابراین با جدیت شروع به کار کرد

he first made his hair, and then his forehead

ابتدا موهایش را درست کرد و بعد پیشانیاش را.

and then he worked carefully on his eyes

و بعد با دقت روی چشمانش کار کرد

Geppetto thought he noticed the strangest thing

ژپتو فکر کرد که عجیبترین چیز را دیده است

he was sure he saw the eyes move!

مطمئن بود که حرکت چشمها را دیده است!

the eyes seemed to look fixedly at him

چشمها به نظر میرسید که به او خیره شده است.

Geppetto got angry from being stared at

ژپتو از اینکه به او خیره شده بود عصبانی شد

the wooden eyes wouldn't let him out of their sight

چشمهای چوبی او را از جلوی چشمشان بیرون نمیبیند

"Wicked wooden eyes, why do you look at me?"

چشمان چوبی شرور، چرا به من نگاه میکنی؟«

but the piece of wood made no answer

اما تکه چوب جوابی نداد

He then proceeded to carve the nose

سپس شروع به کندن بینی کرد

but as soon as he had made the nose it began to grow

اما همین که دماغش را در اورد شروع به رشد کرد

And the nose grew, and grew, and grew

و بینی رشد کرد و بزرگ شد و بزرگ شد.

in a few minutes it had become an immense nose

در عرض چند دقیقه به بینی بزرگی تبدیل شد

it seemed as if it would never stop growing

به نظر میرسید که هرگز دست از رشد برنمی دارد

Poor Geppetto tired himself out with cutting it off

ژپتو بیچاره با قطع کردن ان خسته شد

but the more he cut, the longer the nose grew!

اما هر چه بیشتر برید، بینیاش بلندتر میشد!

The mouth was not even completed yet

دهان هنوز کامل نشده بود.

but it already began to laugh and deride him

اما خندهاش گرفت و او را مسخره کرد.

"Stop laughing!" said Geppetto, provoked

"توقف خنده "!گفت :ژپتو، تحریک

but he might as well have spoken to the wall

اما میتوانست با دیوار صحبت کند

"Stop laughing, I say!" he roared in a threatening tone

"خنده را متوقف کنید، من می گویم "!او با لحن تهدید امیز غرش کرد

The mouth then ceased laughing

انگاه دهان از خنده باز ایستاد

but the face put out its tongue as far as it would go

اما چهره تا انجا که میتوانست زبانش را بیرون اورد

Geppetto did not want to spoil his handiwork

ژپتو نمیخواست کاردستیش را خراب کند.

so he pretended not to see, and continued his labours

بنابراین وانمود کرد که نمیبیند و به کار خود ادامه داد.

After the mouth he fashioned the chin

بعد از دهانش چانهاش را شکل داد

then the throat and then the shoulders

بعد گلو و بعد شانهها

then he carved the stomach and made the arms hands

بعد شکمش را کند و دستها را درست کرد

now Geppetto worked on making hands for his puppet
اکنون ژپتو برای دست نشانده خود دست به کار شد

and in a moment he felt his wig snatched from his head
و در یک لحظه احساس کرد که کلاه گیسش از سرش ربوده شده است

He turned round, and what did he see?
برگشت و چی دید؟

He saw his yellow wig in the puppet's hand
کلاه گیس زرد رنگش را در دست عروسک دید

"Pinocchio! Give me back my wig instantly!"
پینوکیو! فورا کلاه گیسم را به من پس بده»!

But Pinocchio did anything but return him his wig
اما پینوکیو هر کاری کرد جز اینکه کلاه گیسش را به او برگرداند

Pinocchio put the wig on his own head instead!
پینوکیو کلاه گیس را روی سرش گذاشت!

Geppetto didn't like this insolent and derisive behaviour
ژپتو از این رفتار گستاخانه و تمسخرامیز خوشش نیامد

he felt sadder and more melancholy than he had ever felt
غمگینتر و غمگینتر از ان بود که تا به حال احساس کرده بود

turning to Pinocchio, he said "You young rascal!"
رو به پینوکیو کرد و گفت :ای حقه باز جوان»!

"I have not even completed you yet"
"من هنوز تو رو کامل نکردم"

"and you are already failing to respect to your father!"
و همین الانشم داری به پدرت احترام نمیذاری

"That is bad, my boy, very bad!"
"این بد است، پسرم، خیلی بد است"!

And he dried a tear from his cheek
و اشکی از گونهاش را خشک کرد

The legs and the feet remained to be done
پاها و پاها هنوز باید کار کنند.

but he soon regretted giving Pinocchio feet
اما خیلی زود از دادن پای پینوکیو پشیمان شد

as thanks he received a kick on the point of his nose
چون از او تشکر کرد نوک بینیاش را لگد کرد

"I deserve it!" he said to himself
"من سزاوار ان هستم"! او به خودش گفت

"I should have thought of it sooner!"
باید زودتر به این فکر میکردم»!

"Now it is too late to do anything about it!"

حالا دیگر خیلی دیر است که کاری در این باره انجام دهیم«!

He then took the puppet under the arms

انگاه عروسک را زیر بغل گرفت

and he placed him on the floor to teach him to walk

و او را روی زمین گذاشت تا راه رفتن را به او یاد دهد

Pinocchio's legs were stiff and he could not move

پاهای پینوکیو سفت شده بود و نمیتوانست حرکت کند.

but Geppetto led him by the hand

اما ژپتو دست او را گرفت

and he showed him how to put one foot before the other

و به او نشان داد که چگونه یک پا را به پای دیگر بگذارد

eventually Pinocchio's legs became limber

سرانجام پاهای پینوکیو نرمتر شد

and soon he began to walk by himself

و به زودی شروع به راه رفتن کرد

and he began to run about the room

و شروع به دویدن در اتاق کرد

then he got out of the house door

سپس از در خانه بیرون امد

and he jumped into the street and escaped

و به خیابان پرید و فرار کرد

poor Geppetto rushed after him

ژپتو بینوا به دنبال او شتافت

of course he was not able to overtake him

البته که نمیتوانست به او برسد

because Pinocchio leaped in front of him like a hare

چون پینوکیو مثل خرگوش جلوش پرید

and he knocked his wooden feet against the pavement

و پاهای چوبی خود را به سنگفرش کوبید

it made as much clatter as twenty pairs of peasants' clogs

به اندازه بیست جفت کفش دهقانی به صدا در می اورد

"Stop him! stop him!" shouted Geppetto

"جلوشو بگیر !ژپتو فریاد زد :او را متوقف کن!

but the people in the street stood still in astonishment

اما مردم در خیابان با تعجب ایستاده بودند

they had never seen a wooden puppet running like a horse

هرگز عروسک چوبی را ندیده بودند که مثل اسب بدود

and they laughed and laughed at Geppetto's misfortune

و به بدبختی ژپتو میخندیدند و میخندیدند

At last, as good luck would have it, a soldier arrived

سرانجام، طبق خوش شانسی، سربازی امد

the soldier had heard the uproar

سرباز صدای سر و صدا را شنیده بود

he imagined that a colt had escaped from his master

تصور میکرد که یک کره اسب از دست اربابش فرار کرده است

he planted himself in the middle of the road

خود را در وسط جاده قرار داد

he waited with the determined purpose of stopping him

با نیتی مصمم منتظر ماند تا او را متوقف کند

thus he would prevent the chance of worse disasters

بدین ترتیب از وقوع حوادث بدتر جلوگیری میکرد

Pinocchio saw the soldier barricading the whole street

پینوکیو سربازی را دید که تمام خیابان را مسدود کرده بود.

so he endeavoured to take him by surprise

به این ترتیب سعی کرد او را غافلگیر کند

he planned to run between his legs

تصمیم گرفت بین پاهایش بدود

but the soldier was too clever for Pinocchio

اما سرباز از پینوکیو باهوشتر بود

The soldier caught him cleverly by the nose

سرباز با هوش دماغش را گرفت

and he gave Pinocchio back to Geppetto

و پینوکیو را به ژپتو پس داد

Wishing to punish him, Geppetto intended to pull his ears

ژپتو که میخواست او را مجازات کند، قصد داشت گوشهایش را بکشد.

But he could not find Pinocchio's ears!

اما او نتوانست گوشهای پینوکیو را پیدا کند!

And do you know the reason why?

و دلیلش رو میدونی؟

he had forgotten to make him any ears

فراموش کرده بود که برای او گوشهایی بسازد

so then he took him by the collar

انگاه یقه او را گرفت

"We will go home at once," he threatened him

"ما در یک بار به خانه می رویم، "او او را تهدید کرد

"as soon as we arrive we will settle our accounts"

"به محض اینکه برسیم حسابهامون رو تسویه میکنیم"

At this information Pinocchio threw himself on the ground

با این اطلاعات پینوکیو خود را روی زمین انداخت

he refused to go another step

از رفتن به یک قدم دیگر خودداری کرد

a crowd of inquisitive people began to assemble

جمعی از مردم کنجکاو شروع به جمع شدن کردند

they made a ring around them

حلقهای دور خود حلقه زدند

Some of them said one thing, some another

بعضی از انها یک چیز میگفتند، بعضی چیز دیگر.

"Poor puppet!" said several of the onlookers

"عروسک خیمه شب بازی فقیر "!گفت :بسیاری از تماشاگران

"he is right not to wish to return home!"

حق با اوست که نمیخواهد به خانه برگردد«!

"Who knows how Geppetto will beat him!"

چه کسی میداند ژپتو چگونه او را شکست خواهد داد«!

"Geppetto seems a good man!"

"ژپتو مرد خوبی به نظر می رسد"!

"but with boys he is a regular tyrant!"

اما با پسرا اون یه ستمگر معمولیه

"don't leave that poor puppet in his hands"

"اون عروسک بیچاره رو تو دستاش نذار"

"he is quite capable of tearing him to pieces!"

اون کاملا میتونه اونو تیکه تیکه کنه

from what was said the soldier had to step in again

از انچه گفته شد سرباز مجبور شد دوباره وارد شود

the soldier gave Pinocchio his freedom

سرباز به پینوکیو ازادی داد

and the soldier led Geppetto to prison

و سرباز ژپتو را به زندان برد

The poor man was not ready to defend himself with words

مرد بیچاره حاضر نبود با کلمات از خود دفاع کند

he cried like a calf "Wretched boy!"

او مانند یک گوساله فریاد زد" :پسر بدبخت"!

"to think how I laboured to make him a good puppet!"

فکر کردن به اینکه چقدر زحمت کشیدم تا او را عروسک خیمه شب بازی خوبی کنم«!

"But all I have done serves me right!"

"اما تمام کارهایی که انجام داده ام به من کمک می کند"!

"I should have thought of it sooner!"

باید زودتر به این فکر میکردم«!

The Talking Little Cricket Scolds Pinocchio

کریکت کوچک صحبت کردن پینوکیو

poor Geppetto was being taken to prison

ژپتو بیچاره را به زندان بردند

all of this was not his fault, of course

البته همه اینها تقصیر او نبود.

he had not done anything wrong at all

او هیچ کار بدی نکرده بود

and that little imp Pinocchio found himself free

و ان پینوکیوی کوچک خودش را ازاد یافت

he had escaped from the clutches of the soldier

از چنگ سرباز گریخته بود

and he ran off as fast as his legs could carry him

و با همان سرعتی که پاهایش او را حمل میکرد، فرار کرد.

he wanted to reach home as quickly as possible

میخواست هرچه زودتر به خانه برگردد

therefore he rushed across the fields

از این رو از میان کشتزارها گذشت

in his mad hurry he jumped over thorny hedges

با عجله دیوانهوار از روی پرچینهای خاردار پرید

and he jumped across ditches full of water

و از میان گودالهای پر از اب پرید

Arriving at the house, he found the door ajar

وقتی به خانه رسید، در را باز دید.

He pushed it open, went in, and fastened the latch

ان را باز کرد، وارد شد و چفت را بست.

he threw himself on the floor of his house

خود را روی کف خانهاش انداخت

and he gave a great sigh of satisfaction

و اهی از روی رضایت کشید

But soon he heard someone in the room

اما به زودی شنید که کسی در اتاق است

something was making a sound like "Cri-cri-cri!"

یه چیزی داشت یه صدایی مثل" کری-کری-کری "ایجاد میکرد

"Who calls me?" said Pinocchio in a fright

"چه کسی به من زنگ می بزند؟ "پینوکیو در وحشت گفت

"It is I!" answered a voice

"این من هستم "!پاسخ یک صدا

Pinocchio turned round and saw a little cricket

پینوکیو برگشت و یک جیرجیرک کوچک را دید

the cricket was crawling slowly up the wall

جیرجیرک اهسته از دیوار بالا میرفت

"Tell me, little cricket, who may you be?"

"به من بگو، کریکت کوچک، چه کسی ممکن است شما باشید؟"

"who I am is the talking cricket"

"کسی که من هستم کریکت سخنگوست"

"and I have lived in this room a hundred years or more"

و من صد سال یا بیشتر در این اتاق زندگی کرده ام

"Now, however, this room is mine," said the puppet

"در حال حاضر، با این حال، این اتاق من است، "عروسک گفت.

"if you would do me the pleasure, go away at once"

"اگر می خواهی به من افتخار کنی، فورا برو"

"and when you're gone, please never come back"

"و وقتی رفتی، لطفا دیگه برنگرد"

"I will not go until I have told you a great truth"

"من نمی روم تا زمانی که یک حقیقت بزرگ را به شما بگویم"

"Tell it me, then, and be quick about it"

"پس به من بگو و در مورد ان سریع باش"

"Woe to those boys who rebel against their parents"

وای بر ان پسرانی که علیه پدر و مادرشان شورش میکنند«

"and woe to boys who run away from home"

"و وای بر پسرانی که از خانه فرار میکنند"

"They will never come to any good in the world"

"انها هرگز به هیچ خوبی در جهان نمی ایند"

"and sooner or later they will repent bitterly"

و دیر یا زود انها به تلخی توبه خواهند کرد

"Sing all you want you little cricket"

"هر چی میخوای برات اواز میخان کریکت کوچولو"

"and feel free to sing as long as you please"

"و احساس ازادی کن تا هر وقت که دوست داری اواز خواهی خواند"

"For me, I have made up my mind to run away"

"برای من، تصمیم گرفتم فرار کنم"

"tomorrow at daybreak I will run away for good"
"فردا صبح برای همیشه فرار میکنم"

"if I remain I shall not escape my fate"
"اگر بمانم از سرنوشتم فرار نخواهم کرد"

"it is the same fate as all other boys"
"این سرنوشت همه پسرای دیگهست"

"if I stay I shall be sent to school"
"اگر بمانم به مدرسه فرستاده خواهم شد"

"and I shall be made to study by love or by force"
و من مجبورم می کنم که با عشق یا زور مطالعه کنم

"I tell you in confidence, I have no wish to learn"
"من با اعتماد به نفس به شما می گویم، من نمی خواهم یاد بگیرم"

"it is much more amusing to run after butterflies"
"خیلی سرگرم کننده تره که دنبال پروانه ها بدوی"

"I prefer climbing trees with my time"
"من ترجیح می دهم با زمانم از درختان بالا بروم"

"and I like taking young birds out of their nests"
"و من دوست دارم پرنده های جوان را از لانه هایشان بیرون کنم"

"Poor little goose" interjected the talking cricket
"غاز کوچک بیچاره" کریکت صحبت می کرد

"don't you know you will grow up a perfect donkey?"
"ایا نمی دانید که یک الاغ کامل بزرگ خواهید شد؟"

"and every one will make fun of you"
"و همه شما رو مسخره میکنن"

Pinocchio was not pleased with what he heard
پینوکیو از انچه شنیده بود راضی نبود

"Hold your tongue, you wicked, ill-omened croaker!"
زبانت را نگه دار، ای کروکر شرور و بد بخت!

But the little cricket was patient and philosophical
اما جیرجیرک کوچک صبور و فلسفی بود

he didn't become angry at this impertinence
او از این گستاخی عصبانی نشد

he continued in the same tone as he had before
با همان لحن سابق ادامه داد:

"perhaps you really do not wish to go to school"
"شاید واقعا دلت نمی خواهد به مدرسه بروی"

"so why not at least learn a trade?"
"پس چرا حداقل یک تجارت را یاد نگیریم؟"

"a job will enable you to earn a piece of bread!"

یک شغل به شما این امکان را می دهد که یک تکه نان به دست اورید!

"What do you want me to tell you?" replied Pinocchio

پینوکیو پاسخ داد" :می خواهید چه چیزی به شما بگویم"

he was beginning to lose patience with the little cricket

داشت حوصلهاش را با جیرجیرک از دست میداد.

"there are many trades in the world I could do"

"معاملات زیادی در جهان وجود دارد که من می توانم انجام دهم"

"but only one calling really takes my fancy"

"اما فقط یه تماس واقعا به من علاقه مند شده"

"And what calling is it that takes your fancy?"

"و چه تماسی است که فانتزی شما را می گیرد؟"

"to eat, and to drink, and to sleep"

«خوردن و نوشیدن و خوابیدن

"I am called to amuse myself all day"

"از من خواسته شده که تمام روز خودمو سرگرم کنم"

"to lead a vagabond life from morning to night"

که از صبح تا شب یه زندگی ولگردانه داشته باشیم

the talking little cricket had a reply for this

جیرجیرک کوچک که حرف میزد جوابی به این سوال داد

"most who follow that trade end in hospital or prison"

بیشتر کسانی که این تجارت را دنبال می کنند در بیمارستان یا زندان به پایان می رسند.

"Take care, you wicked, ill-omened croaker"

"مراقب باش، کروکر بدجنس و بد بخت"

"Woe to you if I fly into a passion!"

"وای بر تو اگر من به یک هوس پرواز کنم"!

"Poor Pinocchio I really pity you!"

پینوکیو بیچاره واقعا دلم برات میسوزه«!

"Why do you pity me?"

"چرا برای من دلسوزی میکنی؟"

"I pity you because you are a puppet"

"دلم برات میسوزه چون عروسک خیمه شب بازی هستی"

"and I pity you because you have a wooden head"

و دلم برات میسوزه چون سر چوبی داری

At these last words Pinocchio jumped up in a rage

با این کلمات اخر پینوکیو از شدت خشم از پا جست

he snatched a wooden hammer from the bench

چکش چوبی را از روی نیمکت برداشت

and he threw the hammer at the talking cricket
و چکش را به سمت جیرجیرک پرتاب کرد
Perhaps he never meant to hit him
شاید هرگز قصد کتک زدن او را نداشته است.
but unfortunately it struck him exactly on the head
اما متاسفانه این ضربه درست به سرش خورد
the poor Cricket had scarcely breath to cry "Cri-cri-cri!"
کریکت بیچاره به سختی نفس می کشید تا گریه کند" گریه کن"!
he remained dried up and flattened against the wall
خشک شد و به دیوار تکیه داد.

The Flying Egg
تخم مرغ پرنده

The night was quickly catching up with Pinocchio
شب به سرعت به پینوکیو رسید

he remembered that he had eaten nothing all day
به یاد اورد که در تمام طول روز چیزی نخورده است

he began to feel a gnawing in his stomach
شروع به جویدن شکم کرد

the gnawing very much resembled appetite
جویدن بسیار شبیه اشتها بود

After a few minutes his appetite had become hunger
پس از چند دقیقه اشتهایش به گرسنگی تبدیل شد

and in little time his hunger became ravenous
و بعد از مدتی گرسنگی‌اش به شدت گرسنه شد

Poor Pinocchio ran quickly to the fireplace
پینوکیو بیچاره به سرعت به طرف بخاری دوید

the fireplace where a saucepan was boiling
بخاری دیواری که ماهی تابه در ان میجوشانید

he was going to take off the lid
میخواست در را باز کند

then he could see what was in it
بعد میتوانست ببیند چه چیزی در ان است

but the saucepan was only painted on the wall
اما ماهی تابه فقط روی دیوار نقاشی شده بود

You can imagine his feelings when he discovered this
شما می توانید احساسات خود را تصور کنید زمانی که او این را کشف کرد

His nose, which was already long, became even longer
بینی‌اش که بلند شده بود، بلندتر شد.

it must have grown by at least three inches
باید حداقل سه اینچ رشد کرده باشد

He then began to run about the room
سپس شروع به دویدن در اتاق کرد.

he searched in the drawers and every imaginable place
در کشوها و هر مکان قابل تصوری را گشت

he hoped to find a bit of bread or crust
امیدوار بود که یک تکه نان یا نان پیدا کند

perhaps he could find a bone left by a dog
شاید بتواند استخوانی را پیدا کند که سگی به جا گذاشته باشد

a little moldy pudding of Indian corn

کمی پودینگ کپکی از ذرت هندی

somewhere someone might have left a fish bone

یه جایی ممکنه یه نفر استخوان ماهی جا گذاشته باشه

even a cherry stone would be enough

حتی یک سنگ گیلاس هم کافی است

if only there was something that he could gnaw

اگر چیزی بود که میتوانست ان را جود،

But he could find nothing to get his teeth into

اما چیزی پیدا نمیکرد که دندانهایش را در ان فرو کند.

And in the meanwhile his hunger grew and grew

و در این اثنای ان روز گرسنگیاش بیشتر و بیشتر میشد

Poor Pinocchio had no other relief than yawning

پینوکیو بیچاره جز خمیازه کشیدن تسکینی نداشت

his yawns were so big his mouth almost reached his ears

خمیازهاش چنان بزرگ بود که دهانش تقریبا به گوشهایش میرسید

and felt as if he were going to faint

و احساس کرد که در حال غش کردن است

Then he began to cry desperately

سپس با نومیدی شروع به گریه کرد

"The talking little cricket was right"

"جیرجیرک کوچولوی سخنگو درست میگفت"

"I did wrong to rebel against my papa"

"من اشتباه کردم که علیه پدرم شورش کردم"

"I should not have ran away from home"

"نباید از خونه فرار میکردم"

"If my papa were here I wouldn't be dying of yawning!"

اگر پدرم اینجا بود، من از خمیازه کشیدن نمیمردم«!

"Oh! what a dreadful illness hunger is!"

"اوه !گرسنگی چه بیماری وحشتناکی است«!

Just then he thought he saw something in the dust-heap

درست همون موقع فکر کرد که یه چیزی توی گرد و خاک دیده

something round and white that looked like a hen's egg

چیزی گرد و سفید که به تخم مرغ شباهت داشت

he sprung up to his feet and seized hold of the egg

از جا برخاست و تخم مرغ را گرفت

It was indeed a hen's egg, as he thought

در واقع تخم مرغ بود، همانطور که فکر میکرد

Pinocchio's joy was beyond description

شادی پینوکیو فراتر از توصیف بود

he had to make sure that he wasn't just dreaming

باید مطمئن میشد که فقط خواب نمی بیند

so he kept turning the egg over in his hands

به همین خاطر تخم مرغ را در دستهایش چرخاند

he felt and kissed the egg

تخم مرغ را حس کرد و بوسید.

"And now, how shall I cook it?"

"و حالا، چگونه باید ان را بپزم؟"

"Shall I make an omelet?"

"ایا باید املت درست کنم؟"

"it would be better to cook it in a saucer!"

"بهتر است ان را در یک بشقاب بپزید"!

"Or would it not be more savory to fry it?"

"ایا سرخ کردن ان خوشمزه تر نیست؟"

"Or shall I simply boil the egg?"

"یا باید تخم مرغ را بجوشانم؟"

"No, the quickest way is to cook it in a saucer"

"نه، سریعترین راه این است که ان را در یک بشقاب بپزید".

"I am in such a hurry to eat it!"

من برای خوردنش عجله دارم»!

Without loss of time he got an earthenware saucer

بدون از دست دادن وقت، او یک بشقاب سفالی گرفت

he placed the saucer on a brazier full of red-hot embers

او بشقاب را روی یک کوره پر از زغال سنگ قرمز داغ گذاشت

he didn't have any oil or butter to use

او هیچ روغن و کره ای برای استفاده نداشت

so he poured a little water into the saucer

بنابراین کمی اب در بشقاب ریخت

and when the water began to smoke, crack!

و وقتی اب شروع به دود کرد، ترک خورد!

he broke the egg-shell over the saucer

او پوسته تخم مرغ را روی بشقاب شکست

and he let the contents of the egg drop into the saucer

و محتویات تخم مرغ را در نعلبکی انداخت

but the egg was not full of white and yolk

اما تخم مرغ پر از زرده و سفید نبود

instead, a little chicken popped out the egg

در عوض، یک مرغ کوچک تخم مرغ را بیرون اورد

it was a very gay and polite little chicken

این یک مرغ کوچک بسیار شاد و مؤدب بود

the little chicken made a beautiful courtesy

مرغ کوچک با ادب و احترام خاصی رفتار کرد

"A thousand thanks, Master. Pinocchio"

هزار تشکر استاد. پینوکیو

"you have saved me the trouble of breaking the shell"

"تو منو از دردسر شکستن پوسته نجات دادی"

"Adieu, until we meet again" the chicken said

"خداحافظ، تا زمانی که ما دوباره ملاقات کنیم" مرغ گفت

"Keep well, and my best compliments to all at home!"

"خوب باشید، و بهترین تعریف من به همه در خانه"!

the little chicken spread its little wings

مرغ کوچک بالهای کوچکش را باز کرد

and the little chicken darted through the open window

و مرغ کوچولو از پنجرهی باز به درون پرید

and then the little chicken flew out of sight

و بعد مرغ کوچولو از نظر ناپدید شد.

The poor puppet stood as if he had been bewitched

دست نشانده بیچاره چنان ایستاده بود که گویی افسون شده است

his eyes were fixed, and his mouth was open

چشمانش ثابت بود و دهانش باز بود.

and he still had the egg-shell in his hand

و او هنوز پوسته تخم مرغ را در دست داشت

slowly he Recovered from his stupefaction

اهسته از حیرت خود بیرون امد

and then he began to cry and scream

و بعد شروع کرد به گریه کردن و جیغ کشیدن

he stamped his feet on the floor in desperation

با نومیدی پاهایش را روی زمین میکوبید

amidst his sobs he gathered his thoughts

در میان هق

"Ah, indeed, the talking little cricket was right"

"اه، در واقع، کریکت کوچک صحبت کردن درست بود"

"I should not have run away from home"

"نباید از خونه فرار میکردم"

"then I would not now be dying of hunger!"

در ان صورت از گرسنگی نمیمردم«!

"and if my papa were here he would feed me"

و اگه بابام اینجا بود بهم غذا میداد

"Oh! what a dreadful illness hunger is!"

"اوه !گرسنگی چه بیماری وحشتناکی است«!

his stomach cried out more than ever

شکمش بیش از پیش فریاد میکشید

and he did not know how to quiet his hunger

و نمیدانست چگونه گرسنگی خود را ارام کند

he thought about leaving the house

به این فکر کرد که از خانه بیرون برود

perhaps he could make an excursion in the neighborhood

شاید بتواند گردشی در این حوالی داشته باشد

he hoped to find some charitable person

امیدوار بود که شخص خیرخواهی پیدا کند

maybe they would give him a piece of bread

شاید یک تکه نان به او بدهند

Pinocchio's Feet Burn to Cinders
پای پینوکیو به خاکستر میسوزد

It was an especially wild and stormy night
شب بسیار وحشی و طوفانی بود

The thunder was tremendously loud and fearful
رعد و برق بسیار بلند و ترسناک بود

the lightning was so vivid that the sky seemed on fire
رعد و برق چنان روشن بود که اسمان اتش گرفته بود

Pinocchio had a great fear of thunder
پینوکیو ترس شدیدی از رعد و برق داشت

but hunger can be stronger than fear
اما گرسنگی می تواند قوی تر از ترس باشد

so he closed the door of the house
بنابراین در خانه را بست

and he made a desperate rush for the village
و نومیدانهای به سوی دهکده هجوم اورد

he reached the village in a hundred bounds
از صد مرز به ده رسید

his tongue was hanging out of his mouth
زبانش از دهانش بیرون زده بود

and he was panting for breath like a dog
و مثل سگ نفس نفس میزد.

But he found the village all dark and deserted
اما دهکده را تاریک و متروک یافت

The shops were closed and the windows were shut
مغازه ها بسته بودند و پنجره ها بسته بودند.

and there was not so much as a dog in the street
و در خیابان سگی هم نبود

It seemed like he had arrived in the land of the dead
به نظر میرسید که به سرزمین مردگان رسیده است

Pinocchio was urged on by desperation and hunger
پینوکیو با ناامیدی و گرسنگی به او اصرار داشت

he took hold of the bell of a house
ناقوس خانهای را در دست گرفت

and he began to ring the bell with all his might
و با تمام توان شروع به به صدا در اوردن زنگ کرد

"That will bring somebody," he said to himself
"این کسی را به ارمغان خواهد اورد، "او به خود گفت

And it did bring somebody!

و یک نفر را اورد!

A little old man appeared at a window

پیرمرد کوچکی در پنجره ظاهر شد.

the little old man still had a night-cap on his head

پیرمرد کوچک هنوز یک کلاه شب روی سرش داشت

he called to him angrily

با عصبانیت او را صدا زد:

"What do you want at such an hour?"

«در چنین ساعتی چه میخواهی؟»

"Would you be kind enough to give me a little bread?"

«ایا به اندازه کافی مهربان هستید که کمی نان به من بدهید؟»

the little old man was very obliging

پیرمرد کوچولو خیلی لطف کرد

"Wait there, I will be back directly"

"صبر کنید، من به طور مستقیم بر می گردم"

he thought it was one of the local rascals

فکر میکرد یکی از رذلهای محلی است

they amuse themselves by ringing the house-bells at night

انها خود را با زنگ زدن زنگ خانه در شب سرگرم می کنند

After half a minute the window opened again

پس از نیم دقیقه پنجره دوباره باز شد

the voice of the same little old man shouted to Pinocchio

صدای همان پیرمرد کوچک به پینوکیو داد زد:

"Come underneath and hold out your cap"

"بیا زیر و کلاهت رو نگه دار"

Pinocchio pulled off his cap and held it out

پینوکیو کلاهش را برداشت و ان را بیرون اورد

but Pinocchio's cap was not filled with bread or food

اما کلاه پینوکیو پر از نان و غذا نبود

an enormous basin of water was poured down on him

یک لگن بزرگ اب بر روی او ریخته شد

the water soaked him from head to foot

اب از سر تا پا او را خیس میکرد

as if he had been a pot of dried-up geraniums

مثل یک گلدان گل شمعدانی خشک شده بود

He returned home like a wet chicken

مثل مرغی خیس به خانه برگشت

he was quite exhausted with fatigue and hunger

از خستگی و گرسنگی خسته شده بود

he no longer had the strength to stand

دیگر قدرت ایستادن نداشت

so he sat down and rested his damp and muddy feet

به این ترتیب نشست و پاهای خیس و گلالودش را استراحت داد.

he put his feet on a brazier full of burning embers

پاهایش را روی کورهای پر از اتش سوزان گذاشت

and then he fell asleep, exhausted from the day

و بعد خسته از روز به خواب رفت.

we all know that Pinocchio has wooden feet

همه ما می دانیم که پینوکیو پاهای چوبی دارد

and we know what happens to wood on burning embers

و ما می دانیم چه اتفاقی می افتد به چوب در سوزاندن زغال سنگ

little by little his feet burnt away and became cinders

اندک اندک پاهایش میسوخت و خاکستر میشد

Pinocchio continued to sleep and snore

پینوکیو همچنان به خواب و خروپف ادامه داد

his feet might as well have belonged to someone else

پاهایش به شخص دیگری تعلق داشت

At last he awoke because someone was knocking at the door

سرانجام بیدار شد چون کسی در را میکوبد

"Who is there?" he asked, yawning and rubbing his eyes

"چه کسی وجود دارد؟" او پرسید، خمیازه کشیدن و مالیدن چشمانش

"It is I!" answered a voice

"این من هستم!"پاسخ یک صدا

And Pinocchio recognized Geppetto's voice

و پینوکیو صدای ژپتو رو تشخیص داد

Geppetto Gives his own Breakfast to Pinocchio
ژپتو صبحانه خود را به پینوکیو می دهد

Poor Pinocchio's eyes were still half shut from sleep

چشمان پینوکیو بیچاره هنوز از خواب نیمه بسته بود.

he had not yet discovered what had happened

او هنوز کشف نکرده بود که چه اتفاقی افتاده است

his feet had were completely burnt off

پاهایش کاملا سوخته بود

he heard the voice of his father at the door

صدای پدرش را از دم در شنید

and he jumped off the chair he had slept on

و از روی صندلیای که روی ان خوابیده بود پرید

he wanted to run to the door and open it

میخواست به طرف در بدود و ان را باز کند.

but he stumbled around and fell on the floor

اما تلوتلو خورد و روی زمین افتاد

imagine having a sack of wooden ladles

تصور کنید که یک کیسه ملاقه چوبی داشته باشید

imagine throwing the sack off the balcony

تصور کنید که کیسه را از بالکن پرت کنید

that is was the sound of Pinocchio falling to the floor

صدای افتادن پینوکیو روی زمین بود

"Open the door!" shouted Geppetto from the street

"باز کردن درب "!فریاد ژپتو از خیابان

"Dear papa, I cannot," answered the puppet

"بابا عزیز، من نمی توانم، "عروسک پاسخ داد

and he cried and rolled about on the ground

و فریاد کشید و روی زمین غلتید

"Why can't you open the door?"

چرا نمیتوانی در را باز کنی؟«

"Because my feet have been eaten"

"چون پاهام خورده شده"

"And who has eaten your feet?"

چه کسی پاهای شما را خورده است؟«

Pinocchio looked around for something to blame

پینوکیو به اطراف نگاه کرد تا چیزی را سرزنش کند

eventually he answered "the cat ate my feet"

در نهایت او پاسخ داد" :گربه پاهای من را خورد"

"Open the door, I tell you!" repeated Geppetto

"باز کردن درب، من به شما بگویم "!تکرار ژپتو

"If you don't open it, you shall have the cat from me!"

اگر ان را باز نکنید، گربه را از من خواهید داشت!

"I cannot stand up, believe me"

"من نمی توانم بایستم، باور کنید"

"Oh, poor me!" lamented Pinocchio

"اوه، بیچاره من "!پینوکیو متاسف است

"I shall have to walk on my knees for the rest of my life!"

باید تا پایان عمرم روی زانوهایم راه بروم«!

Geppetto thought this was another one of the puppet's tricks

ژپتو فکر کرد که این یکی دیگر از حقههای عروسکی است

he thought of a means of putting an end to his tricks

به فکر راهی برای پایان دادن به حیلههایش بود

he climbed up the wall and got in through the window

از دیوار بالا رفت و از پنجره وارد شد.

He was very angry when he first saw Pinocchio

وقتی برای اولین بار پینوکیو را دید بسیار عصبانی شد

and he did nothing but scold the poor puppet

و هیچ کاری نکرد جز سرزنش کردن عروسک بیچاره

but then he saw Pinocchio really was without feet

اما بعد پینوکیو را دید که واقعا پا نداشت

and he was quite overcome with sympathy again

و بار دیگر احساس همدردی کرد

Geppetto took his puppet in his arms

ژپتو عروسکش را در اغوش گرفت

and he began to kiss and caress him

و شروع به بوسیدن و نوازش او کرد

he said a thousand endearing things to him

هزار چیز دوست داشتنی به او گفت

big tears ran down his rosy cheeks

اشکهای درشت از گونههای گلگونش جاری بود

"My little Pinocchio!" he comforted him

"پینوکیو کوچک من! او او را تسلی داد"
"how did you manage to burn your feet?"
«چطور تونستی پاهات رو بسوزونی؟»
"I don't know how I did it, papa"
"نمیدونم چطوری اینکارو کردم بابا"
"but it has been such a dreadful night"
اما شب وحشتناکی بود
"I shall remember it as long as I live"
"تا زمانی که زنده ام ان را به یاد خواهم داشت"
"there was thunder and lightning all night"
"تمام شب رعد و برق بود"
"and I was very hungry all night"
و تمام شب خیلی گرسنه بودم
"and then the talking cricket scolded me"
"و بعدش کریکت حرف زدن منو سرزنش کرد"
"the talking cricket said 'it serves you right'"
"جیرجیرک گفت" :این به شما خدمت می کند.".
"he said; 'you have been wicked and deserve it'"
گفت :تو بدکار بودی و لیاقتش را داشتی».
"and I said to him: 'Take care, little Cricket!'"
و من به او گفتم :مراقب باش کریکت کوچولو»!
"and he said; 'You are a puppet'"
و او گفت :تو عروسک خیمه شب بازی هستی».
"and he said; 'you have a wooden head'"
و او گفت :تو یک سر چوبی داری».
"and I threw the handle of a hammer at him"
"و من دسته چکش رو به سمتش پرت کردم"
"and then the talking little cricket died"
و بعدش اون جیرجیرک کوچولو که حرف میزد مرد
"but it was his fault that he died"
"اما این تقصیر اون بود که مرد"
"because I didn't wish to kill him"
چون نمیخواستم بکشمش
"and I have proof that I didn't mean to"
"و من مدرکی دارم که نمی خواستم"
"I had put an earthenware saucer on burning embers"
"من یک بشقاب سفالی را روی زغال های سوخته قرار داده بودم"

"but a chicken flew out of the egg"

"اما یه مرغ از تخم مرغ پرید بیرون"

"the chicken said; 'Adieu, until we meet again'"

مرغ گفت: «خداحافظ تا زمانی که دوباره همدیگر را ببینیم».

'send my compliments to all at home'

"به همه در خانه تبریک می فرستم"

"and then I got even more hungry"

"و بعدش بیشتر گشنه شدم"

"then there was that little old man in a night-cap"

بعدش اون پیرمرد کوچولو با کلاه شب بود

"he opened the window up above me"

"پنجره بالای سرم رو باز کرد"

"and he told me to hold out my hat"

و اون بهم گفت که کلاهم رو نگه دار

"and he poured a basinful of water on me"

"و اون یه کاسه اب روی من ریخت"

"asking for a little bread isn't a disgrace, is it?"

"خواستن یه کم نون شرم اور نیست، مگه نه؟"

"and then I returned home at once"

"و بعدش من فورا به خونه برگشتم"

"I was hungry and cold and tired"

"من گرسنه و سرد و خسته بودم"

"and I put my feet on the brazier to dry them"

"و پاهام رو گذاشتم رو کوره تا خشکشون کنم"

"and then you returned in the morning"

"و بعدش صبح برگشتی"

"and I found my feet were burnt off"

"و دیدم که پاهام سوخته"

"and I am still hungry"

"و من هنوز گرسنه ام"

"but I no longer have any feet!"

اما من دیگه پا ندارم

And poor Pinocchio began to cry and roar

پینوکیو بیچاره شروع به گریه و غرش کرد

he cried so loudly that he was heard five miles off

چنان بلند فریاد کشید که در فاصله پنج مایلی صدای او شنیده شد.

Geppetto, only understood one thing from all this

ژپتو، فقط یک چیز را از همه اینها فهمید

he understood that the puppet was dying of hunger

دریافت که عروسک از گرسنگی در حال مرگ است

so he drew from his pocket three pears

از جیبش سه گلابی بیرون اورد

and he gave the pears to Pinocchio

و گلابیها را به پینوکیو داد

"These three pears were intended for my breakfast"

"این سه گلابی برای صبحانه من در نظر گرفته شده بود"

"but I will give you my pears willingly"

"اما من گلابیهایم را با میل و رغبت به تو میدهم"

"Eat them, and I hope they will do you good"

انها را بخورید و امیدوارم به شما کمک کنند.

Pinocchio looked at the pears distrustfully

پینوکیو با بی‌اعتمادی به گلابیها نگاه کرد

"but you can't expect me to eat them like that"

ولی نمیتونی از من انتظار داشته باشی که اینطوری بخورمشون

"be kind enough to peel them for me"

"انقدر مهربون باش که پوستشون رو برای من کنی"

"Peel them?" said Geppetto, astonished

پوست انها؟ گفت: ژپتو، شگفت زده

"I didn't know you were so dainty and fastidious"

"نمیدونستم تو اینقدر ظریف و سختگیری"

"These are bad habits to have, my boy!"

اینها عادتهای بدی هستند، پسرم«!

"we must accustom ourselves to like and to eat everything"

"ما باید عادت کنیم که همه چیز را دوست داشته باشیم و بخوریم"

"there is no knowing to what we may be brought"

هیچ نمی داند که ما را به چه چیزی می اورند»

"There are so many chances!"

"شانس های زیادی وجود دارد"!

"You are no doubt right," interrupted Pinocchio

"بدون شک حق با شماست، "پینوکیو قطع شد

"but I will never eat fruit that has not been peeled"

"اما من هرگز میوه ای را که پوست کنده نشده است نخواهم خورد"

"I cannot bear the taste of rind"

"من نمیتونم مزه پوست رو تحمل کنم"

So good Geppetto peeled the three pears

ژپتو خیلی خوب پوست سه گلابی را کند

and he put the pear's rinds on a corner of the table

و پوست گلابی را در گوشهای از میز گذاشت

Pinocchio had eaten the first pear

پینوکیو اولین گلابی را خورده بود

he was about to throw away the pear's core

میخواست هستهی گلابی را دور بیندازد

but Geppetto caught hold of his arm

اما ژپتو بازوی او را گرفت

"Do not throw the core of the pear away"

"هسته گلابی رو دور ننداز"

"in this world everything may be of use"

"در این دنیا همه چیز ممکن است مورد استفاده قرار گیرد"

But Pinocchio refused to see the sense in it

اما پینوکیو از دیدن حس در ان امتناع کرد

"I am determined I will not eat the core of the pear"

"من مصمم هستم که هسته گلابی را نخورم"

and Pinocchio turned upon him like a viper

و پینوکیو مثل افعی به سوی او برگشت

"Who knows!" repeated Geppetto

"چه کسی می داند "!تکرار ژپتو

"there are so many chances," he said

"شانس زیادی وجود دارد، "او گفت.

and Geppetto never lost his temper even once

و ژپتو حتی یک بار هم عصبانی نشد

And so the three pear cores were not thrown out

و بنابراین سه هسته گلابی بیرون انداخته نشدند

they were placed on the corner of the table with the rinds

انها را در گوشه میز با پوست قرار دادند

after his small feast Pinocchio yawned tremendously

پس از جشن کوچکش، پینوکیو خمیازه های کشید

and he spoke again in a fretful tone

و بار دیگر با لحن خشمگینی گفت:

"I am as hungry as ever!"

من مثل همیشه گرسنهام«!

"But, my boy, I have nothing more to give you!"

"اما، پسرم، من چیز بیشتری برای دادن به شما ندارم"!

"You have nothing? Really? Nothing?"

"شما هیچ چیز ندارید؟ واقعاً ؟هیچی؟«

"I have only the rind and the cores of the pears"
"من فقط پوست و هسته گلابی رو دارم"

"One must have patience!" said Pinocchio
"یکی باید صبر داشته باشد "!پینوکیو گفت

"if there is nothing else I will eat the pear's rind"
"اگه چیز دیگه ای نیست پوست گلابی رو میخورم"

And he began to chew the rind of the pear
و شروع به جویدن پوست گلابی کرد

At first he made a wry face
ابتدا چهرهای کج و معوج به خود گرفت

but then, one after the other, he quickly ate them
اما بعد، یکی پس از دیگری، به سرعت انها را خورد.

and after the pear's rinds he even ate the cores
و بعد از پوست گلابی حتی هستهها را هم خورد

when he had eaten everything he rubbed his belly
وقتی همه چیز را خورد شکمش را مالید

"Ah! now I feel comfortable again"
اه !حالا دوباره احساس راحتی میکنم«.

"Now you see I was right," smiled Gepetto
"حالا شما می بینید من درست بود، "لبخند ژپتو

"it's not good to accustom ourselves to our tastes"
"این خوب نیست که خودمون رو به سلیقه هامون عادت بدیم"

"We can never know, my dear boy, what may happen to us"
ما هرگز نمی توانیم بدانیم، پسر عزیزم، چه اتفاقی ممکن است برای ما بیفتد.

"There are so many chances!"
"شانس های زیادی وجود دارد"!

Geppetto Makes Pinocchio New Feet
ژپتو می سازد پینوکیو پا جدید

the puppet had satisfied his hunger
عروسک خیمه شب بازی گرسنگی او را برطرف کرده بود

but he began to cry and grumble again
اما دوباره شروع به گریه و غرولند کرد

he remembered he wanted a pair of new feet
به یاد اورد که به یک جفت پای تازه نیاز دارد

But Geppetto punished him for his naughtiness

اما ژپتو او را به خاطر شیطنتش مجازات کرد

he allowed him to cry and to despair a little

به او اجازه داد تا گریه کند و اندکی نومید شود

Pinocchio had to accept his fate for half the day

پینوکیو مجبور شد نیمی از روز سرنوشت خود را بپذیرد

at the end of the day he said to him:

در پایان روز به او گفت:

"Why should I make you new feet?"

«چرا باید برایت پاهای جدید درست کنم؟»

"To enable you to escape again from home?"

«تا دوباره از خانه فرار کنی؟»

Pinocchio sobbed at his situation

پینوکیو از وضعیت او گریه کرد

"I promise you that for the future I will be good"

"من به شما قول می دهم که برای اینده من خوب خواهد بود"

but Geppetto knew Pinocchio's tricks by now

اما ژپتو از حقه‌های پینوکیو خبر داشت

"All boys who want something say the same thing"

همه بچه هایی که چیزی می خواهند همان چیز را می گویند.

"I promise you that I will go to school"

"بهت قول میدم که به مدرسه برم"

"and I will study and bring home a good report"

و من درس می خونم و یه گزارش خوب میارم خونه

"All boys who want something repeat the same story"

همه پسر هایی که چیزی می خواهند همان داستان را تکرار می کنند.

"But I am not like other boys!" Pinocchio objected

اما من مثل بقیه بچه ها نیستم «!پینوکیو اعتراض کرد

"I am better than all of them," he added

"من بهتر از همه انها هستم،" او اضافه کرد.

"and I always speak the truth," he lied

"و من همیشه حقیقت را می گویم، "او دروغ گفت.

"I promise you, papa, that I will learn a trade"

"من به شما قول می دهم، پاپا، که من یک تجارت یاد بگیرند"

"I promise that I will be the consolation of your old age"

«قول می دهم که تسلی دهنده پیری تو خواهم بود»

Geppetto's eyes filled with tears on hearing this

چشمان ژپتو با شنیدن این حرف پر از اشک شد.

his heart was sad at seeing his son like this

دلش از دیدن پسرش به این شکل ناراحت بود
Pinocchio was in such a pitiable state
پینوکیو در وضع رقتانگیزی بود
He did not say another word to Pinocchio
دیگر کلمهای به پینوکیو نگفت.
he got his tools and two small pieces of seasoned wood
ابزار و دو تکه چوب با چاشنی را به دست اورد
he set to work with great diligence
با تمام وجود به کار خود ادامه داد
In less than an hour the feet were finished
در کمتر از یک ساعت پاها به پایان رسید
They might have been modelled by an artist of genius
انها ممکن است توسط یک هنرمند نابغه مدل شده باشند
Geppetto then spoke to the puppet
ژپتو با عروسک صحبت کرد
"Shut your eyes and go to sleep!"
"چشمات رو ببند و بخواب"
And Pinocchio shut his eyes and pretended to sleep
پینوکیو چشمانش را بست و وانمود کرد که خوابیده است.
Geppetto got an egg-shell and melted some glue in it
ژپتو یک پوسته تخم مرغ گرفت و مقداری چسب در ان ذوب کرد
and he fastened Pinocchio's feet in their place
و پاهای پینوکیو را به جای انها بست
it was masterfully done by Geppetto
ژپتو این کار را استادانه انجام داد
not a trace could be seen of where the feet were joined
هیچ اثری از جایی که پاها به هم پیوسته بودند دیده نمیشد.
Pinocchio soon realized that he had feet again
پینوکیو خیلی زود متوجه شد که دوباره پا دارد.
and then he jumped down from the table
و بعد از روی میز پایین پرید
he jumped around the room with energy and joy
با انرژی و شادی به اطراف اتاق پرید
he danced as if he had gone mad with his delight
چنان میرقصید که گویی از شادی دیوانه شده است
"thank you for all you have done for me"
"ممنون از تمام کارهایی که برای من انجام دادی"
"I will go to school at once," Pinocchio promised
"من به مدرسه در یک بار، "پینوکیو وعده داده شده است

"but to go to school I shall need some clothes"

اما برای رفتن به مدرسه به لباس نیاز دارم

by now you know that Geppetto was a poor man

اکنون میدانید که ژپتو مرد فقیری بود

he had not so much as a penny in his pocket

حتی یک پنی هم در جیب نداشت

so he made him a little dress of flowered paper

بنابراین برای او لباس کوچکی از کاغذ گلدار درست کرد

a pair of shoes from the bark of a tree

یک جفت کفش از پوست درخت

and he made a hat out of the bread

و از نان کلاهی درست کرد

Pinocchio ran to look at himself in a crock of water

پینوکیو دوید تا خود را در یک اب نگاه کند

he was ever so pleased with his appearance

همیشه از ظاهرش خوشش می اید

and he strutted about the room like a peacock

و مثل طاووس در اتاق قدم میزد

"I look quite like a gentleman!"

"من کاملا شبیه یک جنتلمن هستم"!

"Yes, indeed," answered Geppetto

"بله، در واقع، "ژپتو پاسخ داد

"it is not fine clothes that make the gentleman"

"این لباس های خوب نیست که اقا را می سازد"

"rather, it is clean clothes that make a gentleman"

"در عوض، این لباس های تمیز است که یک جنتلمن را می سازد"

"By the way," added the puppet

"به هر حال،" عروسک اضافه کرد

"to go to school there's still something I need"

"برای رفتن به مدرسه هنوز چیزی هست که من نیاز دارم"

"I am still without the best thing"

"من هنوز بهترین چیز را ندارم"

"it is the most important thing for a school boy"

"این مهم ترین چیز برای یک پسر مدرسه ای است"

"And what is it?" asked Geppetto

"و ان چیست؟" ژپتو پرسید

"I have no spelling-book"

"من هیچ کتاب هجی ندارم"

"You are right" realized Geppetto

"حق با شماست "ژپتو متوجه شد

"but what shall we do to get one?"

"اما چه باید بکنیم تا یکی بگیریم؟"

Pinocchio comforted Geppetto, "It is quite easy"

پینوکیو به ژپتو گفت :خیلی اسان است».

"all we have to do is go to the bookseller's"

"تنها کاری که باید بکنیم اینه که بریم پیش کتابفروش"

"all I have to do is buy from them"

تنها کاری که باید انجام دهم این است که از انها خرید کنم».

"but how do we buy it without money?"

اما چگونه ان را بدون پول بخریم؟»

"I have got no money," said Pinocchio

"من هیچ پولی ندارم،" پینوکیو گفت.

"Neither have I," added the good old man, very sadly

"من هم ندارم،" پیرمرد خوب اضافه کرد، بسیار غمگین

although he was a very merry boy, Pinocchio became sad

با وجود اینکه او یک پسر بسیار شاد بود، پینوکیو غمگین شد

poverty, when it is real, is understood by everybody

فقر، هنگامی که واقعی است، توسط همه درک می شود

"Well, patience!" exclaimed Geppetto, rising to his feet

"خوب، صبر "!ژپتو فریاد زد، افزایش به پاهای خود را

and he put on his old corduroy jacket

و کت مخمل مخمسی کهنهاش را پوشید
and he ran out of the house into the snow
و از خانه بیرون دوید و در برف فرو رفت.
He returned back to the house soon after
کمی بعد به خانه برگشت
in his hand he held a spelling-book for Pinocchio
در دستش یک کتاب املایی برای پینوکیو در دست داشت
but the old jacket he had left with was gone
اما ان کت کهنه که با خود به جا گذاشته بود از دست رفته بود
The poor man was in his shirt-sleeves
مرد بیچاره استین پیراهنش را پوشیده بود
and outdoors it was cold and snowing
و بیرون هوا سرد بود و برف می بارد
"And your jacket, papa?" asked Pinocchio
"و ژاکت خود را، پاپا؟ "پینوکیو پرسید
"I have sold it," confirmed old Geppetto
"من ان را فروخته اند، "تایید ژپتو قدیمی
"Why did you sell it?" asked Pinocchio
پینوکیو پرسید :چرا ان را فروختی؟«
"Because I found my jacket was too hot"
چون متوجه شدم ژاکتم خیلی داغه
Pinocchio understood this answer in an instant
پینوکیو این پاسخ را در یک لحظه فهمید.
Pinocchio was unable to restrain the impulse of his heart
پینوکیو نتوانست جلوی ضربان قلبش را بگیرد
Because Pinocchio did have a good heart after all
چون پینوکیو بالاخره قلب خوبی داشت
he sprang up and threw his arms around Geppetto's neck
از جا برخاست و دستهایش را دور گردن ژپتو حلقه کرد
and he kissed him again and again a thousand times
و او را بارها و بارها بوسید

Pinocchio Goes to See a Puppet Show

پینوکیو برای دیدن یک نمایش عروسکی می رود

eventually it stopped snowing outside

بالاخره برف بیرون از خانه متوقف شد

and Pinocchio set out to go to school

پینوکیو تصمیم گرفت به مدرسه برود

and he had his fine spelling-book under his arm

و او کتاب املای خوب خود را زیر بغل داشت

he walked along with a thousand ideas in his head

هزار اندیشه در سر داشت

his little brain thought of all the possibilities

مغز کوچکش به تمام احتمالات فکر میکرد

and he built a thousand castles in the air

و هزار قلعه در هوا ساخت

each castle was more beautiful than the other

هر یک از قلعهها از دیگری زیباتر بود

And, talking to himself, he said;

و با خودش حرف میزد و میگفت:

"Today at school I will learn to read at once"

امروز در مدرسه، خواندن را یاد خواهم گرفت«.

"then tomorrow I will begin to write"

فردا شروع میکنم به نوشتن«

"and the day after tomorrow I will learn the numbers"

و پس فردا من اعداد رو یاد می گیریم

"all of these things will prove very useful"

"همه این چیزها بسیار مفید خواهد بود"

"and then I will earn a great deal of money"

"و بعدش من پول زیادی در میارن"

"I already know what I will do with the first money"

"من می دانم که با اولین پول چه کار خواهم کرد".

"I will immediately buy a beautiful new cloth coat"

"من فورا یک کت پارچه ای جدید و زیبا خواهم خرید"

"my papa will not have to be cold anymore"

"بابای من دیگه نباید سردش باشه"

"But what am I saying?" he realized

"اما من چه می گویم؟ "او متوجه شد

"It shall be all made of gold and silver"

"همه چیز از طلا و نقره ساخته خواهد شد"
"and it shall have diamond buttons"
"و باید دکمه های الماس داشته باشه"
"That poor man really deserves it"
«این مرد بیچاره واقعا لیاقتش را دارد».
"he bought me books and is having me taught"
"اون برام کتاب خریده و داره بهم درس می اموزند"
"and to do so he has remained in a shirt"
"و برای انجام این کار او در یک پیراهن باقی مانده است"
"he has done all this for me in such cold weather"
"او همه این کارها را برای من در چنین هوای سردی انجام داده است"
"only papas are capable of such sacrifices!"
فقط پاپا میتونن چنین فداکاری هایی رو انجام دهند
he said all this to himself with great emotion
همه اینها را با شور و هیجان با خود گفت
but in the distance he thought he heard music
اما از دور میپنداشت که موسیقی را میشنود
it sounded like pipes and the beating of a big drum
صدای ان مثل لوله و صدای طبلی بزرگ بود.
He stopped and listened to hear what it could be
ایستاد و گوش فرا داد تا بشنود که چه چیزی میتواند باشد.
The sounds came from the end of a street
صدا از انتهای خیابان میامد.
and the street led to a little village on the seashore
و خیابان به دهکده کوچکی در ساحل دریا منتهی میشد
"What can that music be?" he wondered
"این موسیقی چه می تواند باشد؟ "او تعجب کرد
"What a pity that I have to go to school"
"چه حیف که باید برم مدرسه"
"if only I didn't have to go to school..."
"اگه مجبور نبودم برم مدرسه" ...
And he remained irresolute
و همچنان بیدلیل باقی ماند
It was, however, necessary to come to a decision
با این حال، لازم بود که تصمیم گیری شود
"Should I go to school?" he asked himself
"ایا باید به مدرسه بروم؟ "او از خودش پرسید.
"or should I go after the music?"

یا باید برم دنبال موسیقی؟»

"Today I will go and hear the music" he decided

"امروز من می روم و موسیقی را می شنوم "او تصمیم گرفت

"and tomorrow I will go to school"

"و فردا میرم مدرسه"

the young scapegrace of a boy had decided

قربانی جوان یک پسربچه تصمیم گرفته بود

and he shrugged his shoulders at his choice

و از انتخاب خود شانه بالا انداخت

The more he ran the nearer came the sounds of the music

هر چه بیشتر میدوید، صدای موسیقی نزدیکتر میشد

and the beating of the big drum became louder and louder

و ضرب و شتم طبل بزرگ بلندتر و بلندتر شد

At last he found himself in the middle of a town square

سرانجام خود را در وسط میدان شهر یافت

the square was quite full of people

میدان پر از جمعیت بود

all the people were all crowded round a building

همه مردم دور یک ساختمان جمع شده بودند.

and the building was made of wood and canvas

و ساختمان از چوب و بوم ساخته شده بود

and the building was painted a thousand colours

و ساختمان هزار رنگ شده بود

"What is that building?" asked Pinocchio

"این ساختمان چیست؟ "پینوکیو پرسید

and he turned to a little boy

و رو به پسر بچهای کرد

"Read the placard," the boy told him

"خواندن پلاکارد، "پسر به او گفت

"it is all written there," he added

"همه چیز در انجا نوشته شده است، "او اضافه کرد.

"read it and and then you will know"

"بخونش و بعدش خواهی فهمید"

"I would read it willingly," said Pinocchio

"من ان را با میل و رغبت خواندم، "پینوکیو گفت.

"but it so happens that today I don't know how to read"

اما این اتفاق می افتد که امروز من نمی دانم چگونه به خواندن...

"Bravo, blockhead! Then I will read it to you"

افرین کله پوک !سپس ان را برای شما خواهم خواند«.
"you see those words as red as fire?"
"ایا این کلمات را به عنوان قرمز به عنوان اتش می بینید؟"
"The Great Puppet Theatre," he read to him
"تئاتر عروسکی بزرگ، "او برای او خواند
"Has the play already begun?"
ایا بازی شروع شده است؟«
"It is beginning now," confirmed the boy
"این در حال حاضر اغاز می شود، "پسر تایید کرد
"How much does it cost to go in?"
"چقدر هزینه برای رفتن به داخل؟"
"A dime is what it costs you"
"یک سکه چیزی است که برای شما هزینه دارد"
Pinocchio was in a fever of curiosity
پینوکیو در تب کنجکاوی بود
full of excitement he lost all control of himself
پر از هیجان تمام کنترل خود را از دست داد
and Pinocchio lost all sense of shame
و پینوکیو احساس شرم را از دست داد
"Would you lend me a dime until tomorrow?"
ایا تا فردا یک سکه به من قرض میدهید؟«
"I would lend it to you willingly," said the boy
"من ان را به شما با میل و رغبت قرض می دهم، "پسر گفت
"but unfortunately today I cannot give it to you"
اما متاسفانه امروز نمیتوانم ان را به شما بدهم«.
Pinocchio had another idea to get the money
پینوکیو ایده دیگری برای به دست اوردن پول داشت
"I will sell you my jacket for a dime"
"من ژاکتم رو به یه 10 سنتی میفروشم"
"but your jacket is made of flowered paper"
"اما ژاکتت از کاغذ گلدار ساخته شده"
"what use could I have for such a jacket?"
چه فایده ای برای چنین ژاکتی دارم؟«
"imagine it rained and the jacket got wet"
"تصور کن بارون میاد و ژاکت خیس میشه"
"it would be impossible to get it off my back"
"غیر ممکنه که از پشتم درش بیارم"

"Will you buy my shoes?" tried Pinocchio
"ایا کفش های من را می خری؟" پینوکیو سعی کرد

"They would only be of use to light the fire"
"انها فقط برای روشن کردن اتش استفاده می شوند"

"How much will you give me for my cap?"
"چقدر برای کلاهم به من میدی؟"

"That would be a wonderful acquisition indeed!"
"این واقعا یک خرید فوق العاده خواهد بود"!

"A cap made of bread crumb!" joked the boy
"یک کلاه ساخته شده از خرده نان "پسر شوخی کرد

"There would be a risk of the mice coming to eat it"
"این خطر وجود دارد که موش ها ان را بخورند"

"they might eat it whilst it was still on my head!"
انها ممکن است ان را بخورند در حالی که هنوز روی سر من بود!

Pinocchio was on thorns about his predicament
پینوکیو در مورد مخمصه خود بر روی خار بود

He was on the point of making another offer
میخواست پیشنهاد دیگری به او دهد.

but he had not the courage to ask him
اما جرات نداشت از او بپرسد

He hesitated, felt irresolute and remorseful
مردد بود، مردد بود و پشیمان بود.

At last he raised the courage to ask
سرانجام جرات کرد که بپرسد:

"Will you give me a dime for this new spelling-book?"
"ایا شما یک سکه برای این کتاب املای جدید به من می دهید؟"

but the boy declined this offer too
اما پسرک هم این پیشنهاد را رد کرد

"I am a boy and I don't buy from boys"
"من یک پسر هستم و از پسران خرید نمی کنم"

a hawker of old clothes had overheard them
یک فروشنده لباسهای کهنه انها را شنیده بود

"I will buy the spelling-book for a dime"
"من کتاب املا را برای یک سکه خریداری خواهم کرد"

And the book was sold there and then
این کتاب به فروش می رسد و سپس...

poor Geppetto had remained at home trembling with cold
ژپتو بینوا در خانه مانده بود و از سرما میلرزید

in order that his son could have a spelling-book
برای اینکه پسرش بتواند یک کتاب املایی داشته باشد

The Puppets Recognize their Brother Pinocchio
عروسک ها برادرشان پینوکیو را می شناسند

Pinocchio was in the little puppet theatre
پینوکیو در تئاتر عروسکی کوچک بود
an incident occurred that almost produced a revolution
حادثهای رخ داد که تقریبا انقلاب را به وجود اورد
The curtain had gone up and the play had already begun
پرده بالا رفته بود و نمایش شروع شده بود
Harlequin and Punch were quarrelling with each other
هارلکین و پانچ با هم دعوا میکردند
every moment they were threatening to come to blows
هر لحظه تهدید میکردند که با ضرباتی خواهند امد
All at once Harlequin stopped and turned to the public
ناگهان هارلکین ایستاد و رو به مردم کرد
he pointed with his hand to someone far down in the pit
با دست خود به کسی که در اعماق گودال بود اشاره کرد
and he exclaimed in a dramatic tone

و با لحنی دراماتیک گفت:

"Gods of the firmament!"

"خدایان اسمان"!

"Do I dream or am I awake?"

خواب میبینم یا بیدارم؟«

"But, surely that is Pinocchio!"

اما مطمئنا این پینوکیو است«!

"It is indeed Pinocchio!" cried Punch

"این در واقع پینوکیو است "!فریاد پانچ
And Rose peeped out from behind the scenes
رز از پشت صحنه به بیرون نگاه کرد
"It is indeed himself!" screamed Rose
"این واقعا خودش است "!فریاد زد رز
and all the puppets shouted in chorus
و همه عروسکها با صدای بلند فریاد میزدند:
"It is Pinocchio! it is Pinocchio!"

این پینوکیو است !این پینوکیو است«!

and they leapt from all sides onto the stage

و از هر طرف به روی صحنه پریدند

"It is Pinocchio!" all the puppets exclaimed

"این پینوکیو است "!همه عروسک ها فریاد زدند

"It is our brother Pinocchio!"

این برادر ما پینوکیو است«!

"Long live Pinocchio!" they cheered together

"زنده باد پینوکیو "!انها با هم تشویق کردند

"Pinocchio, come up here to me," cried Harlequin

"پینوکیو، بیا اینجا به من، "هارلکین فریاد زد

"throw yourself into the arms of your wooden brothers!"

خودت را در اغوش برادران چوبیت بینداز«!

Pinocchio couldn't decline this affectionate invitation

پینوکیو نمیتوانست این دعوت محبتامیز را رد کند

he leaped from the end of the pit into the reserved seats

از انتهای گودال پرید و روی صندلیهای خالی نشست.

another leap landed him on the head of the drummer

یک جهش دیگر او را روی سر درامر فرود اورد

and he then sprang upon the stage

و سپس به روی صحنه پرید

The embraces and the friendly pinches

اغوش و نیشگون گرفتن دوستانه

and the demonstrations of warm brotherly affection

و محبت گرم برادرانه را به نمایش می نهد

Pinocchio reception from the puppets was beyond description

استقبال پینوکیو از عروسکهای خیمه شب بازی فراتر از توصیف بود .

The sight was doubtless a moving one

این منظره بیشک تکان دهنده بود

but the public in the pit had become impatient

اما مردم در گودال بیصبر شده بودند

they began to shout, "we came to watch a play"

انها شروع به فریاد زدن کردند" :ما امده ایم تا یک نمایش را تماشا کنیم".

"go on with the play!" they demanded

"برو با بازی "!انها خواستار

but the puppets didn't continue the recital

اما عروسکها به خوانی ادامه ندادند

the puppets doubled their noise and outcries
عروسکها سر و صدا و هیاهوی خود را دو چندان کردند
they put Pinocchio on their shoulders
پینوکیو را روی شانههایشان گذاشتند
and they carried him in triumph before the footlights
و او را با پیروزی در مقابل چراغهای پیاده بردند.
At that moment the ringmaster came out
در این لحظه رئیس حلقه بیرون امد
He was a big and ugly man
او مردی بزرگ و زشت بود.
the sight of him was enough to frighten anyone
دیدن او کافی بود تا کسی را بترساند
His beard was as black as ink and long
ریشش به سیاهی جوهر و دراز بود
and his beard reached from his chin to the ground
و ریشش از چانهاش به زمین رسید
and he trod upon his beard when he walked
و هنگام راه رفتن روی ریش خود پایمال میکرد
His mouth was as big as an oven
دهانش به بزرگی یک اجاق گاز بود
and his eyes were like two lanterns of burning red glass
و چشمانش به دو فانوس شیشهای سرخ رنگ شباهت داشت.
He carried a large whip of twisted snakes and foxes' tails
شلاق بزرگی از مارهای پیچ خورده و دم روباهها را حمل میکرد
and he cracked his whip constantly
و پیوسته شلاقش را میشکست
At his unexpected appearance there was a profound silence
از حضور غیرمنتظره او سکوت عمیقی حک شده بود
no one dared to even breathe
هیچ جرات نفس کشیدن نداشت
A fly could have been heard in the stillness
صدای مگسی در این ارامش شنیده میشد
The poor puppets of both sexes trembled like leaves
عروسکهای بینوای هر دو جنس مثل برگها میلرزیدند
"have you come to raise a disturbance in my theatre?"
"ایا شما امده اید تا در تئاتر من اختلال ایجاد کنید؟"
he had the gruff voice of a goblin
صدای خشن جن به گوشش خطور میکرد
a goblin suffering from a severe cold

یک جن که از سرمای شدید رنج میبرد

"Believe me, honoured sir, it it not my fault!"

باور کنید، اقا، تقصیر من نیست«!

"That is enough from you!" he blared

"این از شما کافی است "!او فریاد زد

"Tonight we will settle our accounts"

"امشب حسابهامون رو تسویه میکنیم"

soon the play was over and the guests left

به زودی نمایش تمام شد و مهمانان رفتند

the ringmaster went into the kitchen

رئیس حلقه به اشپزخانه رفت

a fine sheep was being prepared for his supper

یک گوسفند زیبا برای شام او اماده شده بود

it was turning slowly on the fire

اهسته روی اتش میچرخاند

there was not enough wood to finish roasting the lamb

چوب کافی برای کباب کردن بره وجود نداشت

so he called for Harlequin and Punch

به این ترتیب هارلوکین و پانچ را صدا زد

"Bring that puppet here," he ordered them

"این عروسک خیمه شب بازی را به اینجا بیاورید، "او به انها دستور داد

"you will find him hanging on a nail"

"او را در حالی پیدا خواهی کرد که به میخ اویزان است"

"It seems to me that he is made of very dry wood"

"به نظر من او از چوب بسیار خشک ساخته شده است"

"I am sure he would make a beautiful blaze"

"مطمئنم که اون یه شعله ی زیبا درست میکنه"

At first Harlequin and Punch hesitated

در ابتدا هارلکین و پانچ مردد شدند

but they were appalled by a severe glance from their master

اما از نگاه شدید اربابشان وحشت زده شدند

and they had no choice but to obey his wishes

و چاره ای جز اطاعت از خواسته های او نداشتند

In a short time they returned to the kitchen

اندکی بعد به اشپزخانه بازگشتند

this time they were carrying poor Pinocchio

این بار پینوکیوی بیچاره را حمل میکردند

he was wriggling like an eel out of water

مثل مارماهی از اب بیرون میپیچید

- 51 -

and he was screaming desperately

و نومیدانه جیغ میکشید

"Papa! papa! save me! I will not die!"

"بابا !پاپا !نجاتم بده !من نمیمیرم«!

The Fire-Eater Sneezes and Pardons Pinocchio

اتش خوار حفشه می کند و پینوکیو را عفو می کند

The ringmaster looked like a wicked man

رئیس رینگ به مردی شرور شباهت داشت

and he was known by all as Fire-eater

و همه او را اتش خوار می شناختند.

his black beard covered his chest and legs

ریش سیاهش سینه و پاهایش را پوشانده بود

it was like he was wearing an apron

مثل این بود که پیشبند پوشیده باشد

and this made him look especially wicked

و این کار او را بسیار شرور جلوه داد

On the whole, however, he did not have a bad heart

با این حال، در کل، او قلب بد نداشت

he saw poor Pinocchio brought before him

پینوکیوی بیچاره را دید که او را به پیش خود اوردند

he saw the puppet struggling and screaming

عروسک خیمه شب بازی را دید که تقلا میکرد و جیغ میکشید

"I will not die, I will not die!"

من نخواهم مرد، نخواهم مرد«!

and he was quite moved by what he saw

و از انچه دیده بود کاملا متاثر شده بود

he felt very sorry for the helpless puppet

دلش برای این عروسک بیچاره میسوخت.

he tried to hold his sympathies within himself

میکوشید همدردی خود را در دل خود حفظ کند

but after a little they all came out

اما بعد از مدتی همه بیرون امدند

he could contain his sympathy no longer

دیگر نمیتوانست همدردی خود را مهار کند،

and he let out an enormous violent sneeze

و عطسه شدیدی از خود بیرون اورد

up until that moment Harlequin had been worried

تا ان لحظه هارلکین نگران بود

he had been bowing down like a weeping willow

مثل یک بید گریان خم شده بود

but when he heard the sneeze he became cheerful

اما وقتی صدای عطسه را شنید شادمان شد

he leaned towards Pinocchio and whispered;

او به سمت پینوکیو خم شد و زمزمه کرد؛

"Good news, brother, the ringmaster has sneezed"

"خبر خوب، برادر، رئیس رینگ اسنده کرده"

"that is a sign that he pities you"

"این نشانه ای است که او شما را می چرند"

"and if he pities you, then you are saved"

"و اگر او شما را تحقیر کند، پس شما نجات یافته اید"

most men weep when they feel compassion

اکثر مردان وقتی احساس شفقت می کنند گریه می کنند

or at least they pretend to dry their eyes

یا دست کم وانمود میکنند که چشمهایشان را خشک میکنند

Fire-Eater, however, had a different habit

با این حال، اتش خوار عادت دیگری داشت

when moved by emotion his nose would tickle him

وقتی که از روی هیجان حرکت میکرد، دماغش او را غلغلک میداد.

the ringmaster didn't stop acting the ruffian

رئیس حلقه دست از بازی کردن به عنوان یه ادم بی بند و بار برنمی داشت

"are you quite done with all your crying?"

"ایا شما کاملا با تمام گریه خود را انجام می شود؟"

"my stomach hurts from your lamentations"

"دل من از ناله های تو درد می کند"

"I feel a spasm that almost..."

"من یه اسپاسم حس میکنم که تقریبا...

and the ringmaster let out another loud sneeze

و رئیس حلقه دوباره عطسه کرد

"Bless you!" said Pinocchio, quite cheerfully

"برکت شما "!پینوکیو گفت، کاملا شاد

"Thank you! And your papa and your mamma?"

"ممنون !و پدرت و مادرت؟»

"are they still alive?" asked Fire-Eater

"ایا انها هنوز زنده هستند؟ "اتش خوار پرسید

"My papa is still alive and well," said Pinocchio

"پدر من هنوز زنده و سالم است، "پینوکیو گفت.

"but my mamma I have never known," he added

"اما مادرم من هرگز نمی دانستم، "او اضافه کرد.

"good thing I did not have you thrown on the fire"

"چه خوب شد که تو رو روی اتیش ننداختم"

"your father would have lost all who he still had"

پدرت تمام کسانی که هنوز داشت رو از دست میداد

"Poor old man! I pity him!"

پیرمرد بیچاره !دلم برایش میسوزد«!

"Etchoo! etchoo! etchoo!" Fire-eater sneezed

Etchoo!"اه !و غیره «!اتشخواران ابسه کردند

and he sneezed again three times

و سه بار دیگر هم به هم نزاشت

"Bless you," said Pinocchio each time

"برکت شما، "پینوکیو گفت :هر بار

"Thank you! Some compassion is due to me"

"ممنون !برخی از همدردی به من است" ...

"as you can see I have no more wood"

"همونطور که میبینی من دیگه چوبی ندارم"

"so I will struggle to finish roasting my mutton"

"بنابراین من تلاش خواهم کرد تا گوشت گوسفندم را کباب کنم"

"you would have been of great use to me!"

"تو برای من خیلی خوب بودی"!

"However, I have had pity on you"

"با این حال، من به شما ترحم کردم"

"so I must have patience with you"

"پس من باید با تو صبور باشم"

"Instead of you I will burn another puppet"

"به جای تو عروسک دیگری را خواهم سوزاند"

At this call two wooden gendarmes immediately appeared

به محض این صدا دو ژاندارم چوبی ظاهر شدند

They were very long and very thin puppets

انها عروسکهای بسیار بلند و بسیار نازکی بودند

and they had wonky hats on their heads

و کلاههای لرزانی بر سر داشتند

and they held unsheathed swords in their hands

و شمشیرهای بیدفاع در دست داشتند

The ringmaster said to them in a hoarse voice:
رئیس حلقه با صدایی خشن به انها گفت:

"Take Harlequin and bind him securely"
"هارلیکوئین رو بگیر و محکم ببندش"

"and then throw him on the fire to burn"
"و بعدش بندازش روی اتیش تا بسوزه"

"I am determined that my mutton shall be well roasted"
"من مصمم هستم که گوشت گوسفند من باید به خوبی کباب شود"

imagine how poor Harlequin must have felt!
تصور کن هارلی کین بیچاره چه احساسی داشته است!

His terror was so great that his legs bent under him
وحشتش چنان زیاد بود که پاهایش زیر پایش خم شده بود.

and he fell with his face on the ground
و در حالی که صورتش را روی زمین گذاشته بود،

Pinocchio was agonized by what he was seeing
پینوکیو از انچه میدید رنج میکشید

he threw himself at the ringmaster's feet
خود را به پای رئیس حلقه پرتاب کرد

he bathed his long beard with his tears
ریش بلندش را با اشک شست

and he tried to beg for Harlequin's life
و سعی کرد برای زندگی هارلکین التماس کند

"Have pity, Sir Fire-Eater!" Pinocchio begged
ترحم کنید، اقای اتشخوار «پینوکیو التماس کرد

"Here there are no sirs," the ringmaster answered severely
"در اینجا هیچ اقا وجود دارد، ringmaster" به شدت پاسخ داد

"Have pity, Sir Knight!" Pinocchio tried
ترحم کنید، اقای نایت «پینوکیو تلاش کرد

"Here there are no knights!" the ringmaster answered
"در اینجا هیچ شوالیه وجود دارد ringmaster" پاسخ داد

"Have pity, Commander!" Pinocchio tried
ترحم داشته باشید فرمانده «پینوکیو تلاش کرد

"Here there are no commanders!"
اینجا هیچ فرماندهای وجود ندارد!»

"Have pity, Excellence!" Pinocchio pleaded
ترحم داشته باشید، عالی "پینوکیو التماس کرد

Fire-eater quite liked what he had just heard
اتش خوار انچه را که شنیده بود کاملا دوست داشت

Excellence was something he did aspire to

برتری چیزی بود که او ارزو داشت

and the ringmaster began to smile again

و رئیس حلقه دوباره شروع به لبخند زدن کرد

and he became at once kinder and more tractable

و در عین حال مهربانتر و مهربانتر شد

Turning to Pinocchio, he asked:

به پینوکیو برگشت و پرسید:

"Well, what do you want from me?"

"خب، از من چی میخوای؟"

"I implore you to pardon poor Harlequin"

التماست میکنم که هارلیکین بیچاره رو ببخشی

"For him there can be no pardon"

"برای او هیچ بخششی وجود ندارد"

"I have spared you, if you remember"

"من شما را نجات دادم، اگر به یاد داشته باشید"

"so he must be put on the fire"

«پس باید او را به اتش بکشند»

"I am determined that my mutton shall be well roasted"

"من مصمم هستم که گوشت گوسفند من باید به خوبی کباب شود"

Pinocchio stood up proudly to the ringmaster

پینوکیو با غرور در برابر رئیس رینگ ایستاد

and he threw away his cap of bread crumb

و کلاهش را که از خرده نان بود دور انداخت

"In that case I know my duty"

"در این صورت من وظیفه خود را می دانم"

"Come on, gendarmes!" he called the soldiers

"بیا، ژاندارم!" او به نام سربازان

"Bind me and throw me amongst the flames"

"منو ببند و بنداز وسط شعله ها"

"it would not be just for Harlequin to die for me!"

"این فقط برای هارلکین نیست که برای من بمیرد"!

"he has been a true friend to me"

"او یک دوست واقعی برای من بوده است"

Pinocchio had spoken in a loud, heroic voice

پینوکیو با صدای بلند و قهرمانانه صحبت کرده بود

and his heroic actions made all the puppets cry

و کارهای قهرمانانه او همه عروسکها را به گریه انداخت

Even though the gendarmes were made of wood

با اینکه ژاندارمها از چوب ساخته شده بودند،

they wept like two newly born lambs

مثل دو برهی تازه به دنیا امده میگریستند

Fire-eater at first remained as hard and unmoved as ice

اتش خوار در ابتدا به عنوان سخت و بی حرکت به عنوان یخ باقی مانده است

but little by little he began to melt and sneeze

اما کم کم شروع به اب شدن و عطسه کرد

he sneezed again four or five times

چهار یا پنج بار دیگر به هم نزاشت

and he opened his arms affectionately

و بازوان خود را با محبت باز کرد

"You are a good and brave boy!" he praised Pinocchio

"شما یک پسر خوب و شجاع هستید "!او پینوکیو را ستایش کرد

"Come here and give me a kiss"

"بیا اینجا و یه بوس بهم بده"

Pinocchio ran to the ringmaster at once

پینوکیو فورا به طرف رئیس رینگ دوید

he climbed up the ringmaster's beard like a squirrel

مثل سنجاب از ریش رئیس بالا رفت

and he deposited a hearty kiss on the point of his nose

و بوسهای از ته دل بر بینیاش زد

"Then the pardon is granted?" asked poor Harlequin

"پس از ان عفو اعطا می شود؟ "هارلکین فقیر پرسید.

in a faint voice that was scarcely audible

با صدایی ضعیف که به زحمت شنیده میشد

"The pardon is granted!" answered Fire-Eater

"عفو اعطا شده است "!پاسخ اتش خوار

he then added, sighing and shaking his head:

سپس اهی کشید و سرش را تکان داد و افزود:

"I must have patience with my puppets!"

"من باید با عروسک هایم صبور باشم"!

"Tonight I shall have to eat the mutton half raw;"

امشب باید گوشت گوسفند را نیمه خام بخورم.

"but another time, woe to him who displeases me!"

اما یک بار دیگر، وای بر کسی که مرا خشمگین می کند!

At the news of the pardon the puppets all ran to the stage

با خبر عفو همه دست نشاندهها به سوی صحنه شتافتند

they lit all the lamps and chandeliers of the show

همه چراغها و لوسترهای نمایش را روشن کردند
it was as if there was a full-dress performance
مثل این بود که یک نمایش کامل لباس وجود داشته باشد
they began to leap and to dance merrily
از جا جستند و شادمانه رقصیدند
when dawn had come they were still dancing
وقتی سپیده دم شد، هنوز میرقصیدند

Pinocchio Receives Five Gold Pieces
پینوکیو پنج قطعه طلا دریافت کرد

The following day Fire-eater called Pinocchio over
روز بعد اتشخوار پینوکیو را صدا زد
"What is your father's name?" he asked Pinocchio
"نام پدر شما چیست؟" او از پینوکیو پرسید
"My father is called Geppetto," Pinocchio answered
"پدر من به نام ژپتو،" پینوکیو پاسخ داد
"And what trade does he follow?" asked Fire-eater
"و چه تجارت او را دنبال می کند؟" پرسید :اتش خوار
"He has no trade, he is a beggar"
"او هیچ تجارتی ندارد، او یک گدا است"
"Does he earn much?" asked Fire-eater
"ایا او درامد زیادی دارد؟ "اتش خوار پرسید.
"No, he has never a penny in his pocket"
"نه، او هرگز یک پنی در جیب خود ندارد"

"once he bought me a spelling-book"
"یه بار برام یه کتاب هجی خرید"

"but he had to sell the only jacket he had"
ولی مجبور شد تنها ژاکتی که داشت رو بفروشه

"Poor devil! I feel almost sorry for him!"
بیچاره شیطان !من تقریبا برای او متاسفم"!

"Here are five gold pieces for him"
"اینم 5 تیکه طلا برای اون"

"Go at once and take the gold to him"
"فورا برو و طلاها رو ببر پیشش"

Pinocchio was overjoyed by the present
پینوکیو از زمان حال بسیار خوشحال بود

he thanked the ringmaster a thousand times
هزار بار از مدیر حلقه تشکر کرد

He embraced all the puppets of the company
همه عروسکهای گروه را در اغوش گرفت

he even embraced the troop of gendarmes
حتی گروه ژاندارمها را در اغوش گرفت

and then he set out to return straight home
و بعد تصمیم گرفت که یک راست به خانه برگردد

But Pinocchio didn't get very far
اما پینوکیو خیلی دور نشد

on the road he met a Fox with a lame foot
در جاده روباهی را دید که پاهایش لنگ بود

and he met a Cat blind in both eyes
و در هر دو چشم گربه کور را دید.

they were going along helping each other
هر دو به کمک یکدیگر میرفتند

they were good companions in their misfortune
در بدبختیشان همدم خوبی بودند،

The Fox, who was lame, walked leaning on the Cat
روباه که لنگ بود به گربه تکیه داده بود

and the Cat, who was blind, was guided by the Fox
و گربه، که نابینا بود، توسط روباه هدایت شد

the Fox greeted Pinocchio very politely
روباه مؤدبانه از پینوکیو استقبال کرد

"Good-day, Pinocchio," said the Fox
"روز بخیر، پینوکیو، "روباه گفت

"How do you come to know my name?" asked the puppet

"چگونه می توانید نام من را بدانید؟ "عروسک خیمه شب بازی پرسید.
"I know your father well," said the fox
"من پدر خود را به خوبی می دانم، "روباه گفت.
"Where did you see him?" asked Pinocchio
پینوکیو پرسید :کجا او را دیدی؟«
"I saw him yesterday, at the door of his house"
من دیروز او را جلوی در خانهاش دیدم«.
"And what was he doing?" asked Pinocchio
"و او چه کار می کرد؟ "پینوکیو پرسید
"He was in his shirt and shivering with cold"
"اون لباسش رو پوشیده بود و از سرما میلرزید"
"Poor papa! But his suffering is over now"
بیچاره بابا !اما رنج او اکنون تمام شده است«.
"in the future he shall shiver no more!"
"در اینده او دیگر نمی لرزد"!
"Why will he shiver no more?" asked the fox
"چرا او دیگر نمی لرزد؟ "روباه پرسید
"Because I have become a gentleman" replied Pinocchio
"چون من یک جنتلمن شده ام "پینوکیو پاسخ داد
"A gentleman—you!" said the Fox
"یک جنتلمن - شما "!گفت :روباه
and he began to laugh rudely and scornfully
و با بی ادبی و تحقیر شروع به خندیدن کرد
The Cat also began to laugh with the fox
گربه نیز با روباه شروع به خندیدن کرد.
but she did better at concealing her laughter
اما بهتر بود خندهاش را پنهان کند،
and she combed her whiskers with her forepaws
و سبیلش را با پیش پا شانه کرد
"There is little to laugh at," cried Pinocchio angrily
"کمی برای خندیدن وجود دارد، "پینوکیو با عصبانیت فریاد زد
"I am really sorry to make your mouth water"
"من واقعا متاسفم که دهان خود را اب می کنم"
"if you know anything then you know what these are"
"اگه چیزی میدونی پس میدونی اینا چی هستن"
"you can see that they are five pieces of gold"
"شما می توانید ببینید که انها پنج قطعه طلا هستند"

And he pulled out the money that Fire-eater had given him
و پولی را که اتشخوار به او داده بود بیرون کشید.

for a moment the fox and the cat did a strange thing
یک لحظه روباه و گربه کار عجیبی کردند

the jingling of the money really got their attention
جرینگ جرینگ پول واقعا توجه انها را جلب کرد

the Fox stretched out the paw that seemed crippled
روباه پنجهی چلاقش را دراز کرد

and the Cat opened wide her two eyes
و گربه دو چشمش را باز کرد

her eyes looked like two green lanterns
چشمانش به دو فانوس سبز شباهت داشت

it is true that she shut her eyes again
درست است که او بار دیگر چشمانش را بست

she was so quick that Pinocchio didn't notice
انقدر سریع بود که پینوکیو متوجه نشد

the Fox was very curious about what he had seen
روباه در مورد انچه دیده بود بسیار کنجکاو بود

"what are you going to do with all that money?"
«با این همه پول چه میکنی؟»

Pinocchio was all too proud to tell them his plans
پینوکیو انقدر مغرور بود که نمیتوانست نقشههایش را به انها بگوید.

"First of all, I intend to buy a new jacket for my papa"
اول از همه، من قصد دارم یک ژاکت جدید برای پدرم بخرم.

"the jacket will be made of gold and silver"
"ژاکت از طلا و نقره ساخته خواهد شد"

"and the coat will come with diamond buttons"

"و کت با دکمه های الماس خواهد امد"

"and then I will buy a spelling-book for myself"

"و بعد یه کتاب هجی برای خودم میخرم"

"You will buy a spelling book for yourself?"

"ایا برای خودتان یک کتاب املایی میخرید؟»

"Yes indeed, for I wish to study in earnest"

"بله، در واقع، برای من می خواهم به مطالعه در جدی"

"Look at me!" said the Fox

"به من نگاه کن "!گفت :روباه

"Through my foolish passion for study I have lost a leg"

"از طریق اشتیاق احمقانه من برای مطالعه من یک پا را از دست داده ام"

"Look at me!" said the Cat

"به من نگاه کن "!گربه گفت:

"Through my foolish passion for study I have lost my eyes"

"از طریق اشتیاق احمقانه من برای مطالعه، چشمانم را از دست داده ام"

At that moment a white Blackbird began his usual song

در این لحظه یک پرنده سیاه سفید شروع به اواز خواندن کرد.

"Pinocchio, don't listen to the advice of bad companions"

پینوکیو، به توصیه همراهان بد گوش نده

"if you listen to their advice you will repent it!"

اگر به نصیحت انها گوش کنی، از ان پشیمان خواهی شد»!

Poor Blackbird! If only he had not spoken!

پرنده سیاه بیچاره !کاش حرف نمی زد!

The Cat, with a great leap, sprang upon him

گربه با جهشی بزرگ به سمت او پرید

she didn't even give him time to say "Oh!"

او حتی به او فرصت نداد که بگوید اوه!

she ate him in one mouthful, feathers and all

او را در یک لقمه، پر و همه چیز خورد

Having eaten him, she cleaned her mouth

پس از خوردن او، دهانش را تمیز کرد.

and then she shut her eyes again

و بعد دوباره چشمهایش را بست

and she feigned blindness just as before

و او هم مثل قبل تظاهر به نابینایی کرد

"Poor Blackbird!" said Pinocchio to the Cat

پینوکیو به گربه گفت :پرنده سیاه بیچاره»!

"why did you treat him so badly?"
چرا اینقدر با او بد رفتار کردی؟«
"I did it to give him a lesson"
"من این کار را کردم تا به او درس بدهم"
"He will learn not to meddle in other people's affairs"
"او یاد خواهد گرفت که در امور دیگران دخالت نکند"
by now they had gone almost half-way home
حالا تقریبا نصف راه خانه را رفته بودند.
the Fox, halted suddenly, and spoke to the puppet
روباه ناگهان ایستاد و با عروسک خیمه شب بازی صحبت کرد
"Would you like to double your money?"
دوست دارید پولتان را دو برابر کنید؟«
"In what way could I double my money?"
از چه راهی میتوانم پولم را دو برابر کنم؟«
"Would you like to multiply your five miserable coins?"
دوست داری پنج سکه بدبختت را چند برابر کنی؟«
"I would like that very much! but how?"
"من این را خیلی دوست دارم !اما چگونه؟«
"The way to do it is easy enough"
"راه انجام ان به اندازه کافی اسان است"
"Instead of returning home you must go with us"
به جای بازگشت به خانه، باید با ما همراه شوید«.
"And where do you wish to take me?"
"و میخوای منو کجا ببری؟"
"We will take you to the land of the Owls"
"ما شما را به سرزمین جغدها می بریم"
Pinocchio reflected a moment to think
پینوکیو لحظهای فکر کرد
and then he said resolutely "No, I will not go"
و سپس قاطعانه گفت" :نه، من نمی روم"
"I am already close to the house"
"من در حال حاضر نزدیک به خانه هستم"
"and I will return home to my papa"
"و من به خونه پیش بابام برمیگردم"
"he has been waiting for me in the cold"
"او در سرما منتظر من بود"
"all day yesterday I did not come back to him"

"تمام روز دیروز من به او برنگشتم"
"Who can tell how many times he sighed!"
"چه کسی می تواند بگوید چند بار او اه کشید"!
"I have indeed been a bad son"
"من واقعا پسر بدی بودم"
"and the talking little cricket was right"
"و جیرجیرک کوچولو درست میگفت"
"Disobedient boys never come to any good"
"پسران نافرمان هرگز به هیچ چیز خوب نمی ایند"
"what the talking little cricket said is true"
"چیزی که جیرجیرک کوچولو گفت حقیقت داره"
"many misfortunes have happened to me"
"بدبختی های زیادی برای من اتفاق افتاده است"
"Even yesterday in fire-eater's house I took a risk"
"حتی دیروز در خانه اتش خوار من ریسک کردم"
"Oh! it makes me shudder to think of it!"
"اوه !فکر کردن به ان مرا به لرزه در میاورد«!
"Well, then," said the Fox, "you've decided to go home?"
"خوب، پس، "فاکس گفت،" شما تصمیم به رفتن به خانه؟"
"Go, then, and so much the worse for you"
"برو، پس، و خیلی بدتر برای شما"
"So much the worse for you!" repeated the Cat
"خیلی بدتر برای شما "!تکرار گربه
"Think well of it, Pinocchio," they advised him
"خوب از ان فکر کنید، پینوکیو، "انها به او توصیه کردند
"because you are giving a kick to fortune"
"چون تو داری به ثروت ضربه می زنی"
"a kick to fortune!" repeated the Cat
"یک ضربه به ثروت "!تکرار گربه
"all it would have taken would have been a day"
تنها چیزی که لازم بود یه روز بود
"by tomorrow your five coins could have multiplied"
تا فردا پنج سکه تو ممکنه چند برابر بشه
"your five coins could have become two thousand"
پنج سکه شما می توانست به دو هزار سکه تبدیل شود
"Two thousand sovereigns!" repeated the Cat
"دو هزار پادشاه "!تکرار گربه

"But how is it possible?" asked Pinocchio
"اما چگونه ممکن است؟" پینوکیو پرسید
and he remained with his mouth open from astonishment
و او با دهان باز از تعجب باقی ماند
"I will explain it to you at once," said the Fox
"من ان را به شما در یک بار توضیح، "گفت :فاکس
"in the land of the Owls there is a sacred field"
"در سرزمین جغدها یک زمین مقدس وجود دارد"
"everybody calls it the field of miracles"
"همه ان را میدان معجزه می نامند"
"In this field you must dig a little hole"
"در این زمینه شما باید یک سوراخ کوچک حفر کنید"
"and you must put a gold coin into the hole"
"و شما باید یک سکه طلا را در سوراخ قرار دهید"
"then you cover up the hole with a little earth"
"بعدش سوراخ رو با یه زمین کوچیک بپوشان"
"you must get water from the fountain nearby"
"تو باید از چشمه ای که نزدیکه اب بگیری"
"you must water they hole with two pails of water"
"تو باید اب رو اب کنی" "اونا با دو سطل اب سوراخ شدن"
"then sprinkle the hole with two pinches of salt"
"سپس سوراخ را با دو نیشگون نمک بپاشید"
"and when night comes you can go quietly to bed"
"و وقتی شب فرا برسه میتونی بی سر و صدا بخوابی"
"during the night the miracle will happen"
"در طول شب معجزه اتفاق خواهد افتاد"
"the gold pieces you planted will grow and flower"
"طلاهایی که کاشته اید رشد خواهند کرد و گل خواهند داد"
"and what do you think you will find in the morning?"
فکر میکنی صبح چه چیزی پیدا خواهی کرد؟»
"You will find a beautiful tree where you planted it"
"شما یک درخت زیبا را پیدا خواهید کرد که در ان کاشته اید"
"they tree will be laden with gold coins"
"درختها پر از سکههای طلا خواهند شد"
Pinocchio grew more and more bewildered
پینوکیو بیش از پیش گیج میشد
"let's suppose I bury my five coins in that field"

بیا فرض کنیم که من پنج سکه ام رو توی اون مزرعه دفن کردم
"how many coins might I find the following morning?"
صبح روز بعد چند سکه پیدا کنم؟«
"That is an exceedingly easy calculation," replied the Fox
"این یک محاسبه بسیار اسان است، "روباه پاسخ داد
"a calculation you can make with your hands"
"محاسبه ای که می توانید با دستان خود انجام دهید"
"Every coin will give you an increase of five-hundred"
"هر سکه به شما یک افزایش 500 می دهد"
"multiply five hundred by five and you have your answer"
"پانصد را در پنج ضرب کنید و پاسخ خود را داشته باشید"
"you will find two-thousand-five-hundred shining gold pieces"
"دو هزار و پانصد قطعه طلای درخشان پیدا خواهی کرد"
"Oh! how delightful!" cried Pinocchio, dancing for joy
"اوه !پینوکیو در حالی که از شادی میرقصید فریاد زد :چقدر لذت بخش است«!
"I will keep two thousand for myself"
"من دو هزار تا برای خودم نگه میدارم"
"and the other five hundred I will give you two"
و اون 500 تای دیگه رو بهت میدم
"A present to us?" cried the Fox with indignation
"هدیه ای برای ما؟ "روباه با خشم فریاد زد
and he almost appeared offended at the offer
و به نظر میرسید که از این پیشنهاد تقریبا رنجیده شده است
"What are you dreaming of?" asked the Fox
"چه رویایی دارید؟ "روباه پرسید.
"What are you dreaming of?" repeated the Cat
"چه رویایی دارید؟ "گربه تکرار کرد
"We do not work to accumulate interest"
"ما برای جمع اوری علاقه کار نمی کنیم"
"we work solely to enrich others"
"ما فقط برای غنی کردن دیگران کار می کنیم"
"to enrich others!" repeated the Cat
"برای غنی سازی دیگران "!تکرار گربه
"What good people!" thought Pinocchio to himself
"چه مردم خوب "!پینوکیو به خود فکر کرد
and he forgot all about his papa and the new jacket

و همه چیز را در مورد پدرش و ژاکت جدید فراموش کرد
and he forgot about the spelling-book

کتاب را فراموش کرده است.

and he forgot all of his good resolutions

و تمام تصمیمهای خوبش را فراموش کرد

"Let us be off at once" he suggested

"اجازه دهید ما در یک بار "او پیشنهاد کرد

"I will go with you two to the field of Owls"

"من با شما دو تا به مزرعه جغدها خواهم رفت"

The Inn of the Red Craw-Fish
دانلود بازی خرچنگ قرمز

They walked, and walked, and walked

راه میرفتند و میرفتند و راه میرفتند.

all tired out, they finally arrived at an inn

همه خسته بودند، بالاخره به یک مسافرخانه رسیدند

The Inn of The Red Craw-Fish

دانلود بازی خرچنگ قرمز

"Let us stop here a little," said the Fox

"بیایید کمی اینجا را متوقف کنیم،" روباه گفت.

"we should have something to eat," he added

"ما باید چیزی برای خوردن داشته باشیم، "او اضافه کرد.

"we need to rest ourselves for an hour or two"

"ما باید یک یا دو ساعت استراحت کنیم"

"and then we will start again at midnight"

"و بعد از نیمه شب دوباره شروع میکنیم"

"we'll arrive at the Field of Miracles in the morning"

"فردا صبح به میدان معجزه میرسیم"

Pinocchio was also tired from all the walking

پینوکیو هم از این همه پیادهروی خسته شده بود.

so he was easily convinced to go into the inn

بنابراین به اسانی متقاعد شد که به مسافرخانه برود

all three of them sat down at a table

هر سه در کنار میزی نشستند

but none of them really had any appetite

اما هیچ کدام از انها اشتهای خاصی نداشتند

The Cat was suffering from indigestion
گربه از سوء هاضمه رنج می برد

and she was feeling seriously indisposed
و احساس میکرد که به طور جدی بیمار است

she could only eat thirty-five fish with tomato sauce
او فقط می توانست سی و پنج ماهی با سس گوجه فرنگی بخورد

and she had just four portions of noodles with Parmesan
و فقط چهار قسمت رشته فرنگی با پارمسان خورد

but she thought the noodles weres not seasoned enough
اما فکر میکرد رشته فرنگیها به اندازه کافی پخته نشده‌اند

so she asked three times for the butter and grated cheese!
بنابراین سه بار کره و پنیر رنده شده خواست!

The Fox could also have gone without eating
روباه همچنین می توانست بدون غذا خوردن برود

but his doctor had ordered him a strict diet
اما دکترش به او دستور داده بود که رژیم غذایی سختی داشته باشد

so he was forced to content himself simply with a hare
به همین دلیل مجبور شد به سادگی به یک خرگوش قانع شود

the hare was dressed with a sweet and sour sauce
خرگوش با سس شیرین و ترش پوشیده بود

it was garnished lightly with fat chickens
ان را با مرغهای چاق تزیین کرده بودند.

then he ordered a dish of partridges and rabbits
بعد دستور داد ظرفی از کبک و خرگوش درست کنند

and he also ate some frogs, lizards and other delicacies
و همچنین چند قورباغه، مارمولک و سایر غذاهای لذیذ را خورد.

he really could not eat anything else
دیگر نمیتوانست چیزی بخورد.

He cared very little for food, he said
گفت: غذایش خیلی کم اهمیت میداد.

and he said he struggled to put it to his lips
و گفت که سعی میکند ان را روی لبانش بگذارد

The one who ate the least was Pinocchio
کسی که کمترین غذا را خورد پینوکیو بود

He asked for some walnuts and a hunch of bread
مقداری گردو و مقداری نان خواست

and he left everything on his plate
و همه چیز را در بشقابش جا گذاشت

The poor boy's thoughts were not with the food
طفلک به فکر غذا نبود.

he continually fixed his thoughts on the Field of Miracles
پیوسته به میدان معجزات میاندیشید

When they had supped, the Fox spoke to the host
هنگامی که انها شام خورده بودند، روباه با میزبان صحبت کرد

"Give us two good rooms, dear inn-keeper"
"دو تا اتاق خوب بهمون بده، مسافرخانه دار عزیز"

"please provide us one room for Mr. Pinocchio"
لطفا یک اتاق برای اقای پینوکیو فراهم کنید

"and I will share the other room with my companion"
"و من اون یکی اتاق رو با همدمم تقسیم میکنم"

"We will snatch a little sleep before we leave"
"قبل از اینکه بریم یه کم میخوابیم"

"Remember, however, that we wish to leave at midnight"
با این حال، به یاد داشته باشید که ما می خواهیم در نیمه شب ترک کنیم.

"so please call us, to continue our journey"
"پس لطفا با ما تماس بگیرید تا سفرمان را ادامه دهیم"

"Yes, gentlemen," answered the host
"بله، اقایان،" میزبان پاسخ داد

and he winked at the Fox and the Cat
و به روباه و گربه چشمک زد

it was as if he said "I know what you are up to"
مثل این بود که او گفت: "من می دانم چه کاری انجام می دهید"

the wink seemed to say, "we understand one another!"
به نظر می رسید چشمک می گوید: "ما یکدیگر را درک می کنیم".

Pinocchio was very tired from the day
پینوکیو از روز خیلی خسته بود

he fell asleep as soon as he got into his bed
به محض این که به رختخواب رفت خوابش برد

and as soon as he started sleeping he started to dream
و به محض این که خوابش گرفت شروع به خواب رفتن کرد

he dreamed that he was in the middle of a field
خواب دید که در وسط مزرعهای است

the field was full of shrubs as far as the eye could see
تا انجا که چشم میتوانست ببیند مزرعه پر از درختچه بود

the shrubs were covered with clusters of gold coins
روی درختچهها پر از سکههای طلا بود

the gold coins swung in the wind and rattled
سکههای طلا در باد میچرخیدند و میتاختند

and they made a sound like, "tzinn, tzinn, tzinn"
و انها صدایی مانند"tzinn، tzinn، "tzinn ساختند.

they sounded as if they were speaking to Pinocchio
به نظر میرسید که با پینوکیو صحبت میکنند

"Let who whoever wants to come and take us"
"بذار هر کی میخواد بیاد و ما رو بگیره"

Pinocchio was just about to stretch out his hand
پینوکیو میخواست دستش را دراز کند

he was going to pick handfuls of those beautiful gold pieces
میخواست از ان تکههای زیبای طلا بچیند

and he almost was able to put them in his pocket
و تقریبا توانست انها را در جیب خود بگذارد

but he was suddenly awakened by three knocks on the door
اما ناگهان با سه ضربه به در بیدار شد

It was the host who had come to wake him up
این میزبان بود که امده بود تا او را بیدار کند

"I have come to let you know it's midnight"
"اومدم بهت بگم که نیمه شبه"

"Are my companions ready?" asked the puppet
"ایا همراهان من اماده هستند؟ "عروسک خیمه شب بازی پرسید

"Ready! Why, they left two hours ago"
اماده !چرا، اونا دو ساعت پیش رفتن

"Why were they in such a hurry?"
چرا اینقدر عجله داشتند؟»

"Because the Cat had received a message"

چون گربه پیغامی دریافت کرده بود

"she got news that her eldest kitten was ill"

خبر رسید که بچه گربه بزرگش مریضه

"Did they pay for the supper?"

ایا انها هزینه شام را پرداخت کردند؟»

"What are you thinking of?"

به چی فکر میکنی؟»

"They are too well educated to dream of insulting you"

انها انقدر تحصیلکرده هستند که نمیتوانند رویای توهین به شما را ببینند».

"a gentleman like you would not let his friends pay"

"یه اقایی مثل تو نمیزاره دوستاش پولش رو بده"

"What a pity!" thought Pinocchio

"چه حیف "پینوکیو فکر کرد

"such an insult would have given me much pleasure!"

چنین توهینی به من لذت زیادی می داد!

"And where did my friends say they would wait for me?"

دوستانم کجا گفتند که منتظر من خواهند ماند؟»

"At the Field of Miracles, tomorrow morning at daybreak"

"در میدان معجزات، فردا صبح سپیده دم"

Pinocchio paid a coin for the supper of his companions

پینوکیو برای شام همراهانش سکه ای پرداخت

and then he left for the field of Miracles

و بعد به میدان معجزات رفت

Outside the inn it was almost pitch black

بیرون مسافرخانه تقریبا تاریک بود.

Pinocchio could only make progress by groping his way

پینوکیو تنها با دست و پا زدن به راه خود می توانست پیشرفت کند

it was impossible to see his hand's in front of him

نمیتوانست دستهایش را جلوی چشمش ببیند.

Some night-birds flew across the road

چند پرنده شب در سراسر جاده پرواز کردند

they brushed Pinocchio's nose with their wings

با بالهای خود بینی پینوکیو را مسواک زدند

it caused him a terrible fright

این کار او را به وحشت می افکند

springing back, he shouted: "who goes there?"

به عقب پرید و فریاد زد: چه کسی به انجا میرود؟»

and the echo in the hills repeated in the distance

و پژواک تپه‌ها در دوردستها تکرار شد

"Who goes there?" - "Who goes there?" - "Who goes there?"

"چه کسی به انجا می رود؟" - "چه کسی به انجا می رود؟" - "چه کسی به انجا می رود؟"

on the trunk of the tree he saw a little light

روی تنه درخت روشنایی کوچکی دید

it was a little insect he saw shining dimly

حشره کوچکی بود که به طور مبهمی میدرخشیدن

like a night-light in a lamp of transparent china

مثل نور شب در چراغی از چین شفاف

"Who are you?" asked Pinocchio

"شما چه کسی هستید؟ "پینوکیو پرسید

the insect answered in a low voice;

حشره با صدای اهسته پاسخ داد:

"I am the ghost of the talking little cricket"

"من روح جیرجیرک کوچولوی سخنگو هستم"

the voice was fainter than can be described

صدا ضعیفتر از ان بود که بتوان وصف کرد.

the voice seemed to come from the other world

گویی صدایی از دنیای دیگر میامد

"What do you want with me?" said the puppet

"چه می خواهید با من؟" گفت :عروسک خیمه شب بازی

"I want to give you some advice"

"من می خواهم به شما برخی از مشاوره"

"Go back and take the four coins that you have left"

برگرد و چهار سکه ای که برایت باقی مانده را بردار».

"take your coins to your poor father"

"سکه هات رو ببر پیش پدر بیچاره ات"

"he is weeping and in despair at home"

"او در خانه گریه می کند و در ناامیدی است"

"because you have not returned to him"

"چون تو به اون برنگشتی"

but Pinocchio had already thought of this

اما پینوکیو قبلا به این موضوع فکر کرده بود

"By tomorrow my papa will be a gentleman"

"تا فردا بابای من یه جنتلمن میشه"

"these four coins will become two thousand"

"این چهار سکه تبدیل به دو هزار سکه خواهد شد"

"Don't trust those who promise to make you rich in a day"
به کسانی که قول می دهند شما را در یک روز ثروتمند می کنند اعتماد نکنید.
"Usually they are either mad or rogues!"
انها معمولا یا دیوانه هستند یا سرکش«!
"Give ear to me, and go back, my boy"
"به من گوش بده و برگرد پسرم"
"On the contrary, I am determined to go on"
برعکس، من مصمم هستم که ادامه دهم«.
"The hour is late!" said the cricket
"ساعت دیر است "!کریکت گفت
"I am determined to go on"
"من مصمم هستم که ادامه دهم"
"The night is dark!" said the cricket
"شب تاریک است "!گفت :کریکت
"I am determined to go on"
"من مصمم هستم که ادامه دهم"
"The road is dangerous!" said the cricket
"جاده خطرناک است "!گفت :کریکت
"I am determined to go on"
"من مصمم هستم که ادامه دهم"
"boys are bent on following their wishes"
"پسرا دنبال خواسته هاشون هستن"
"but remember, sooner or later they repent it"
اما به یاد داشته باشید، دیر یا زود انها توبه می کنند.
"Always the same stories. Good-night, little cricket"
همیشه همان داستانها هستند .شب بخیر کریکت کوچولو
The Cricket wished Pinocchio a good night too
کریکت برای پینوکیو هم شب خوبی ارزو کرد
"may Heaven preserve you from dangers and assassins"
باشد که بهشت شما را از خطرات و قاتلان حفظ کند
then the talking little cricket vanished suddenly
سپس جیرجیرک کوچک سخنگو ناگهان ناپدید شد
like a light that has been blown out
مثل نوری که خاموش شده باشد
and the road became darker than ever
و جاده تاریکتر از همیشه شد

Pinocchio Falls into the Hands of the Assassins
پینوکیو به دست ادمکشها افتاد

Pinocchio resumed his journey and spoke to himself
پینوکیو سفر خود را از سر گرفت و با خود صحبت کرد
"how unfortunate we poor boys are"
"ما بچه های بیچاره چقدر بدبختیم"
"Everybody scolds us and gives us good advice"
همه ما را سرزنش می کنند و توصیه های خوبی به ما می کنند.
"but I don't choose to listen to that tiresome little cricket"
"اما من انتخاب نمی کنم که به اون جیرجیرک خسته کننده گوش کنم"
"who knows how many misfortunes are to happen to me!"
"چه کسی میداند چه مصیبتهایی برای من اتفاق خواهد افتاد"!
"I haven't even met any assassins yet!"
من هنوز هیچ قاتلی را ندیده‌ام«!
"That is, however, of little consequence"
"با این حال، این نتیجه کمی دارد"
"for I don't believe in assassins"
چون من به ادمکشها اعتقادی ندارم»
"I have never believed in assassins"
من هرگز به ادمکشها اعتقاد نداشتم».
"I think that assassins have been invented purposely"
"من فکر می کنم که قاتلان عمدا اختراع شده اند"
"papas use them to frighten little boys"
باباها ازشون برای ترسوندن پسرای کوچولو استفاده می کنن
"and then little boys are scared of going out at night"
و بعدش پسرای کوچولو از بیرون رفتن تو شب میترسن
"Anyway, let's suppose I was to come across assassins"
"به هر حال، بیایید فرض کنیم که من با قاتلان مواجه شدم"
"do you imagine they would frighten me?"
فکر میکنی منو میترسونن؟»
"they would not frighten me in the least"
"اونا به هیچ وجه منو نمیترسونن"
"I will go to meet them and call to them"
"میرم پیششون و صداشون میکنم"
'Gentlemen assassins, what do you want with me?'
اقایان ادمکش، از من چه میخواهید؟
'Remember that with me there is no joking'

"به یاد داشته باشید که با من هیچ شوخی وجود دارد"

'Therefore, go about your business and be quiet!'

بنابراین، به کار خود ادامه دهید و ساکت باشید!

"At this speech they would run away like the wind"

"در این سخنرانی انها مانند باد فرار می کنند"

"it could be that they are badly educated assassins"

"ممکنه که اونا ادم کش های بد تحصیل کرده ای باشن"

"then the assassins might not run away"

اونوقت ممکنه قاتلها فرار نکنن

"but even that isn't a great problem"

"اما حتی این هم مشکل بزرگی نیست"

"then I would just run away myself"

"بعدش خودم فرار میکنم"

"and that would be the end of that"

"و این پایان ماجرا خواهد بود"

But Pinocchio had no time to finish his reasoning

اما پینوکیو وقت نداشت تا استدلال خود را تمام کند

he thought that he heard a slight rustle of leaves

به نظرش رسید که صدای خشخشی از برگها را میشنود

He turned to look where the noise had come from

برگشت تا سر و صدا را که از کجا امده بود، بررسی کند.

and he saw in the gloom two evil-looking black figures

و در تاریکی دو چهره سیاه شیطانی را دید

they were completely enveloped in charcoal sacks

انها را کاملا در کیسههای زغالی پیچیده بودند

They were running after him on their tiptoes

انها با نوک پا به دنبال او میدویدند

and they were making great leaps like two phantoms

و انها مانند دو شبح جهش بزرگی میکردند

"Here they are in reality!" he said to himself

"در اینجا انها در واقعیت هستند "!او به خود گفت

he didn't have anywhere to hide his gold pieces

او جایی نداشت که تکههای طلایش را پنهان کند

so he put them in his mouth, under his tongue

انها را در دهانش گذاشت، زیر زبانش.

Then he turned his attention to escaping

سپس توجه خود را معطوف به فرار کرد

But he did not manage to get very far

اما نتوانست زیاد دور شود

he felt himself seized by the arm

احساس کرد که بازویش را گرفته است

and he heard two horrid voices threatening him

و دو صدای وحشتناک شنید که او را تهدید میکرد.

"Your money or your life!" they threatened

"پول شما یا زندگی شما"! انها تهدید کردند

Pinocchio was not able to answer in words

پینوکیو نمیتوانست با کلمات پاسخ دهد

because he had put his money in his mouth

چون پولش را در دهانش گذاشته بود

so he made a thousand low bows

بدین ترتیب هزار کمان کوتاه کرد

and he offered a thousand pantomimes

و هزار پانتومیم پیشنهاد کرد

He tried to make the two figures understand

سعی کرد این دو نفر را درک کند

he was just a poor puppet without any money

او فقط یک عروسک خیمه شب بازی فقیر بدون پول بود

he had not as much as a nickel in his pocket

یک سکه پنج سنتی هم در جیب نداشت

but the two robbers were not convinced

اما دو راهزن قانع نشدند

"Less nonsense and out with the money!"

"کمتر مزخرف و خارج با پول"!

And the puppet made a gesture with his hands

و عروسک با دستهایش حرکتی کرد

he pretended to turn his pockets inside out

وانمود کرد که جیبهایش را از درون میچرخاند

Of course Pinocchio didn't have any pockets

البته پینوکیو هیچ جیبی نداشت

but he was trying to signify, "I have no money"

اما او سعی داشت نشان دهد،" من پول ندارم"

slowly the robbers were losing their patience

راهزنان کم کم شکیبایی خود را از دست میدادند

"Deliver up your money or you are dead," said the taller one

"تحویل پول خود را و یا شما مرده اند، "گفت :یکی از بلندتر

"Dead!" repeated the smaller one

"مرده "!تکرار یکی از کوچکتر

"And then we will also kill your father!"

و بعد پدرت را هم خواهیم کشت»!"

"Also your father!" repeated the smaller one again

"همچنین پدر خود را "!تکرار یکی از کوچکتر دوباره

"No, no, no, not my poor papa!" cried Pinocchio in despair

"نه، نه، نه پدر بیچاره من "!پینوکیو با ناامیدی فریاد زد.

and as he said it the coins clinked in his mouth

و همین که این را گفت سکهها در دهانش به صدا در میامد

"Ah! you rascal!" realized the robbers

اه! !ای رذل !دزدها متوجه شدند

"you have hidden your money under your tongue!"

شما پول خود را زیر زبان خود پنهان کرده اید!

"Spit it out at once!" he ordered him

"تف ان را در یک بار، "!او به او دستور داد

"spit it out," repeated the smaller one

"تف کردن ان، "تکرار یکی از کوچکتر

Pinocchio was obstinate to their commands

پینوکیو به دستورات انها لجاجت داشت

"Ah! you pretend to be deaf, do you?"

»اه !وانمود میکنی کر هستی، نه؟"

"leave it to us to find a means"

"این را به ما بسپارید تا وسیله ای پیدا کنیم"

"we will find a way to make you give up your money"

"ما راهی پیدا خواهیم کرد که شما را مجبور به رها کردن پول خود کنیم"

"We will find a way," repeated the smaller one

"ما یک راه پیدا خواهیم کرد، "یکی از کوچکتر تکرار کرد

And one of them seized the puppet by his nose

و یکی از انها دماغ عروسک را گرفت

and the other took him by the chin

و دیگری چانهاش را گرفت

and they began to pull brutally

و به طرز وحشیانهای شروع به کشیدن کردند

one pulled up and the other pulled down

یکی از انها بالا امد و دیگری پایین افتاد.

they tried to force him to open his mouth

سعی کردند او را وادار کنند که دهانش را باز کند

But it was all to no purpose

اما همه اینها بی فایده بود

Pinocchio's mouth seemed to be nailed together

به نظر میرسید که دهان پینوکیو به هم میخکوب شده است

Then the shorter assassin drew out an ugly knife

انگاه قاتل کوتاه کاردی زشت را بیرون اورد

and he tried to put it between his lips

و سعی کرد ان را میان لبهایش بگذارد

But Pinocchio, as quick as lightning, caught his hand

اما پینوکیو، به سرعت رعد و برق، دستش را گرفت

and he bit him with his teeth

و با دندانهایش او را گاز گرفت

and with one bite he bit the hand clean off

و با یک گاز دستش را گاز گرفت

but it wasn't a hand that he spat out

اما این یک دست نبود که او تف کرد

it was hairier than a hand, and had claws

از یک دست مودارتر بود و پنجه داشت

imagine Pinocchio's astonishment when saw a cat's paw

تصور کنید پینوکیو وقتی پنجه گربهای را دید حیرت کرد

or at least that's what he thought he saw

یا حداقل این چیزی است که او فکر می کرد او را دیده است

Pinocchio was encouraged by this first victory

پینوکیو با این پیروزی اول تشویق شد

now he used his fingernails to break free

حالا از ناخنهایش استفاده میکرد تا ازاد شود

he succeeded in liberating himself from his assailants

موفق شد خود را از دست مهاجمان نجات دهد

he jumped over the hedge by the roadside

از روی پرچین کنار جاده پرید

and began to run across the fields

و شروع به دویدن در مزارع کرد

The assassins ran after him like two dogs chasing a hare

ادمکشها مثل دو سگ که خرگوشی را تعقیب میکردند به دنبالش دویدند.

and the one who had lost a paw ran on one leg

و کسی که پنجه خود را از دست داده بود روی یک پا دوید

and no one ever knew how he managed it

و هیچ نمی دانست که او چگونه این کار را انجام می دهد

After a race of some miles Pinocchio could run no more

پس از چند مایل مسابقه پینوکیو دیگر نتوانست بدود

he thought his situation was lost

او فکر میکرد که موقعیتش از دست رفته است

he climbed the trunk of a very high pine tree

از تنه درخت کاج بسیار بلندی بالا رفت

and he seated himself in the topmost branches

و در بلندترین شاخهها نشست

The assassins attempted to climb after him

قاتلان سعی کردند از او بالا بروند.

when they reached half-way up the tree they slid down again

وقتی به نیمه راه بالای درخت رسیدند، دوباره پایین رفتند.

and they arrived on the ground with their skin grazed

و در حالی که پوستشان را میچراندند روی زمین رفتند

But they didn't give up so easily

اما انها به این راحتی تسلیم نشدند

they piled up some dry wood beneath the pine

مقداری چوب خشک را زیر کاجها جمع کردند

and then they set fire to the wood

و بعد هیزم را اتش زدند

very quickly the pine began to burn higher

خیلی زود کاج شروع به سوختن کرد

like a candle blown by the wind

مثل شمعی که باد ان را میوزد،

Pinocchio saw the flames rising higher and higher

پینوکیو شعلههای اتش را دید که هر روز بیشتر و بیشتر میشد.

he did not wish to end his life like a roasted pigeon

نمیخواست مثل کبوتری کباب شده به زندگی خود پایان دهد

so he made a stupendous leap from the top of the tree

به این ترتیب از بالای درخت به طور حیرت انگیزی جست
and he ran across the fields and vineyards
و از میان کشتزارها و تاکستانها گذشت
The assassins followed him again
ادمکشها دوباره او را تعقیب کردند
and they kept behind him without giving up
و بی انکه تسلیم شوند، پشت سر او ماندند.
The day began to break and they were still pursuing him
روز شروع به شکستن و انها هنوز هم به دنبال او
Suddenly Pinocchio found his way barred by a ditch
ناگهان پینوکیو راه خود را با یک گودال مسدود کرد
it was full of stagnant water the colour of coffee
پر از اب راکد رنگ قهوه بود
What was our Pinocchio to do now?
پینوکیو ما الان چه باید بکند؟
"One! two! three!" cried the puppet
یک !دو !عروسک خیمه شب بازی فریاد زد :سه"!
making a rush, he sprang to the other side
با عجله به طرف دیگر پرید
The assassins also tried to jump over the ditch
قاتلان همچنین سعی کردند از روی خندق بپرند
but they had not measured the distance
اما فاصله را اندازه نگرفته بودند.
splish splash! they fell into the middle of the ditch
چلپ چلوپ شلپ !انها در وسط گودال افتادند

Pinocchio heard the plunge and the splashing
پینوکیو صدای شیرجه و صدای پاشیدن ان را شنید.

"A fine bath to you, gentleman assassins"
"یک حمام خوب برای شما، قاتلان جنتلمن"

And he felt convinced that they were drowned
و یقین داشت که انها غرق شده‌اند.

but it's good that Pinocchio did look behind him
ولی خیلی خوبه که پینوکیو پشت سرش رو نگاه کرد

because his two assassins had not drowned
چون دو ادمکشش غرق نشده بودند

the two assassins had got out the water again
دو قاتل بار دیگر از اب بیرون امده بودند

and they were both still running after him
و هر دو هنوز به دنبال او میدویدند

they were still enveloped in their sacks
انها هنوز در کیسه‌های خود بودند

and the water was dripping from them
و اب از انها میچکید

as if they had been two hollow baskets
گویی دو سبد توخالی بودند

The Assassins Hang Pinocchio to the Big Oak Tree
قاتلان پینوکیو را به درخت بلوط بزرگ اویزان می کنند

At this sight, the puppet's courage failed him
در این منظره شجاعت عروسک خیمه شب بازی او را شکست داد

he was on the point of throwing himself on the ground
میخواست خود را روی زمین بیندازد

and he wanted to give himself over for lost
و میخواست خود را برای از دست دادن تسلیم کند

he turned his eyes in every direction
چشمش را به هر طرف گرداند

he saw a small house as white as snow
خانه کوچکی را دید که به سفیدی برف بود

"If only I had breath to reach that house"
"کاش نفس می کشیدم تا به اون خونه برسم"

"perhaps then I might be saved"
"شاید اون موقع نجاتم داده بشه"

without delaying an instant he recommenced running
بی ان که لحظهای درنگ کند دوباره به دویدن ادامه داد

poor little Pinocchio was running for his life
پینوکیوی کوچولوی بیچاره برای نجات جونش میدود

he ran through the wood with the assassins after him
با ادمکشهایی که دنبالش بودند از میان جنگل گذشت

there was a desperate race of nearly two hours
مسابقهای که تقریبا دو ساعت طول میکشید،

and finally he arrived quite breathless at the door
و سرانجام نفس نفس زنان به در رسید

he desperately knocked on the door of the house
نومیدانه در خانه را زد

but no one answered Pinocchio's knock
اما هیچ به در زدن پینوکیو پاسخ نداد

He knocked at the door again with great violence
بار دیگر با خشونت به در زد

because he heard the sound of steps approaching him
چون صدای قدمهایی را شنید که به او نزدیک میشدند

and he heard the the heavy panting of his persecutors
و صدای نفس نفس زنان را شنید

there was the same silence as before
سکوتی مانند گذشته برقرار شد

he saw that knocking was useless
دید که در زدن بیفایده است

so he began in desperation to kick and pommel the door
بدین ترتیب با نومیدی شروع کرد به لگد زدن و لگد زدن به در

The window next to the door then opened
پنجره کنار در باز شد

and a beautiful Child appeared at the window
و یک کودک زیبا در پنجره ظاهر شد

the beautiful child had blue hair
کودک زیبا موهای ابی داشت

and her face was as white as a waxen image
و چهرهاش به سفیدی یک تصویر مومی بود

her eyes were closed as if she was asleep
چشمهایش بسته بود، انگار خواب بود.

and her hands were crossed on her breast
و دستهایش را روی سینه گذاشته بود

Without moving her lips in the least, she spoke
بدون اینکه لبهایش را به هیچ وجه تکان دهد، حرف میزد.

"In this house there is no one, they are all dead"
«در این خانه کسی نیست، همه مردهاند».

and her voice seemed to come from the other world
و صدایش گویی از دنیای دیگر میامد

but Pinocchio shouted and cried and implored
اما پینوکیو فریاد میزد و گریه میکرد و التماس میکرد

"Then at least open the door for me"
"پس حداقل در رو برام باز کن"

"I am also dead," said the waxen image
"من نیز مردهام، "تصویر waxen گفت

"Then what are you doing there at the window?"
"پس انجا در پنجره چه کار می کنید؟"

"I am waiting to be taken away"
"من منتظرم که ازم دور شوند"

Having said this she immediately disappeared
پس از گفتن این حرف او بلافاصله ناپدید شد

and the window was closed again without the slightest noise
و پنجره بدون کوچکترین صدایی بسته شد.

"Oh! beautiful Child with blue hair," cried Pinocchio"
"اوه !کودک زیبا با موهای ابی، "پینوکیو فریاد زد.

"open the door, for pity's sake!"

"در رو باز کن، به خاطر ترحم"!

"Have compassion on a poor boy pursued..."

"با پسر بیچاره ای که دنبالشه همدردی کن"

But he could not finish the sentence

اما نتوانست جملهاش را تمام کند

because he felt himself seized by the collar

زیرا احساس میکرد که یقه او را گرفته است

the same two horrible voices said to him threateningly:

همان دو صدای وحشتناک با تهدید به او گفتند:

"You shall not escape from us again!"

دیگر از دست ما فرار نخواهید کرد«!

"You shall not escape," panted the little assassin

"شما نباید فرار کنید، "قاتل کوچک نفس نفس زد

The puppet saw death was staring him in the face

عروسک دید که مرگ به صورت او خیره شده است.

he was taken with a violent fit of trembling

با لرزشی شدید به او دست داد

the joints of his wooden legs began to creak

مفاصل پاهای چوبیاش به صدا در امد

and the coins hidden under his tongue began to clink

و سکههایی که زیر زبانش پنهان شده بود شروع به به صدا در اوردن کردند

"will you open your mouth—yes or no?" demanded the assassins

"ایا دهان خود را باز می کنید - بله یا نه؟ "قاتلان پرسیدند

"Ah! no answer? Leave it to us"

اه !جواب نداد؟ ان را به ما بسپارید«

"this time we will force you to open it!"

این بار ما شما را مجبور می کنیم که ان را باز کنید!

"we will force you," repeated the second assassin

"ما شما را مجبور خواهیم کرد، "قاتل دوم تکرار کرد

And they drew out two long, horrid knives

و دو چاقوی بلند و وحشتناک بیرون اوردند

and the knifes were as sharp as razors

و چاقوها به تیزی تیغ بودند

they attempted to stab him twice

انها دو بار سعی کردند او را با چاقو بزنن

but the puppet was lucky in one regard

اما عروسک خیمه شب بازی از یک نظر خوش شانس بود

he had been made from very hard wood

از چوب سخت ساخته شده بود

the knives broke into a thousand pieces

چاقوها به هزاران قطعه تقسیم شد

and the assassins were left with just the handles

و ادمکشها فقط دستهها را در دست داشتند

for a moment they could only stare at each other

لحظهای فقط به یکدیگر خیره شدند

"I see what we must do," said one of them

"من می بینم انچه ما باید انجام دهیم، "یکی از انها گفت.

"He must be hung! Let us hang him!"

او باید اعدام شود !بیایید او را اعدام کنیم«!

"Let us hang him!" repeated the other

"اجازه دهید ما او را حلق اویز "!تکرار دیگر

Without loss of time they tied his arms behind him

بدون از دست دادن وقت، دستهایش را پشت سرش بستند.

and they passed a running noose round his throat

و طنابی را که در گلویش میدویدند

and they hung him to the branch of the Big Oak

و او را به شاخه بلوط بزرگ اویزان کردند

They then sat down on the grass watching Pinocchio

سپس روی چمن نشستند و پینوکیو را تماشا کردند.

and they waited for his struggle to end

و منتظر ماندند تا مبارزه او پایان یابد

but three hours had already passed

اما سه ساعت گذشته بود

the puppet's eyes were still open

چشمان عروسکی هنوز باز بود

his mouth was closed just as before

دهانش مثل قبل بسته بود

and he was kicking more than ever

و بیش از هر زمان دیگری لگد میزد

they had finally lost their patience with him

سرانجام شکیبایی خود را از دست داده بودند

they turned to Pinocchio and spoke in a bantering tone

رو به پینوکیو کردند و با لحن شوخیامیزی حرف زدند

"Good-bye Pinocchio, see you again tomorrow"

خداحافظ پینوکیو، فردا دوباره میبینمت

"hopefully you'll be kind enough to be dead"

"امیدوارم اونقدر مهربون باشی که بمیری"

"and hopefully you will have your mouth wide open"

"و امیدوارم دهانت کاملا باز باشد"

And they walked off in a different direction

و انها در جهت دیگری رفتند

In the meantime a northerly wind began to blow and roar

در این اثنا باد شمال شروع به ووضو و وهن کرد

and the wind beat the poor puppet from side to side

و باد عروسک بیچاره را از یک طرف به طرف دیگر میکوبد

the wind made him swing about violently

باد او را به شدت تکان داد

like the clatter of a bell ringing for a wedding

مثل صدای زنگی که برای عروسی به صدا در می ایند

And the swinging gave him atrocious spasms

و ان تاب و تاب به او اسپاسمهای وحشتناک میداد

and the noose became tighter and tighter around his throat

و طناب دار دور گلویش تنگتر و محکمتر میشد

and finally it took away his breath

و سرانجام نفسش را گرفت

Little by little his eyes began to grow dim

کم کم چشمانش تیره شد

he felt that death was near

احساس میکرد که مرگ نزدیک است

but Pinocchio never gave up hope

اما پینوکیو هرگز امید خود را از دست نداد

"perhaps some charitable person will come to my assistance"

"شاید یه ادم نیکوکار به کمک من بیاد"

But he waited and waited and waited

اما منتظر ماند و منتظر ماند.

and in the end no one came, absolutely no one

و در نهایت هیچ نیامد، مطلقا هیچ

then he remembered his poor father

بعد پدر بیچارهاش را به یاد اورد

thinking he was dying, he stammered out

فکر کرد که دارد میمیرد، لکنت زبانش را از دست داد.

"Oh, papa! papa! if only you were here!"

اوه، بابا !پاپا !کاش اینجا بودی«!

His breath failed him and he could say no more

نفسش از کار افتاد و دیگر نمیتوانست چیزی بگوید.

He shut his eyes and opened his mouth

چشمانش را بست و دهانش را باز کرد

and he stretched out his arms and legs

و دستها و پاهایش را دراز کرد

he gave one final long shudder

برای اخرین بار لرزید

and then he hung stiff and insensible

و بعد خشک و بی احساس اویزان شد

The Beautiful Child Rescues the Puppet

کودک زیبا عروسک را نجات می دهد

poor Pinocchio was still suspended from the Big Oak tree

پینوکیو بیچاره هنوز از درخت بلوط بزرگ معلق بود

but apparently Pinocchio was more dead than alive

اما ظاهرا پینوکیو بیشتر مرده بود تا زنده

the beautiful Child with blue hair came to the window again

کودک زیبا با موهای ابی دوباره به سمت پنجره امد

she saw the unhappy puppet hanging by his throat

عروسک بیچاره را دید که از گلویش اویزان بود

she saw him dancing up and down in the gusts of the wind

او را دید که در وزش باد بالا و پایین میرقصد

and she was moved by compassion for him

و با دلسوزی نسبت به او تحت تاثیر قرار گرفت

the beautiful child struck her hands together

کودک زیبا دستهایش را به هم فشرد

and she gave three little claps

و سه بار دست زد

there came a sound of wings flying rapidly

صدای بالهایی که به سرعت در حال پرواز بودند به گوش رسید.

a large Falcon flew on to the window-sill

یک شاهین بزرگ به سمت استانه پنجره پرواز کرد

"What are your orders, gracious Fairy?" he asked

"دستورات شما چیست، پری مهربان؟ "او پرسید.

and he inclined his beak in sign of reverence

و منقار خود را به نشانه احترام خم کرد

"Do you see that puppet dangling from the Big Oak tree?"

"ایا ان عروسک خیمه شب بازی را از درخت بلوط بزرگ اویزان می بینید؟"

"I see him," confirmed the falcon

"من او را می بینم، "شاهین تایید کرد

"Fly over to him at once," she ordered him

"پرواز به او در یک بار، "او به او دستور داد

"use your strong beak to break the knot"

"از منقار قویت برای شکستن گره استفاده کن"

"lay him gently on the grass at the foot of the tree"

"او را به ارامی بر روی چمن در پای درخت قرار می دهد"

The Falcon flew away to carry out his orders

فالکون پرواز کرد تا دستورات او را اجرا کند

and after two minutes he returned to the child

و بعد از دو دقیقه به نزد بچه برگشت

"I have done as you commanded"

"من انچه را که شما دستور دادید انجام دادم"

"And how did you find him?"

"و چطور پیداش کردی؟"

"when I first saw him he appeared dead"

وقتی برای اولین بار دیدمش مرده به نظر میرسید

"but he couldn't really have been entirely dead"

اما اون واقعا نمی تونست کاملا مرده بوده باشد

"I loosened the noose around his throat"

"طناب رو دور گلوش شل کردم"

"and then he gave soft a sigh"

"و بعد یه اه نرم کشید"

"he muttered to me in a faint voice"

"اون با صدای ضعیفی به من گفت"

"'Now I feel better!' he said"

"حالا احساس بهتری دارم "!او گفت." :

The Fairy then struck her hands together twice

سپس پری دو بار دستهایش را به هم زد

as soon as she did this a magnificent Poodle appeared

به محض این که این کار را انجام داد، سگ پشمالوی باشکوهی ظاهر شد

the poodle walked upright on his hind legs

سگ پودل راست روی پاهای عقبیاش راه میرفت

it was exactly as if he had been a man

درست مثل این بود که مرد بوده باشد

He was in the full-dress livery of a coachman

او لباس کامل یک کالسکهچی را پوشیده بود

On his head he had a three-cornered cap braided with gold

روی سرش کلاه سه گوشهای داشت که با طلا بافته شده بود.

his curly white wig came down on to his shoulders

کلاه گیس سفید مجعدش روی شانههایش فرود امد

he had a chocolate-collared waistcoat with diamond buttons

او یک جلیقه یقه شکلاتی با دکمه های الماس داشت

and he had two large pockets to contain bones

و دو جیب بزرگ داشت که حاوی استخوان بود

the bones that his mistress gave him at dinner

استخوانی که معشوقهاش سر میز شام به او داد،

he also had a pair of short crimson velvet breeches

همچنین شلوار کوتاه مخملی ارغوانی داشت

and he wore some silk stockings

و جوراب ابریشمی به تن داشت

and he wore smart Italian leather shoes

و کفشهای چرمی ایتالیایی به پا داشت

hanging behind him was a species of umbrella case

پشت سر او یک نوع چتر اویزان بود

the umbrella case was made of blue satin

جعبه چتر از ساتن ابی ساخته شده بود

he put his tail into it when the weather was rainy

وقتی هوا بارانی بود دمش را در ان گذاشت

"Be quick, Medoro, like a good dog!"

"سریع باش،Medoro" ، مانند یک سگ خوب"!

and the fairy gave her poodle the commands

و پری به سگ پشمالویش دستور داد

"get the most beautiful carriage harnessed"

"زیباترین کالسکه رو مهار کن"

"and have the carriage waiting in my coach-house"

و کالسکه رو توی کالسکه خونه من منتظر می ندی

"and go along the road to the forest"

"و در امتداد جاده به جنگل بروید"

"When you come to the Big Oak tree you will find a poor puppet"

وقتی به درخت بلوط بزرگ می ایی، عروسکی بیچاره پیدا خواهی کرد.

"he will be stretched on the grass half dead"

"نیمه مرده روی چمن کشیده میشه"

"you will have to pick him up gently"

"باید با ملایمت بلندش کنی"

"lay him flat on the cushions of the carriage"

"روی بالشتکهای کالسکه درازش کن"

"when you have done this bring him here to me"

وقتی این کار رو کردی بیارش اینجا پیش من

"Do you understand?" she asked one last time

"ایا می فهمید؟ "او برای اخرین بار پرسید.

The Poodle showed that he had understood

پودل نشان داد که او درک کرده است

he shook the case of blue satin three or four times

سه یا چهار بار جعبهی ساتن ابی را تکان داد

and then he ran off like a race-horse

و بعد مثل اسب دوان فرار کرد

soon a beautiful carriage came out of the coach-house

به زودی کالسکه زیبایی از کالسکه بیرون امد

The cushions were stuffed with canary feathers
بالشتکها پر از پرهای قناری بود

the carriage was lined on the inside with whipped cream
درشکه را با خامه پر کرده بودند

and custard and vanilla wafers made the seating
و کاستارد و ویفر وانیل ساخته شده صندلی

The little carriage was drawn by a hundred white mice
کالسکه را صد موش سفید رنگ کشیده بودند.

and the Poodle was seated on the coach-box
و سگ پشمالو روی کالسکه نشسته بود

he cracked his whip from side to side
شلاقش را از یک طرف به طرف دیگر میشکند

like a driver when he is afraid that he is behind time
مثل رانندهای که میترسد عقب مانده باشد.

less than a quarter of an hour passed
کمتر از یک ربع ساعت گذشت

and the carriage returned to the house
و کالسکه به خانه برگشت

The Fairy was waiting at the door of the house
پری دم در خانه منتظر بود

she took the poor puppet in her arms
عروسک بیچاره را در اغوش گرفت

and she carried him into a little room
و او را به اتاق کوچکی برد

the room was wainscoted with mother-of-pearl
اتاق پر از مروارید بود

she called for the most famous doctors in the neighbourhood
دکترهای معروف همسایه را احضار کرد

They came immediately, one after the other
انها بلافاصله امدند، یکی پس از دیگری

a Crow, an Owl, and a talking little cricket
یک کلاغ، یک جغد و یک جیرجیرک کوچک سخنگو

"I wish to know something from you, gentlemen," said the Fairy
"من می خواهم چیزی از شما بدانم، اقایان، "پری گفت.

"is this unfortunate puppet alive or dead?"
این عروسک خیمه شب بازی زنده است یا مرده؟»

the Crow started by feeling Pinocchio's pulse

کلاغ با احساس نبض پینوکیو شروع به کار کرد
he then felt his nose and his little toe
سپس بینی و نوک کوچک پایش را حس کرد
he carefully made his diagnosis of the puppet
با دقت تشخیص داد که عروسک خیمه شب بازی است
and then he solemnly pronounced the following words:
و بعد با لحنی جدی کلمات زیر را به زبان اورد:
"To my belief the puppet is already dead"
"به اعتقاد من عروسک خیمه شب بازی مرده است"
"but there is always the chance he's still alive"
اما همیشه این احتمال وجود داره که اون هنوز زنده بمونه
"I regret," said the Owl, "to contradict the Crow"
جغد گفت :متاسفم که با کلاغ مخالفت کنم«.
"my illustrious friend and colleague"
"دوست و همکار برجسته من"
"in my opinion the puppet is still alive"
"به نظر من عروسک خیمه شب بازی هنوز زنده است"
"but there's always a chance he's already dead"
اما همیشه این احتمال وجود داره که اون مرده
lastly the Fairy asked the talking little Cricket
بالاخره پری از جیرجیرک کوچولو پرسید
"And you, have you nothing to say?"
"و تو، چیزی برای گفتن نداری؟"
"doctors are not always called upon to speak"
"پزشکان همیشه برای صحبت کردن فراخوانده نمی شوند"
"sometimes the wisest thing is to be silent"
گاهی عاقلانهترین چیز سکوت است«.
"but let me tell you what I know"
"اما بذار چیزی که میدونم رو بهت بگم"
"that puppet has a face that is not new to me"
"این عروسکچه چهرهای دارد که برای من تازگی ندارد"
"I have known him for some time!"
مدتی است که او را میشناسم«!
Pinocchio had lain immovable up to that moment
پینوکیو تا ان لحظه بیحرکت بود
he was just like a real piece of wood
درست مثل یک تکه چوب واقعی بود
but then he was seized with a fit of convulsive trembling

اما در ان لحظه لرزشی به او دست داد

and the whole bed shook from his shaking

و تمام تختخواب از لرزش او لرزید

the talking little Cricket continued talking

کریکت کوچولو که حرف میزد به حرف زدن ادامه داد

"That puppet there is a confirmed rogue"

"اون عروسک خیمه شب بازی یه ادم سرکشه"

Pinocchio opened his eyes, but shut them again immediately

پینوکیو چشمانش را باز کرد اما بلافاصله دوباره انها را بست.

"He is a good for nothing ragamuffin vagabond"

"او برای هیچ چیز خوب است ragamuffin ولگرد"

Pinocchio hid his face beneath the clothes

پینوکیو صورتش را زیر لباسها پنهان کرد

"That puppet there is a disobedient son"

"اون عروسکی که اونجاست یه پسر نافرمانه"

"he will make his poor father die of a broken heart!"

اون پدر بیچاره ش رو از یه قلب شکسته خواهد مرد

At that instant everyone could hear something

در ان لحظه همه چیز را میشنیدند

suffocated sound of sobs and crying was heard

صدای گریه و هق خفهای به گوش رسید

the doctors raised the sheets a little

دکترها ملافهها را کمی بالا بردند

Imagine their astonishment when they saw Pinocchio

تصور کنید که وقتی پینوکیو را دیدند تعجب کردند

the crow was the first to give his medical opinion

کلاغ نخستین کسی بود که نظر پزشکی خود را بیان کرد

"When a dead person cries he's on the road to recovery"

وقتی یک مرده گریه می کند، او در مسیر بهبودی است.

but the owl was of a different medical opinion

اما جغد نظر پزشکی دیگری داشت

"I grieve to contradict my illustrious friend"

"من غمگینم که با دوست برجسته ام مخالفت کنم"

"when the dead person cries it means he's is sorry to die"

وقتی شخص مرده گریه می کند، به این معنی است که او از مرگ متاسف است.

Pinocchio Refuses to Take his Medicine
پینوکیو از مصرف داروهایش امتناع کرد

The doctors had done all that they could
دکترها هر کاری از دستشان بر می امده بود انجام داده بودند

so they left Pinocchio with the fairy
بنابراین انها پینوکیو را با پری ترک کردند

the Fairy touched Pinocchio's forehead
پری پیشانی پینوکیو را لمس کرد

she could tell that he had a high fever
میتوانست بگوید که او تب شدیدی دارد

the Fairy knew exactly what to give Pinocchio
پری دقیقا میدانست که به پینوکیو چه بدهد

she dissolved a white powder in some water
پودر سفیدی را در اب حل کرد

and she offered Pinocchio the tumbler of water
و لیوان اب را به پینوکیو تعارف کرد

and she reassured him that everything would fine
و به او اطمینان داد که همه چیز درست خواهد شد

"Drink it and in a few days you will be cured"
"ان را بنوشید و در چند روز درمان خواهید شد"

Pinocchio looked at the tumbler of medicine
پینوکیو به لیوان دارو نگاه کرد

and he made a wry face at the medicine
و در برابر دارو قیافهای کج و معوج به خود گرفت

"Is it sweet or bitter?" he asked plaintively
"ایا شیرین است یا تلخ؟" او با ناراحتی پرسید.

"It is bitter, but it will do you good"
"این تلخ است، اما برای شما خوب است"

"If it is bitter, I will not drink it"
"اگر تلخ است، من ان را نمی نوشم"

"Listen to me," said the Fairy, "drink it"
"به من گوش کن، "پری گفت،" ان را بنوشید"

"I don't like anything bitter," he objected
"من هیچ چیز تلخ را دوست ندارم، "او اعتراض کرد

"I will give you a lump of sugar"
"یه تیکه شکر بهت میدم"

"it will take away the bitter taste"
"طعم تلخ رو از بین می بره"

"but first you have to drink your medicine"

اما اول باید داروت رو بخوری

"Where is the lump of sugar?" asked Pinocchio

پینوکیو پرسید :توده شکر کجاست؟«

"Here is the lump of sugar," said the Fairy

"این توده شکر است، "پری گفت

and she took out a piece from a gold sugar-basin

و او تکه ای از یک کاسه شکر طلا را بیرون اورد

"please give me the lump of sugar first"

"لطفا اول اون تیکه شکر رو بده به من"

"and then I will drink that bad bitter water"

"و بعدش من اون اب تلخ رو میخورم"

"Do you promise me?" she asked Pinocchio

"ایا شما به من قول می دهید؟ "او از پینوکیو پرسید

"Yes, I promise," answered Pinocchio

"بله، من قول می دهم، "پینوکیو پاسخ داد

so the Fairy gave Pinocchio the piece of sugar

بدین ترتیب پری یک تکه شکر را به پینوکیو داد

and Pinocchio crunched up the sugar and swallowed it

و پینوکیو شکر را خرد کرد و بلعید

he licked his lips and enjoyed the taste

لبانش را لیسید و از مزه ان لذت برد

"It would be a fine thing if sugar were medicine!"

خیلی خوب میشد اگر شکر دارو بود«!

"then I would take medicine every day"

"پس من هر روز دارو مصرف می کنم"

the Fairy had not forgotten Pinocchio's promise

پری وعده پینوکیو را فراموش نکرده بود

"keep your promise and drink this medicine"

"به قولت وفا کن و این دارو رو بخور"

"it will restore you back to health"

"این تو رو به سلامتی برمیگرده"

Pinocchio took the tumbler unwillingly

پینوکیو با اکراه لیوان را گرفت

he put the point of his nose to the tumbler

نوک بینیاش را روی لیوان گذاشت

and he lowered the tumbler to his lips

و لیوان را تا لب پایین اورد

and then again he put his nose to it
و بعد دوباره دماغش را به سوی ان دراز کرد
and at last he said, "It is too bitter!"
و سرانجام گفت: خیلی تلخ است».
"I cannot drink anything so bitter"
"من نمی توانم چیزی به این تلخی بنوشم"
"you don't know yet if you can't," said the Fairy
"شما هنوز نمی دانید اگر شما نمی توانید، "پری گفت.
"you have not even tasted it yet"
"تو حتی هنوز مزه ش رو هم نخوردی"
"I can imagine how it's going to taste!"
"من می توانم تصور کنم که چگونه ان را به طعم"!
"I know it from the smell," objected Pinocchio
"من ان را از بوی می دانم، "پینوکیو اعتراض کرد
"first I want another lump of sugar please"
"اول یه تیکه شکر دیگه میخوام لطفا"
"and then I promise that will drink it!"
و بعد قول میدهم که ان را بنوشم»!
The Fairy had all the patience of a good mamma
پری تمام صبر یک مادر خوب را داشت
and she put another lump of sugar in his mouth
و یک تکه شکر دیگر در دهان او گذاشت
and again, she presented the tumbler to him
و دوباره لیوان را به او داد
"I still cannot drink it!" said the puppet
"من هنوز هم نمی تواند ان را بنوشد "!گفت: عروسک خیمه شب بازی
and Pinocchio made a thousand grimaced faces
و پینوکیو هزاران چهره در هم کشید
"Why can't you drink it?" asked the fairy
"چرا نمی توانید ان را بنوشید؟ "پری پرسید
"Because that pillow on my feet bothers me"
"چون اون بالش روی پاهام اذیتم میکنه"
The Fairy removed the pillow from his feet
پری بالش را از روی پاهایش برداشت
Pinocchio excused himself again
پینوکیو دوباره عذرخواهی کرد
"I've tried my best but it doesn't help me"
"من تمام تلاشم را کردم اما این به من کمک نکرد"

"Even without the pillow I cannot drink it"

حتی بدون بالش هم نمیتونم بخورمش

"What is the matter now?" asked the fairy

"حالا چه اتفاقی افتاده است؟ "پری پرسید.

"The door of the room is half open"

"در اتاق نیمه باز است"

"it bothers me when doors are half open"

"وقتی درها نیمه بازن منو اذیت میکنه"

The Fairy went and closed the door for Pinocchio

پری رفت و در را برای پینوکیو بست

but this didn't help, and he burst into tears

اما این کار کمکی نکرد و اشک ریخت

"I will not drink that bitter water—no, no, no!"

من این اب تلخ را نخواهم نوشید، نه، نه، نه!

"My boy, you will repent it if you don't"

"پسر من، اگر این کار را نکنید پشیمان خواهید شد"

"I don't care if I will repent it," he replied

"من اهمیتی نمی دهم اگر من ان را توبه، "او پاسخ داد

"Your illness is serious," warned the Fairy

"بیماری شما جدی است، "پری هشدار داد

"I don't care if my illness is serious"

"من اهمیتی نمی دهم که بیماری من جدی است"

"The fever will carry you into the other world"

"تب تو رو به اون دنیا می برد"

"then let the fever carry me into the other world"

"پس بذار تب منو به اون دنیا بکشون"

"Are you not afraid of death?"

ایا از مرگ نمیترسید؟«

"I am not in the least afraid of death!"

من اصلا از مرگ نمیترسم«!

"I would rather die than drink bitter medicine"

ترجیح میدهم بمیرم تا اینکه داروهای تلخ بنوشم«.

At that moment the door of the room flew open

در این لحظه در اتاق باز شد

four rabbits as black as ink entered the room

چهار خرگوش به سیاهی جوهر وارد اتاق شدند

on their shoulders they carried a little bier

بر شانههای خود کمی با خود حمل میکردند.

"What do you want with me?" cried Pinocchio

پینوکیو فریاد زد :از من چه میخواهی؟«

and he sat up in bed in a great fright

و با وحشتی بسیار در بستر خود نشست

"We have come to take you," said the biggest rabbit

"ما امده اند به شما، "گفت :بزرگترین خرگوش

"you cannot take me yet; I am not dead"

"شما نمی توانید من را هنوز ؛ من نمردم«

"where are you planning to take me to?"

میخوای منو کجا ببری؟«

"No, you are not dead yet," confirmed the rabbit

"نه، شما هنوز نمرده اید، "خرگوش تایید کرد

"but you have only a few minutes left to live"

"اما تو فقط چند دقیقه برای زنده موندی"

"because you refused the bitter medicine"

"چون داروی تلخ رو رد کردی"

"the bitter medicine would have cured your fever"

"داروی تلخ می توانست تب شما را درمان کند"

"Oh, Fairy, Fairy!" the puppet began to scream

"اوه، پری، پری "!عروسک شروع به فریاد زدن کرد

"give me the tumbler at once," he begged

"به من لیوان را در یک بار، "او التماس کرد

"be quick, for pity's sake, I do not want die"

"سریع باش، به خاطر ترحم، من نمی خواهم بمیرم"

"no, I will not die today"

"نه، امروز میمیرم"

Pinocchio took the tumbler with both hands

پینوکیو با هر دو دستش لیوان را گرفت

and he emptied the water one one big gulp

و یک جرعه اب را خالی کرد

"We must have patience!" said the rabbits

"ما باید صبر داشته باشیم "!خرگوش ها گفتند

"this time we have made our journey in vain"

"این بار ما سفرمون رو بیهوده انجام دادیم"

they took the little bier on their shoulders again

بار دیگر ان بار بر شانههای خود نهادند

and they left the room back to where they came from

و اتاق را به جایی که از ان امده بودند، ترک کردند

and they grumbled and murmured between their teeth

و انها غرولند میکردند و از میان دندانهایشان زمزمه میکردند

Pinocchio's recovery did not take long at all
بهبودی پینوکیو به هیچ وجه طول نکشید
a few minutes later he jumped down from the bed
چند دقیقه بعد از تختخواب پایین پرید
wooden puppets have a special privilege
عروسک های چوبی امتیاز ویژه ای دارند
they seldom get seriously ill like us
انها به ندرت مانند ما به شدت بیمار می شوند
and they are lucky to be cured very quickly
و انها خوش شانس هستند که خیلی زود درمان می شوند
"has my medicine done you good?" asked the fairy
"ایا داروی من شما را خوب انجام داده است؟ "پری پرسید
"your medicine has done me more than good"
"داروی تو بیشتر از اینکه به درد من ید، به من کمک کرده"
"your medicine has saved my life"
"داروی تو زندگی منو نجات داده"
"why didn't you take your medicine sooner?"
چرا داروهایت را زودتر نخوردی؟«
"Well, Fairy, we boys are all like that!"
"خب، پری، ما پسرها همه اینطوری هستیم"!
"We are more afraid of medicine than of the illness"
ما بیشتر از دارو میترسیم تا از بیماری«.
"Disgraceful!" cried the fairy in indignation
"شرم اور "!پری در خشم فریاد زد
"Boys ought to know the power of medicine"
"پسران باید قدرت پزشکی را بدانند"
"a good remedy may save them from a serious illness"
"یک درمان خوب ممکن است انها را از یک بیماری جدی نجات دهد"
"and perhaps it even saves you from death"
و شاید حتی تو رو از مرگ نجات بده
"next time I shall not require so much persuasion"
"دفعه بعد به این همه ترغیب نیاز ندارم"
"I shall remember those black rabbits"
من ان خرگوشهای سیاه را به یاد خواهم اورد«.
"and I shall remember the bier on their shoulders"
"و من باید به یاد داشته باشید bier بر روی شانه های خود را"
"and then I shall immediately take the tumbler"
"و بعدش باید فورا لیوان رو بردارم"

"and I will drink all the medicine in one go!"

"و من تمام داروها را در یک حرکت می نوشم"!

The Fairy was happy with Pinocchio's words

پری از حرفهای پینوکیو خوشحال بود

"Now, come here to me and sit on my lap"

"حالا بیا پیش من و روی پای من بشین"

"and tell me all about the assassins"

"و همه چیز را در مورد قاتلان به من بگویید"

"how did you end up hanging from the big Oak tree?"

"چطور از درخت بلوط بزرگ اویزان شدی؟"

And Pinocchio ordered all the events that happened

و پینوکیو دستور داد تمام اتفاقاتی که افتاد

"You see, there was a ringmaster; Fire-eater"

"می بینید، یک رینگ مستر وجود داشت؛ اتش خوار"

"Fire-eater gave me some gold pieces"

"اتشخوار بهم چند تیکه طلا داد"

"he told me to take the gold to my father"

"اون بهم گفت که طلاها رو ببرم پیش پدرم"

"but I didn't take the gold straight to my father"

اما من طلاها رو مستقیم نزد پدرم نگرفتم

"on the way home I met a Fox and a Cat"

تو راه خونه با یه روباه و یه گربه اشنا شدم

"they made me an offer I couldn't refuse"

"اونا به من پیشنهادی دادن که نتونستم ردش کنم"

'Would you like those pieces of gold to multiply?'

دوست داری این تکههای طلا چند برابر شوند؟

"'Come with us and,' they said"

"با ما بیا و"، "انها گفتند...

'we will take you to the Field of Miracles'

"ما شما را به میدان معجزات می بریم"

"and I said, 'Let's go to the Field of Miracles'"

و من گفتم," بیایید به میدان معجزات برویم".

"And they said, 'Let us stop at this inn'"

و انها گفتند," بیایید در این مسافرخانه توقف کنیم".

"and we stopped at the Red Craw-Fish in"

"و ما در قرمز Craw-Fish توقف کردیم"

"all of us went to sleep after our food"

همه ما بعد از غذا به خواب رفتیم

"when I awoke they were no longer there"

"وقتی بیدار شدم دیگه اونجا نبودند"

"because they had to leave before me"

"چون اونا باید قبل از من می رفتند"

"Then I began to travel by night"

"بعد شروع کردم به سفر شبانه"

"you cannot imagine how dark it was"

"نمیتونی تصور کنی که چقدر تاریک بود"

"that's when I met the two assassins"

"اون موقع بود که من دو تا قاتل رو دیدم"

"and they were wearing charcoal sacks"

"و اونا کیسه های زغالی پوشیده بودن"

"they said to me: 'Out with your money'"

"انها به من گفتند: "بیرون با پول خود را.""

"and I said to them, 'I have no money'"

"و من به انها گفتم: من پول ندارم»."

"because I had hidden the four gold pieces"

"چون من چهار تیکه طلا رو قایم کرده بودم"

"I had put the money in my mouth"

"من پول را در دهانم گذاشته بودم"

"one tried to put his hand in my mouth"

"یکی سعی کرد دستش رو بذاره تو دهنم"

"and I bit his hand off and spat it out"

"و من دستش رو گاز گرفتم و تفش کردم بیرون"

"but instead of a hand it was a cat's paw"

"اما به جای یک دست، پنجه گربه بود"

"and then the assassins ran after me"

"و بعدش قاتل ها دنبالم فرار کردن"

"and I ran and ran as fast as I could"

"و با تمام سرعتی که میتونستم دویدم و دویدم"

"but in the end they caught me anyway"

"اما در نهایت اونا به هر حال منو گرفتن"

"and they tied a noose around my neck"

"و اونا یه طناب دار دور گردنم بستند"

"and they hung me from the Big Oak tree"

"و اونا منو از درخت بلوط بزرگ اویزون کردن"

"they waited for me to stop moving"

"اونا صبر کردن تا من دیگه تکون نخورم"
"but I never stopped moving at all"
"اما من هیچ وقت دست از حرکت برنداشتم"
"and then they called up to me"
"و بعد اونا منو صدا کردن"
'Tomorrow we shall return here'
فردا به اینجا برمیگردیم«.
'then you will be dead with your mouth open'
در این صورت با دهان باز خواهید مرد«.
'and we will have the gold under your tongue'
و ما طلا را زیر زبان تو خواهیم داشت.
the Fairy was interested in the story
پری به داستان علاقه داشت
"And where have you put the pieces of gold now?"
حالا تکههای طلا را کجا گذاشتی؟«
"I have lost them!" said Pinocchio, dishonestly
"من انها را از دست داده اند "!پینوکیو گفت، نادرست
he had the pieces of gold in his pocket
تکههای طلا را در جیب داشت
as you know Pinocchio already had a long nose
همانطور که میدانید پینوکیو دماغی دراز داشت
but lying made his nose grow even longer
اما دروغ گفتن دماغش را بلندتر میکرد
and his nose grew another two inches
و بینیاش دو اینچ بزرگتر شد
"And where did you lose the gold?"
طلاها را کجا از دست دادی؟«
"I lost it in the woods," he lied again
"من ان را در جنگل از دست دادم، "او دوباره دروغ گفت.
and his nose also grew at his second lie
و دماغش نیز با دروغ دومش بزرگ شد
"worry not about the gold," said the fairy
"نگران طلا نباشید، "پری گفت
"we will go to the woods and find your gold"
"ما به جنگل میریم و طلاهات رو پیدا میکنیم"
"all that is lost in those woods is always found"
"هر چیزی که توی اون جنگل گم شده همیشه پیدا میشه"
Pinocchio got quite confused about his situation

پینوکیو در مورد وضعیتش کاملا گیج شده بود

"Ah! now I remember all about it," he replied

اه !حالا همه چیز را در مورد ان به یاد می اورم،" او پاسخ داد

"I didn't lose the four gold pieces at all"

"من چهار قطعه طلا را از دست ندادم"

"I just swallowed your medicine, didn't I?"

"من فقط داروت رو قورت دادم، مگه نه؟"

"I swallowed the coins with the medicine"

"من سکه ها رو با دارو قورت دادم"

at this daring lie his nose grew even longer

با این دروغ جسورانه بینیاش بلندتر شد

now Pinocchio could not move in any direction

اکنون پینوکیو نمیتوانست در هیچ جهتی حرکت کند

he tried to turn to his left side

سعی کرد به پهلوی چپ خود بپیچد

but his nose struck the bed and window-panes

اما بینیاش به تخت و پنجرهها خورد

he tried to turn to the right side

سعی کرد به طرف راست بپیچد

but now his nose struck against the walls

اما اکنون بینیاش به دیوارها خورده بود

and he could not raise his head either

و او هم نمیتوانست سر بلند کند

because his nose was long and pointy

چون دماغش بلند و تیز بود

and his nose could have poke the Fairy in the eye

و دماغش میتوانست به چشم پری ضربه بزند

the Fairy looked at him and laughed

پری به او نگاه کرد و خندید

Pinocchio was very confused about his situation

پینوکیو در مورد وضعیت خود بسیار گیج شده بود

he did not know why his nose had grown

نمیدانست چرا بینیاش رشد کرده است

"What are you laughing at?" asked the puppet

"به چه چیزی می خندید؟ "عروسک پرسید.

"I am laughing at the lies you've told me"

"به دروغهایی که بهم گفتی میخندم"

"how can you know that I have told lies?"

از کجا میدانی که دروغ گفتم؟»

"Lies, my dear boy, are found out immediately"

"دروغ، پسر عزیزم، بلافاصله کشف می شود"

"in this world there are two sorts of lies"

"در این دنیا دو نوع دروغ وجود دارد"

"There are lies that have short legs"

«دروغهایی وجود دارند که پاهای کوتاهی دارند».

"and there are lies that have long noses"

"و دروغهایی هست که دماغشان دراز است"

"Your lie is one of those that has a long nose"

"دروغ تو یکی از اون دروغ هاییه که دماغش درازه"

Pinocchio did not know where to hide himself

پینوکیو نمیدانست کجا پنهان شود

he was ashamed of his lies being discovered

از اینکه دروغهایش را میفشرد خجالت میکشید.

he tried to run out of the room

سعی کرد از اتاق بیرون برود

but he did not succeed at escaping

اما موفق به فرار نشد

his nose had gotten too long to escape

دماغش به قدری دراز شده بود که نمیتوانست از ان بگریزد.

and he could no longer pass through the door

و دیگر نمیتوانست از در عبور کند

Pinocchio Meets the Fox and the Cat Again
پینوکیو دوباره با روباه و گربه دیدار کرد

the Fairy understood the importance of the lesson

پری اهمیت این درس را درک کرد

she let the puppet to cry for a good half-hour

او اجازه داد عروسک خیمه شب بازی برای نیم ساعت خوب گریه کند

his nose could no longer pass through the door

بینیاش دیگر نمیتوانست از در عبور کند

telling lies is the worst thing a boy can do

دروغ گفتن بدترین کاری است که یک پسر می تواند انجام دهد.

and she wanted him to learn from his mistakes

و او میخواست که او از اشتباهاتش درس بگیرد

but she could not bear to see him weeping

اما نمیتوانست گریه کردن او را تحمل کند،

she felt full of compassion for the puppet

نسبت به عروسک دست نشانده احساس دلسوزی میکرد

so she clapped her hands together again

به این ترتیب دوباره دستهایش را به هم زد

a thousand large Woodpeckers flew in from the window

هزار دارکوب بزرگ از پنجره به درون پریدند.

The woodpeckers immediately perched on Pinocchio's nose

دارکوبها بلافاصله روی بینی پینوکیو نشستند

and they began to peck at his nose with great zeal

و با غیور و غیور به بینی او نوک زدند

you can imagine the speed of a thousand woodpeckers

شما می توانید سرعت هزار دارکوب را تصور کنید

within no time at all Pinocchio's nose was normal

بینی پینوکیو در هیچ زمانی عادی نبود

of course you remember he always had a big nose

البته که یادت میاد اون همیشه دماغ بزرگی داشت

"What a good Fairy you are," said the puppet

"چه پری خوب شما هستند، "عروسک گفت :عروسک خیمه شب بازی

and Pinocchio dried his tearful eyes

و پینوکیو چشمان اشک الودش را خشک کرد

"and how much I love you!" he added

"و چقدر من شما را دوست دارم !"او اضافه کرد

"I love you also," answered the Fairy

"من هم دوستت دارم، "پری پاسخ داد

"if you remain with me you shall be my little brother"

"اگر با من بمانی، برادر کوچک من خواهی بود"

"and I will be your good little sister"

"و من خواهر کوچولوی خوب تو خواهم بود"

"I would like to remain very much," said Pinocchio

"من می خواهم به ماندن بسیار، "پینوکیو گفت.

"but I have to go back to my poor papa"

"اما من باید برگردم پیش پدر بیچاره ام"

"I have thought of everything," said the fairy

"من از همه چیز فکر کرده اند، "پری گفت:

"I have already let your father know"

"من قبلا به پدرت خبر دادم"

"and he will come here tonight"

"و اون امشب میاد اینجا"

"Really?" shouted Pinocchio, jumping for joy

"واقعا؟ "پینوکیو فریاد زد، پریدن برای شادی

"Then, little Fairy, I have a wish"

"بعدش، پری کوچولو، من یه ارزو دارم"

"I would very much like to go and meet him"

"خیلی دوست دارم برم و ببینمش"

"I want to give a kiss to that poor old man"

"میخوام یه بوس به اون پیرمرد بیچاره بدم"

"he has suffered so much on my account"

"اون به حساب من خیلی زجر کشید"

"Go, but be careful not to lose your way"

"برو، اما مراقب باش که راهت رو گم نکن"

"Take the road that goes through the woods"

"راهی رو انتخاب کنید که از میان جنگل میگذره"

"I am sure that you will meet him there"

"من مطمنن هستم که شما او را در انجا ملاقات خواهید کرد"

Pinocchio set out to go through the woods

پینوکیو تصمیم گرفت از میان جنگل عبور کند

once in the woods he began to run like a kid

یک بار در جنگل مثل بچهها شروع به دویدن کرد

But then he had reached a certain spot in the woods

اما بعد به نقطهای در جنگل رسیده بود

he was almost in front of the Big Oak tree

تقریبا در مقابل درخت بلوط بزرگ قرار داشت

he thought he heard people amongst the bushes

فکر میکرد صدای مردم را در میان بوتهها میشنود

In fact, two persons came out on to the road

در واقع، دو نفر به جاده امدند

Can you guess who they were?

میتونی حدس بزنی اونا کی بودن؟

they were his two travelling companions

دو نفر از همراهان او بودند

in front of him was the Fox and the Cat

روباه و گربه جلو او بودند.

his companions who had taken him to the inn

همراهانش که او را به مسافرخانه برده بودند

"Why, here is our dear Pinocchio!" cried the Fox

"چرا، در اینجا پینوکیو عزیز ما است "!روباه فریاد زد

and he kissed and embraced his old friend

و دوست قدیمی خود را بوسید و در اغوش گرفت

"How came you to be here?" asked the fox

"چگونه شما اینجا هستید؟ "روباه پرسید

"How come you to be here?" repeated the Cat

"چگونه شما اینجا هستید؟ "گربه تکرار کرد

"It is a long story," answered the puppet

"این یک داستان طولانی است، "عروسک پاسخ داد

"I will tell you the story when I have time"

"وقتی وقت داشته باشم داستان رو برات تعریف میکنم"

"but I must tell you what happened to me"

"اما باید بهت بگم چه اتفاقی برام افتاده"

"do you know that the other night I met with assassins?"

میدونی اون شبی که با قاتلها ملاقات کردم؟

"Assassins! Oh, poor Pinocchio!" worried the Fox

ادمکشها !اوه، پینوکیو بیچاره "!روباه را نگران کرد

"And what did they want?" he asked

"و انها چه می خواستند؟ "او پرسید.

"They wanted to rob me of my gold pieces"

"اونا میخواستن تیکههای طلام رو ازم بدزدن"

"Villains!" said the Fox

"شرور "!گفت :روباه

"Infamous villains!" repeated the Cat

"شرور بدنام "!تکرار گربه

"But I ran away from them," continued the puppet

"اما من از انها فرار کردم، "عروسک ادامه داد.

"they did their best to catch me"

"اونا تمام تلاششون رو کردن تا منو بگیرن"

"and after a long chase they did catch me"

و بعد از یه تعقیب طولانی اونا منو گرفتن

"they hung me from a branch of that oak tree"

"اونا منو از شاخه ای از اون درخت بلوط اویزون کردن"

And Pinocchio pointed to the Big Oak tree

پینوکیو به درخت بلوط بزرگ اشاره کرد

the Fox was appalled by what he had heard

روباه از انچه شنیده بود وحشت زده شده بود

"Is it possible to hear of anything more dreadful?"

ایا ممکن است چیزی وحشتناکتر از این بشنویم؟«

"In what a world we are condemned to live!"

"در چه جهانی ما محکوم به زندگی هستیم"!

"Where can respectable people like us find a safe refuge?"

افراد محترمی مثل ما کجا میتوانند پناهگاه امنی پیدا کنند؟«

the conversation went on this way for some time

مدتی گفتگو به همین شکل ادامه داشت

in this time Pinocchio observed something about the Cat

در این زمان پینوکیو چیزی در مورد گربه مشاهده کرد

the Cat was lame of her front right leg

گربه از پای راست جلوش لنگ بود

in fact, she had lost her paw and all its claws

در واقع، او پنجه و تمام پنجه هایش را از دست داده بود

Pinocchio wanted to know what had happened

پینوکیو می خواست بداند چه اتفاقی افتاده است

"What have you done with your paw?"

"با پنجه ات چیکار کردی؟"

The Cat tried to answer, but became confused

گربه سعی کرد پاسخ دهد، اما گیج شد.

the Fox jumped in to explain what had happened

روباه پرید تا توضیح دهد که چه اتفاقی افتاده است

"you must know that my friend is too modest"

باید بدونی که دوست من خیلی متواضعه

"her modesty is why she doesn't usually speak"

"فروتنی او به همین دلیل است که او معمولا صحبت نمی کند"

"so let me tell the story for her"

"پس بذار من داستان رو براش تعریف کنم"

"an hour ago we met an old wolf on the road"

یه ساعت پیش یه گرگ پیر رو توی جاده دیدیم

"he was almost fainting from want of food"

نزدیک بود از کمبود غذا غش کنه

"and he asked alms of us"

و از ما صدقه خواست

"we had not so much as a fish-bone to give him"

"ما استخوان ماهی نداشتیم که بهش بدیم"

"but what did my friend do?"

"اما دوست من چیکار کرد؟"

"well, she really has the heart of a César"

"خب، اون واقعا قلب یه سزار رو داره"

"She bit off one of her fore paws"

"اون یکی از پنجه هاش رو گاز گرفت"

"and the threw her paw to the poor beast"

و پنجه ش رو به سمت اون حیوون بیچاره پرت کرد

"so that he might appease his hunger"

تا بتواند گرسنگی خود را فرونشاند

And the Fox was brought to tears by his story

و روباه با داستانش اشک ریخت

Pinocchio was also touched by the story

پینوکیو نیز تحت تاثیر این داستان قرار گرفت.

approaching the Cat, he whispered into her ear

به گربه نزدیک شد و در گوشش زمزمه کرد

"If all cats resembled you, how fortunate the mice would be!"

اگر همه گربه ها شبیه شما بودند، موش ها چقدر خوش شانس بودند!

"And now, what are you doing here?" asked the Fox

"و حالا، اینجا چه کار می کنید؟" روباه پرسید

"I am waiting for my papa," answered the puppet

"من منتظر پدرم هستم،" عروسک پاسخ داد

"I am expecting him to arrive at any moment now"

"من انتظار دارم که او در هر لحظه در حال حاضر برسد"

"And what about your pieces of gold?"

"و تکه های طلات چی؟"

"I have got them in my pocket," confirmed Pinocchio

"من انها را در جیب من،" پینوکیو تایید کرد

although he had to explain that he had spent one coin

گرچه مجبور بود توضیح دهد که یک سکه خرج کرده است

the cost of their meal had come to one piece of gold

قیمت غذایشان به یک تکه طلا رسیده بود

but he told them not to worry about that

اما او به انها گفت که نگران این موضوع نباشند

but the Fox and the Cat did worry about it

اما روباه و گربه نگران این موضوع بودند

"Why do you not listen to our advice?"

چرا به توصیههای ما گوش نمیدهید؟»

"by tomorrow you could have one or two thousand!"

تا فردا می تونی یک یا دو هزار تا داشته باشی

"Why don't you bury them in the Field of Miracles?"

چرا انها را در میدان معجزات دفن نمیکنید؟»

"Today it is impossible," objected Pinocchio

"امروز غیرممکن است،" پینوکیو اعتراض کرد

"but don't worry, I will go another day"

"اما نگران نباش، من یک روز دیگر می روم"

"Another day it will be too late!" said the Fox

"یک روز دیگر خیلی دیر خواهد بود "،گفت :روباه

"Why would it be too late?" asked Pinocchio

پینوکیو پرسید :چرا باید خیلی دیر شده باشد؟»

"Because the field has been bought by a gentleman"

چون زمین توسط یه جنتلمن خریده شده

"after tomorrow no one will be allowed to bury money there"

"بعد از فردا هیچکس اجازه نداره اونجا پول جمع کند"

"How far off is the Field of Miracles?"

میدان معجزات چقدر دور است؟»

"It is less than two miles from here"

کمتر از دو مایل از اینجا فاصله دارد».

"Will you come with us?" asked the Fox

"ایا شما با ما می ایید؟ "روباه پرسید

"In half an hour we can be there"

تا نیم ساعت دیگه میتونیم اونجا باشیم

- 111 -

"You can bury your money straight away"
"شما می توانید پول خود را بلافاصله دفن کنید"
"and in a few minutes you will collect two thousand coins"
"و در عرض چند دقیقه شما دو هزار سکه جمع اوری خواهید کرد"
"and this evening you will return with your pockets full"
و امروز عصر با جیبهای پر برمیگردی
"Will you come with us?" the Fox asked again
"ایا با ما می ایید؟ "فاکس دوباره پرسید
Pinocchio thought of the good Fairy
پینوکیو به پری خوب فکر کرد
and Pinocchio thought of old Geppetto
و پینوکیو به یاد ژپتوی پیر می‌اندیشد
and he remembered the warnings of the talking little cricket
و هشدارهای جیرجیرک کوچک را به یاد اورد
and he hesitated a little before answering
و قبل از جواب دادن کمی تردید کرد
by now you know what kind of boy Pinocchio is
در حال حاضر شما می دانید چه نوع پسر پینوکیو است
Pinocchio is one of those boys without much sense
پینوکیو یکی از ان پسران بی حس است.
he ended by giving his head a little shake
در پایان سرش را تکان داد
and then he told the Fox and the Cat his plans
و بعد نقشه‌هایش را برای روباه و گربه تعریف کرد
"Let us go: I will come with you"
"بیا برویم، من با تو خواهم امد"
and they went to the field of miracles
و به میدان معجزات رفتند
they walked for half a day and reached a town
نیم روز راه رفتند و به شهری رسیدند
the town was the Trap for Blockheads
شهر تلهی کله پوکها بود.
Pinocchio noticed something interesting about this town
پینوکیو متوجه چیز جالبی در این شهر شد
everywhere where you looked there were dogs
هر جا که نگاه میکردی سگهایی بودند
all the dogs were yawning from hunger
سگها از گرسنگی خمیازه میکشیدند
and he saw shorn sheep trembling with cold

و گوسفندانی را دید که از سرما میلرزیدند.

even the cockerels were begging for Indian corn

حتی خروسها هم برای ذرت هندی التماس میکردند

there were large butterflies that could no longer fly

پروانههای بزرگی بودند که دیگر نمیتوانستند پرواز کنند

because they had sold their beautiful coloured wings

زیرا انها بالهای زیبای رنگی خود را فروخته بودند

there were peacocks that were ashamed to be seen

طاووسهایی بودند که از دیده شدن خجالت میکشیدند

because they had sold their beautiful coloured tails

زیرا انها دمهای زیبا و رنگارنگ خود را فروخته بودند

and pheasants went scratching about in a subdued fashion

و قرقاولها به شیوه ای ارام و ارام به اینسو و انسو می رفتند

they were mourning for their gold and silver feathers

برای پرهای طلا و نقرهشان سوگواری میکردند

most were beggars and shamefaced creatures

بیشترشان گدا و بی ابرو بودند

but among them some lordly carriage passed

اما کالسکهای از میان انها گذشت

the carriages contained a Fox, or a thieving Magpie

کالسکهها حاوی یک روباه یا یک زاغ دزد بودند

or the carriage seated some other ravenous bird of prey

یا کالسکه پرنده شکاری گرسنه دیگری را در خود جای داده بود

"And where is the Field of Miracles?" asked Pinocchio

"و میدان معجزات کجاست؟ "پینوکیو پرسید

"It is here, not two steps from us"

"اینجا است، نه دو قدم از ما"

They crossed the town and and went over a wall

از شهر گذشتند و از دیواری گذشتند

and then they came to a solitary field

و بعد به یک مزرعهی خلوت رسیدند

"Here we are," said the Fox to the puppet

"در اینجا ما هستیم، "روباه به عروسک گفت

"Now stoop down and dig with your hands a little hole"

"حالا خم بشین و با دستات یه سوراخ کوچیک حفر کن"

"and put your gold pieces into the hole"

"و تکه های طلات رو بذار توی سوراخ"

Pinocchio obeyed what the fox had told him

پینوکیو از انچه روباه به او گفته بود اطاعت کرد

He dug a hole and put into it the four gold pieces
سوراخی حفر کرد و چهار تکه طلا را در ان گذاشت.
and then he filled up the hole with a little earth
و بعد سوراخ را با خاک کوچکی پر کرد
"Now, then," said the Fox, "go to that canal close to us"
فاکس گفت :حالا برو به ان کانال نزدیک ما».
"fetch a bucket of water from the canal"
"یه سطل اب از کانال بیار"
"water the ground where you have sowed the gold"
"زمین را که در ان طلا کاشته اید اب دهید"
Pinocchio went to the canal without a bucket
پینوکیو بدون سطل به کانال رفت
as he had no bucket, he took off one of his old shoes
چون سطل نداشت، یکی از کفشهای قدیمیاش را دراورد
and he filled his shoe with water
و کفشش را با اب پر کرد
and then he watered the ground over the hole
و بعد زمین را از بالای سوراخ اب داد
He then asked, "Is there anything else to be done?
سپس پرسید :ایا کار دیگری برای انجام دادن وجود دارد؟
"you need not do anything else," answered the Fox
"شما لازم نیست کار دیگری انجام دهید، "روباه پاسخ داد.
"there is no need for us to stay here"
"نیازی نیست که ما اینجا بمونیم"
"you can return in about twenty minutes"
"شما می توانید در حدود بیست دقیقه بازگشت"
"and then you will find a shrub in the ground"
"و بعدش یه بوته توی زمین پیدا میکنی"
"the tree's branches will be loaded with money"
"شاخه های درخت پر از پول خواهد شد"
The poor puppet was beside himself with joy
دست نشانده بینوا از شادی از خود بیخود شده بود
he thanked the Fox and the Cat a thousand times
هزار بار از روباه و گربه تشکر کرد
and he promised them many beautiful presents
و به انها هدایای بسیار زیبایی وعده داد
"We wish for no presents," answered the two rascals
"ما برای هیچ هدیه ارزو، "پاسخ دو رذل

"It is enough for us to have taught you how to enrich yourself"

برای ما کافی است که به شما یاد دهیم چگونه خودتان را غنی کنید.

"there is nothing worse than seeing others do hard work"

هیچ چیز بدتر از این نیست که ببینی دیگران سخت کار می کنند.

"and we are as happy as people out for a holiday"

"و ما به اندازه مردم برای تعطیلات خوشحال هستیم

Thus saying, they took leave of Pinocchio

با این حال، انها پینوکیو را ترک کردند

and they wished him a good harvest

و برای او میوهای نیکو ارزو میکردند.

and then they went about their business

و بعد به کار خود ادامه دادند

Pinocchio is Robbed of his Money

پینوکیو از پولش دزدیده شد

The puppet returned to the town

عروسک به شهر برگشت

and he began to count the minutes one by one

و شروع کرد به شمردن دقایق یک به یک

and soon he thought he had counted long enough

و به زودی فکر کرد که به اندازه کافی شمارش کرده است

so he took the road leading to the Field of Miracles

به این ترتیب راهی را در پیش گرفت که به میدان معجزات منتهی می شد

And he walked along with hurried steps

و با گامهای شتابزده قدم برمی داشت

and his heart beat fast with great excitement

و قلبش از هیجان میتپید

like a drawing-room clock going very well

مثل یک ساعت اتاق نشیمن که خیلی خوب پیش میرود

Meanwhile he was thinking to himself:

در این اثنای ان روز با خود میگفت:

"what if I don't find a thousand gold pieces?"

اگر هزار قطعه طلا پیدا نکنم چه؟«

"what if I find two thousand gold pieces instead?"

اگر به جای ان دو هزار قطعه طلا پیدا کنم چه؟«

"but what if I don't find two thousand gold pieces?"
اما اگر دو هزار قطعه طلا پیدا نکنم چه؟»

"what if I find five thousand gold pieces!"
اگه پنج هزار تیکه طلا پیدا کنم چی؟

"what if I find a hundred thousand gold pieces??"
اگر صد هزار قطعه طلا پیدا کنم چه؟»

"Oh! what a fine gentleman I should then become!"
"اوه !من چه جنتلمن خوبی خواهم شد»!

"I could live in a beautiful palace"
"من می توانم در یک قصر زیبا زندگی کنم"

"and I would have a thousand little wooden horses"
"و من هزار اسب چوبی کوچک خواهم داشت"

"a cellar full of currant wine and sweet syrups"
"یه انبار پر از شراب و شربت های شیرین"

"and a library quite full of candies and tarts"
و یه کتابخونه پر از اب نبات و شیرینی

"and I would have plum-cakes and macaroons"
"و من کیک الو و ماکارون خواهم داشت"

"and I would have biscuits with cream"
"و من بیسکویت با خامه خواهم داشت"

he walked along building castles in the sky
او در حال ساختن قلعههایی در اسمان بود

and he build many of these castles in the sky
و او بسیاری از این قلعه ها را در اسمان می سازد

and eventually he arrived at the edge of the field
و سرانجام به لبه میدان رسید

and he stopped to look about for a tree
و ایستاد تا به دنبال درختی بگردد

there were other trees in the field
در مزرعه درختهای دیگری هم بود

but they had been there when he had left
اما وقتی او رفته بود، انها انجا بودند

and he saw no money tree in all the field
و در تمام مزرعه درخت پول ندیده بود.

He walked along the field another hundred steps
صد قدم دیگر در مزرعه قدم زد

but he couldn't find the tree he was looking for
اما نتوانست درختی را که دنبالش بود پیدا کند

he then entered into the field

سپس وارد میدان شد

and he went up to the little hole

و به طرف سوراخ کوچک رفت

the hole where he had buried his coins

سوراخی که سکههایش را در ان دفن کرده بود

and he looked at the hole very carefully

و با دقت به سوراخ نگاه کرد

but there was definitely no tree growing there

اما هیچ درختی در انجا رشد نکرده بود

He then became very thoughtful

پس از ان بسیار متفکر شد

and he forget the rules of society

و قوانین اجتماع را فراموش میکند

and he didn't care for good manners for a moment

و حتی یک لحظه هم به رفتار خوب اهمیت نمیداد

he took his hands out of his pocket

دستهایش را از جیب بیرون اورد

and he gave his head a long scratch

و سرش را خراش داد

At that moment he heard an explosion of laughter

در ان لحظه صدای خندهای شنید

someone close by was laughing himself silly

یکی از ان نزدیکها خودش را مسخره میکرد

he looked up one of the nearby trees

به یکی از درختهای مجاور نگاه کرد

he saw a large Parrot perched on a branch

طوطی بزرگی را دید که روی شاخهای نشسته بود

the parrot was brushed the few feathers he had left

طوطی چند پر باقی مانده را مسواک زد

Pinocchio asked the parrot in an angry voice;

پینوکیو با صدایی خشمگین از طوطی پرسید:

"Why are you here laughing so loud?"

»چرا اینقدر بلند میخندی؟«

"I am laughing because in brushing my feathers"

"من دارم میخندم چون با مسواک زدن پرهام"

"I was just brushing a little under my wings"

"من فقط داشتم یه ذره زیر بال هام مسواک می زدم"

"and while brushing my feathers I tickled myself"

"و وقتی پرهام رو مسواک می زدم خودم رو قلقلک دادم"
The puppet did not answer the parrot
عروسک جواب طوطی را نداد
but instead Pinocchio went to the canal
اما در عوض پینوکیو به کانال رفت
he filled his old shoe full of water again
دوباره کفش کهنهاش را پر از اب کرد
and he proceeded to water the hole once more
و بار دیگر به سوراخ اب داد
While he was busy doing this he heard more laughter
در حالی که مشغول انجام این کار بود، صدای خنده بیشتری شنید.
the laughter was even more impertinent than before
خنده بیش از پیش گستاخانه بود
it rang out in the silence of that solitary place
در سکوت ان مکان خلوت به صدا درامد
Pinocchio shouted out even angrier than before
پینوکیو حتی عصبانیتر از قبل فریاد زد
"Once for all, may I know what you are laughing at?"
"یک بار برای همه، می توانم بدانم به چه چیزی می خندید؟"
"I am laughing at simpletons," answered the parrot
"من در simpletons می خندم، "طوطی پاسخ داد
"simpletons who believe in foolish things
ساده لوح هایی که به چیزهای احمقانه اعتقاد دارند
"the foolish things that people tell them"
"چیزهای احمقانه ای که مردم به انها می گویند"
"I laugh at those who let themselves be fooled"
من به کسانی که به خودشان اجازه میدهند فریب بخورند میخندم«.
"fooled by those more cunning than they are"
"فریب خورده توسط کسانی که بیشتر از انها هستند"
"Are you perhaps speaking of me?"
شاید داری از من حرف می زنی؟«
"Yes, I am speaking of you, poor Pinocchio"
"بله، من در مورد شما صحبت می کنم، پینوکیو بیچاره"
"you have believed a very foolish thing"
"تو به یه چیز خیلی احمقانه اعتقاد داری"
"you believed that money can be grown in fields"
شما معتقد بودید که پول می تواند در مزارع رشد کند
"you thought money can be grown like beans"

"تو فکر میکردی پول میتونه مثل لوبیا رشد کند"

"I also believed it once," admitted the parrot

"من هم یک بار ان را باور کردم، "طوطی اعتراف کرد

"and today I am suffering for having believed it"

"و امروز من رنج می برم برای اینکه ان را باور کرده ام"

"but I have learned my lesson from that trick"

اما من از این حقه درس گرفتم

"I turned my efforts to honest work"

"من تلاش خود را به کار صادقانه تبدیل کردم"

"and I have put a few pennies together"

"و من چند پنی رو کنار هم گذاشتم"

"it is necessary to know how to earn your pennies"

"لازم است بدانید که چگونه سکه های خود را بدست اورید"

"you have to earn them either with your hands"

"یا باید با دستات بدستشون می اورد"

"or you have to earn them with your brains"

"یا باید با مغزت اونا رو بدست می اوری"

"I don't understand you," said the puppet

"من شما را درک نمی کنم، "عروسک گفت.

and he was already trembling with fear

و از ترس میلرزید

"Have patience!" rejoined the parrot

"صبر داشته باشید "!طوطی پاسخ داد

"I will explain myself better, if you let me"

"من خودم را بهتر توضیح می دهم، اگر به من اجازه دهید"

"there is something that you must know"

"یه چیزی هست که باید بدونی"

"something happened while you were in the town"

"وقتی تو توی شهر بودی یه اتفاقی افتاد"

"the Fox and the Cat returned to the field"

روباه و گربه به میدان بازگشتند«

"they took the money you had buried"

"اونا پولی که دفن کرده بودی رو گرفتن"

"and then they fled from the scene of the crime"

و بعدش از صحنه جرم فرار کردن

"And now he that catches them will be clever"

و حالا کسی که اونا رو بگیره باهوش میشه

Pinocchio remained with his mouth open
پینوکیو با دهان باز ماند
and he chose not to believe the Parrot's words
و تصمیم گرفت حرف طوطی را باور نکند.
he began with his hands to dig up the earth
با دست شروع به کندن زمین کرد
And he dug deep into the ground
و در اعماق زمین فرو رفت
a rick of straw could have stood in the hole
یک رشته کاه میتوانست در سوراخ قرار داشته باشد.
but the money was no longer there
اما پول دیگر در انجا نبود
He rushed back to the town in a state of desperation
با حالتی نومیدانه به شهر بازگشت
and he went at once to the Courts of Justice
و بیدرنگ به دادگاه رفت
and he spoke directly with the judge
و مستقیما با قاضی صحبت کرد
he denounced the two knaves who had robbed him
دو تنی را که از او دزدی کرده بودند،
The judge was a big ape of the gorilla tribe
قاضی میمون بزرگی از قبیله گوریل بود
an old ape respectable because of his white beard
میمون پیری که به خاطر ریش سفیدش قابل احترام بود
and he was respectable for other reasons
و به دلایل دیگری قابل احترام بود
because he had gold spectacles on his nose
چون عینک طلایی روی بینیاش بود
although, his spectacles were without glass
عینکش بدون شیشه بود
but he was always obliged to wear them
اما همیشه مجبور بود انها را بپوشد
on account of an inflammation of the eyes
به علت التهاب چشم

Pinocchio told him all about the crime

پینوکیو همه چیز را در مورد جنایت به او گفت

the crime of which he had been the victim of

جنایتی که قربانی ان شده بود

He gave him the names and the surnames

نامها و نامها را به او داد.

and he gave all the details of the rascals

و تمام جزئیات حقه بازان را شرح داد

and he ended by demanding to have justice

و در پایان تقاضا کرد که عدالت برقرار شود

The judge listened with great benignity

قاضی با خوش رویی گوش میداد

he took a lively interest in the story

علاقهی زیادی به این داستان داشت

he was much touched and moved by what he heard

انچه میشنید بسیار متاثر و متاثر میشد

finally the puppet had nothing further to say

بالاخره دست نشانده دیگر حرفی برای گفتن نداشت

and then the gorilla rang a bell

و بعد گوریل زنگی زد

two mastiffs appeared at the door

دو سرباز در دم در ظاهر شدند

the dogs were dressed as gendarmes

سگها لباس ژاندارم به تن داشتند

The judge then pointed to Pinocchio

قاضی سپس به پینوکیو اشاره کرد

"That poor devil has been robbed"

"اون شیطان بیچاره دزدیده شده"

"rascals took four gold pieces from him"

"رذل ها چهار تیکه طلا ازش گرفتن"

"take him away to prison immediately," he ordered

"او را فورا به زندان ببرید،" او دستور داد

The puppet was petrified on hearing this

عروسک با شنیدن این حرف وحشت زده شد

it was not at all the judgement he had expected

به هیچ وجه ان قضاوتی که انتظارش را داشت نبود

and he tried to protest the judge

و سعی کرد اعتراض خود را به قاضی نشان دهد

but the gendarmes stopped his mouth

اما ژاندارمها دهان او را گرفتند

they didn't want to lose any time

انها نمیخواستند زمان را از دست بدهند

and they carried him off to the prison

و او را به زندان بردند

And there he remained for four long months

و چهار ماه طولانی در انجا ماند

and he would have remained there even longer

و باز هم بیشتر در انجا میماند

but puppets do sometimes have good fortune too

اما دست نشاندهها هم بعضی وقتها بخت و اقبال خوبی دارند

a young King ruled over the Trap for Blockheads

شاه جوانی بر تلهی کله پوکها حکم راند

he had won a splendid victory in battle

پیروزی باشکوهی در جنگ به دست اورده بود

because of this he ordered great public rejoicings

به همین دلیل به شادیهای عمومی سفارش داد

There were illuminations and fireworks

روشنایی و اتش بازی در انجا بود.

and there were horse and velocipede races

و اسبها و اسبها و اسبها را در انجا میپیماید.

the King was so happy he released all prisoners

پادشاه خیلی خوشحال بود که تمام زندانیان را ازاد کرد

Pinocchio was very happy at this news

پینوکیو از این خبر بسیار خوشحال بود.

"if they are freed, then so am I"

- 122 -

"اگر انها ازاد شوند، پس من هم از اد هستم"

but the jailor had other orders

اما زندانبان دستورات دیگری داشت

"No, not you," said the jailor

"نه، شما نه، "زندانبان گفت.

"because you do not belong to the fortunate class"

چون تو به اون کلاس خوش شانسی تعلق نداری

"I beg your pardon," replied Pinocchio

"من عذرخواهی می کنم، "پینوکیو پاسخ داد

"I am also a criminal," he proudly said

"من هم یک جنایتکار هستم، "او با افتخار گفت.

the jailor looked at Pinocchio again

زندانبان دوباره به پینوکیو نگاه کرد

"In that case you are perfectly right"

"در این صورت کاملا حق با شماست"

and he took off his hat

و کلاهش را برداشت

and he bowed to him respectfully

و با احترام به او تعظیم کرد

and he opened the prison doors

و درهای زندان را گشود

and he let the little puppet escape

و او اجازه داد که عروسک کوچک فرار کند

Pinocchio Goes back to the Fairy's House
پینوکیو به خانه پری ها باز می گردد

You can imagine Pinocchio's joy

شما می توانید شادی پینوکیو را تصور کنید

finally he was free after four months

سرانجام پس از چهار ماه ازاد شد

but he didn't stop in order to celebrate

اما او برای جشن گرفتن توقف نکرد

instead, he immediately left the town

در عوض، او بلافاصله شهر را ترک کرد.

he took the road that led to the Fairy's house

جاده‌ی منتهی به خانه‌ی پریها را در پیش گرفت

there had been a lot of rain in recent days

در روزهای اخیر باران زیادی بارید
so the road had become a went boggy and marsh
به این ترتیب جاده به باتلاق و گل الودی تبدیل شده بود
and Pinocchio sank knee deep into the mud
پینوکیو تا زانو در گل فرو رفت

But the puppet was not one to give up
اما عروسک خیمه شب بازی کسی نبود که تسلیم شود
he was tormented by the desire to see his father
دلش میخواست پدرش را ببیند
and he wanted to see his little sister again too
و میخواست دوباره خواهر کوچکش را ببیند
and he ran through the marsh like a greyhound
و مثل سگهای شکاری در مرداب میدوید
and as he ran he was splashed with mud
و در حالی که میدوید، گل و لای به او پاشیدند
and he was covered from head to foot
و از سر تا پا او را پوشانده بودند
And he said to himself as he went along:
و همچنان که میرفت با خود میگفت:
"How many misfortunes have happened to me"
"چقدر بدبختی برای من اتفاق افتاده است"
"But I deserved these misfortunes"
"اما من سزاوار این بدبختی ها هستم"
"because I am an obstinate, passionate puppet"
"چون من یک عروسک خیمه شب بازی لجوج و پرشور هستم"
"I am always bent upon having my own way"
"من همیشه مصمم هستم که راه خودم را داشته باشم"

"and I don't listen to those who wish me well"

و من به کسانی که برای من ارزوی موفقیت می کنند گوش نمی دهم

"they have a thousand times more sense than I!"

انها هزار بار بیشتر از من عقل دارند»!

"But from now I am determined to change"

"اما از حالا من مصمم به تغییر هستم"

"I will become orderly and obedient"

"من منظم و مطیع خواهم شد"

"because I have seen what happened"

"چون دیدم چه اتفاقی افتاد"

"disobedient boys do not have an easy life"

"پسرهای نافرمان زندگی راحتی ندارند"

"they come to no good and gain nothing"

"انها به هیچ چیز خوبی نمی رسند و هیچ چیز را به دست نمی اورند"

"And has my papa waited for me?"

ایا پدرم منتظر من بود؟»

"Shall I find him at the Fairy's house?"

ایا باید او را در خانه پری پیدا کنم؟»

"it has been so long since I last saw him"

از اخرین باری که دیدمش خیلی میگذره

"I am dying to embrace him again"

"دارم می میرم تا دوباره بغلش کنم"

"I can't wait to cover him with kisses!"

"من نمی توانم صبر کنم تا او را با بوسه بپوشانم"!

"And will the Fairy forgive me my bad conduct?"

ایا پری رفتار بدم را خواهد بخشید؟»

"To think of all the kindness I received from her"

"فکر کردن به تمام مهربانی هایی که از او دریافت کردم"

"oh how lovingly did she care for me"

"اوه چقدر با عشق به من اهمیت میداد"

"that I am now alive I owe to her!"

"که من الان زنده ام به او مدیونم"!

"could you find a more ungrateful boy"

میتونی یه پسر ناسپاس تر پیدا کنی؟

"is there a boy with less heart than I have?"

ایا پسری با قلبی کمتر از من وجود دارد؟»

Whilst he was saying this he stopped suddenly

در حالی که این حرف را میزد ناگهان ایستاد

he was frightened to death

تا حد مرگ ترسیده بود

and he made four steps backwards

و چهار قدم به عقب برداشت

What had Pinocchio seen?

پینوکیو چه دیده بود؟

He had seen an immense Serpent

مار بزرگی دیده بود

the snake was stretched across the road

مار در سراسر جاده کشیده شده بود

the snake's skin was a grass green colour

پوست مار به رنگ سبز علفی بود

and it had red eyes in its head

و چشمان سرخی در سرش بود

and it had a long and pointed tail

و دمی دراز و نوک تیز داشت

and the tail was smoking like a chimney

و دمش مثل بخاری دود میکرد

It would be impossible to imagine the puppet's terror
تصور وحشت عروسک خیمه شب بازی غیرممکن است
He walked away to a safe distance
به فاصلهای امن رفت
and he sat on a heap of stones
و روی تودهای از سنگها نشست
there he waited until the Serpent had finished
انجا منتظر ماند تا کار مار تمام شود.
soon the Serpent's business should be done
به زودی کار مار به پایان خواهد رسد
He waited an hour; two hours; three hours
یک ساعت صبر کرد .دو ساعت؛ سه ساعت
but the Serpent was always there
اما مار همیشه انجا بود
even from a distance he could see his fiery eyes
حتی از دور میتوانست چشمان اتشین خود را ببیند
and he could see the column of smoke
و ستون دود را دید
the smoke that ascended from the end of his tail
دودی که از انتهای دمش بالا میرفت
At last Pinocchio tried to feel courageous
سرانجام پینوکیو سعی کرد احساس شجاعت کند
and he approached to within a few steps
و در چند قدمی به او نزدیک شد
he spoke to the Serpent in a little soft voice
با صدای ملایمی با مار صحبت کرد
"Excuse me, Sir Serpent," he insinuated
"ببخشید، سر مار، "او اشاره کرد
"would you be so good as to move a little?"
»ایا انقدر خوب هستید که کمی حرکت کنید؟«
"just a step to the side, if you could"
"فقط یک قدم به سمت، اگر شما می توانید"
He might as well have spoken to the wall
شاید با دیوار هم حرف میزد.
He began again in the same soft voice:
دوباره با همان صدای نرم شروع کرد:
"please know, Sir Serpent, I am on my way home"
"لطفا بدانید، سر مار، من در راه خانه هستم"
"my father is waiting for me"

- 127 -

"پدرم منتظر منه"
"and it has been such a long time since I saw him!"
"و خیلی وقته ندیدمش"
"Will you, therefore, allow me to continue?"
»ایا به من اجازه میدهید ادامه دهم؟«
He waited for a sign in answer to this request
در پاسخ به این درخواست منتظر علامتی ماند
but the snake made no answer
اما مار جوابی نداد
up to that moment the serpent had been sprightly
تا ان لحظه مار سرزنده و سرزنده بود
up until then it had been full of life
تا ان زمان پر از زندگی بود
but now he became motionless and almost rigid
اما اکنون بیحرکت و تقریبا خشک و بیحرکت شده بود
He shut his eyes and his tail ceased smoking
چشمانش را بست و دمش دیگر سیگار نکشید.
"Can he really be dead?" said Pinocchio
"ایا او واقعا می تواند مرده باشد؟" پینوکیو گفت
and he rubbed his hands with delight
و با خوشحالی دستهایش را به هم مالید
He decided to jump over him
تصمیم گرفت از روی او بپرد
and then he could reach the other side of the road
و بعد میتوانست به ان طرف جاده برسد
Pinocchio took a little run up
پینوکیو کمی بالا رفت
and he went to jump over the snake
و رفت تا از روی مار بپرد
but suddenly the Serpent raised himself on end
اما ناگهان مار به خودی خود بلند شد
like a spring set in motion
مثل چشمه ای که به حرکت در می ایند
and the puppet stopped just in time
و عروسک درست به موقع ایستاد
he stopped his feet from jumping
پاهایش را از پریدن نگه داشت
and he fell to the ground
و به زمین افتاد

he fell rather awkwardly into the mud

به طرز ناخوشایندی در گل و لای افتاد

his head got stuck in the mud

سرش در گل گیر کرده بود

and his legs went into the air

و پاهایش به هوا رفت

the Serpent went into convulsions of laughter

مار قاهقاه خندید.

it laughed until he broke a blood-vessel

او خندید تا اینکه یک رگ خونی را شکست

and the snake died from all its laughter

و مار از خنده مرد

this time the snake really was dead

این بار مار واقعا مرده بود

Pinocchio then set off running again

پینوکیو دوباره شروع به دویدن کرد

he hoped to reach the Fairy's house before dark

امیدوار بود که پیش از تاریک شدن هوا به خانهی پریها برسد

but soon he had other problems again

اما خیلی زود مشکلات دیگری پیش او امده بود

he began to suffer so dreadfully from hunger

از گرسنگی چنان رنج میبرد

and he could not bear the hunger any longer

و دیگر نمیتوانست گرسنگی را تحمل کند

he jumped into a field by the wayside

به مزرعهای که در کنار جاده قرار داشت پرید

perhaps there were some grapes he could pick

شاید میتوانست انگوری بچیند

Oh, if only he had never done it!

اوه، کاش هرگز این کار را نمیکرد!

He had scarcely reached the grapes

هنوز به انگور نرسیده بود

and then there was a "cracking" sound

و سپس یک صدای "ترک خوردگی" وجود داشت

his legs were caught between something

پاهایش بین چیزی گیر کرده بود

he had stepped into two cutting iron bars

در دو میله اهنی که بریده شده بود قدم گذاشته بود

poor Pinocchio became giddy with pain

پینوکیو بیچاره از درد گیج شده بود
stars of every colour danced before his eyes
ستارههای رنگارنگ در برابر چشمانش میرقصیدند
The poor puppet had been caught in a trap
عروسک بیچاره را در دامی گرفتار کرده بودند
it had been put there to capture polecats
ان را برای گرفتن گربههای قطبی گذاشته بودند

Pinocchio Becomes a Watch-Dog
پینوکیو تبدیل به یک سگ نگهبان می شود

Pinocchio began to cry and scream
پینوکیو شروع به گریه و فریاد کرد
but his tears and groans were useless
اما اشکها و نالههایش بی فایده بود
because there was not a house to be seen
چون خانهای برای دیده شدن نبود
nor did living soul pass down the road
و نه روح زنده از جاده عبور کرد
At last the night had come on
سرانجام شب فرا رسید
the trap had cut into his leg
تله پایش را بریده بود
the pain brought him the point of fainting

درد او را به حال غش اورد

he was scared from being alone

از تنها بودن میترسید

he didn't like the darkness

از تاریکی خوشش نمی امد

Just at that moment he saw a Firefly

درست در همان لحظه یک کرم شب تاب دید

He called to the firefly and said:

او به کرم شب تاب زنگ زد و گفت:

"Oh, little Firefly, will you have pity on me?"

"اوه، کرم شب تاب کوچولو، به من رحم میکنی؟"

"please liberate me from this torture"

"لطفا منو از این شکنجه ازاد کن"

"Poor boy!" said the Firefly

"پسر بیچاره "!گفت :کرم شب تاب

the Firefly stopped and looked at him with compassion

کرم شب تاب ایستاد و با شفقت به او نگاه کرد

"your legs have been caught by those sharp irons"

"پاهات توسط اون اتوهای تیز گیر کرده"

"how did you get yourself into this trap?

چگونه خودتان را در این تله قرار دادید؟

"I came into the field to pick grapes"

"من به مزرعه اومدم تا انگورها رو بچچینم"

"But where did you plant your grapes?"

انگورهایتان را کجا کاشتید؟«

"No, they were not my grapes"

"نه، انها انگور من نبودند"

"who taught you to carry off other people's property?"

چه کسی به شما اموخت که اموال دیگران را حمل کنید؟

"I was so hungry," Pinocchio whimpered

"من خیلی گرسنه بودم، "پینوکیو ناله کرد

"Hunger is not a good reason"

"گرسنگی دلیل خوبی نیست"

"we cannot appropriated what does not belong to us"

"ما نمی توانیم انچه را که متعلق به ما نیست، به دست اوریم"

"That is true, that is true!" said Pinocchio, crying

"این درست است، این درست است "!پینوکیو گفت، گریه

"I will never do it again," he promised

"من هرگز ان را دوباره انجام نخواهم داد، "او قول داد.
At this moment their conversation was interrupted
در این لحظه گفتگویشان قطع شد
there was a slight sound of approaching footsteps
صدای قدمهای نزدیک به گوش رسید
It was the owner of the field coming on tiptoe
صاحب مزرعه بود که با نوک پنجه پا میامد
he wanted to see if he had caught a polecat
میخواست ببیند گربهای را گرفته است یا نه،
the polecat that ate his chickens in the night
گربه قطبی که شبها جوجههایش را میخورد
but he was surprised by what was in his trap
اما از انچه در تلهاش بود تعجب کرد
instead of a polecat, a boy had been captured
به جای یک گربه قطبی، یک پسر دستگیر شده بود
"Ah, little thief," said the angry peasant,
"اه، دزد کوچک، "دهقان عصبانی گفت،
"then it is you who carries off my chickens?"
ایا شما هستید که جوجه های من را حمل می کنید؟
"No, I have not been carrying off your chickens"
"نه، من جوجه های شما را حمل نمی کنم"
"I only came into the field to take two grapes!"
"من فقط به مزرعه امدم تا دو انگور بگیرم"!
"He who steals grapes can easily steal chicken"
کسی که انگور میدزدد، به راحتی مرغ هم میدزدد«.
"Leave it to me to teach you a lesson"
"بذارش به من تا یه درسی بهت بدم"
"and you won't forget this lesson in a hurry"
و تو این درس رو با عجله فراموش نمیکنی
Opening the trap, he seized the puppet by the collar
باز کردن تله، او عروسک خیمه شب بازی توسط یقه گرفت
and he carried him to his house like a young lamb
و او را مثل بره جوانی به خانه برد
they reached the yard in front of the house
به حیاط جلوی خانه رسیدند
and he threw him roughly on the ground
و او را با خشونت روی زمین انداخت
he put his foot on his neck and said to him:
پایش را روی گردنش گذاشت و گفت:

"It is late and I want to go to bed"
"دیروقته و میخوام برم بخوابم"

"we will settle our accounts tomorrow"
"فردا حسابهامون رو تسویه میکنیم"

"the dog who kept guard at night died today"
"سگی که شب نگهبانی میداد امروز مرد"

"you will live in his place from now"
"تو از الان به جای اون زندگی خواهی کرد"

"You shall be my watch-dog from now"
"تو از این به بعد نگهبان من خواهی بود"

he took a great dog collar covered with brass knobs
یک قلاده بزرگ سگ را که با دستگیره‌های برنجی پوشیده شده بود برداشت

and he strapped the dog collar around Pinocchio's neck
و قلاده سگ را به گردن پینوکیو بست

it was so tight that he could not pull his head out
ان قدر محکم بود که نمیتوانست سرش را بیرون بکشد

the dog collar was attached to a heavy chain
قلاده سگ به زنجیری سنگین وصل شده بود

and the heavy chain was fastened to the wall
و زنجیر سنگین به دیوار بسته شد

"If it rains tonight you can go into the kennel"
"اگه امشب بارون بیاد میتونی بری تو لانه"

"my poor dog had a little bed of straw in there"
"سگ بیچاره من اونجا یه تخت کاه داشت"

"remember to keep your ears pricked for robbers"
"یادت باشه که گوشاتو برای دزدها تیز نگه داری"

"and if you hear robbers, then bark loudly"
"و اگر صدای دزدها را شنیدید، با صدای بلند پارس کنید"

Pinocchio had received his orders for the night
پینوکیو دستور شب را دریافت کرده بود

and the poor man finally went to bed
و سرانجام مرد بیچاره به بستر رفت

Poor Pinocchio remained lying on the ground
پینوکیو بیچاره روی زمین دراز کشیده بود
he felt more dead than he felt alive
احساس میکرد مرده است تا زنده.
the cold, and hunger, and fear had taken all his energy
سرما و گرسنگی و ترس تمام انرژیاش را گرفته بود
From time to time he put his hands angrily to the go collar
گاه و بیگاه با خشم دست به یقه دست میداد
"It serves me right!" he said to himself
"این به من خدمت می کند درست است!" او به خودش گفت
"I was determined to be a vagabond"
"من مصمم بودم که یه ولگرد باشم"
"I wanted to live the life of a good-for-nothing"
"من می خواستم یک زندگی خوب برای هیچ چیز داشته باشم"
"I used to listen to bad companions"
"من عادت داشتم به همراهان بد گوش بدم"
"and that is why I always meet with misfortunes"
"و به همین دلیل است که من همیشه با بدبختی ملاقات می کنم"
"if only I had been a good little boy"
"کاش من یه پسر کوچولوی خوب بودم"
"then I would not be in the midst of the field"
"اونوقت من وسط میدان نخواهم بود"
"I wouldn't be here if I had stayed at home"
اگر در خانه میماندم اینجا نبودم».
"I wouldn't be a watch-dog if I had stayed with my papa"

اگر پیش پدرم میماندم، سگ نگهبان نمیشدم».

"Oh, if only I could be born again!"
"کاش می توانستم دوباره متولد شوم"!

"But now it is too late to change anything"
اما اکنون برای تغییر هر چیزی خیلی دیر شده است».

"the best thing to do now is having patience!"
بهترین کار این است که صبور باشید»!

he was relieved by this little outburst
از این طغیان کوچک خیالش راحت شد.

because it had come straight from his heart
زیرا این از قلب او سرچشمه گرفته بود

and he went into the dog-kennel and fell asleep
و به لانه سگها رفت و خوابش برد

Pinocchio Discovers the Robbers
پینوکیو سارقان را کشف کرد

He had been sleeping heavily for about two hours
حدود دو ساعت بود که به سختی خوابیده بود

then he was aroused by a strange whispering
سپس نجوای عجیبی او را برانگیخت

the strange voices were coming from the courtyard
صدای عجیبی از حیاط میامد

he put the point of his nose out of the kennel
نوک بینی خود را از لانه بیرون اورد

and he saw four little beasts with dark fur
و چهار حیوان کوچک با خز تیره دید

they looked like cats making a plan
شبیه گربههایی بودند که نقشه می رفتند

But they were not cats, they were polecats
اما انها گربه نبودند، انها گربه بودند

what polecats are are carnivorous little animals
چه polecats هستند حیوانات گوشتخوار کمی

they are especially greedy for eggs and young chickens
انها به خصوص برای تخم مرغ و جوجه های جوان حریص هستند

One of the polecats came to the opening of the kennel
یکی از گربههای قطبی به دهانه لانه رسید

he spoke in a low voice, "Good evening, Melampo"

او با صدایی اهسته گفت: عصر بخیر ملامپو.

"My name is not Melampo," answered the puppet

"نام من Melampo نیست، "عروسک پاسخ داد

"Oh! then who are you?" asked the polecat

"اوه !پس تو کی هستی؟ »گربه قطبی پرسید:

"I am Pinocchio," answered Pinocchio

"من پینوکیو هستم، "پینوکیو پاسخ داد

"And what are you doing here?"

"و تو اینجا چیکار میکنی؟"

"I am acting as watch-dog," confirmed Pinocchio

"من به عنوان سگ نگهبان عمل می کنم، "پینوکیو تایید کرد

"Then where is Melampo?" wondered the polecat

"پس Melampo کجاست؟ "گربه قطبی تعجب کرد

"Where is the old dog who lived in this kennel?"

سگ پیری که در این لانه زندگی میکرد کجاست؟«

"He died this morning," Pinocchio informed

"او امروز صبح درگذشت، "پینوکیو اطلاع داد

"Is he dead? Poor beast! He was so good"

"اون مرده؟ حیوون بیچاره !او خیلی خوب بود"

"but I would say that you were also a good dog"

اما من میگم که تو هم سگ خوبی بودی

"I can see it in your face"

"میتونم تو صورتت ببینمش"

"I beg your pardon, I am not a dog"

ببخشید، من سگ نیستم«.

"Not a dog? Then what are you?"

سگ نه؟ پس تو چی هستی؟«

"I am a puppet," corrected Pinocchio

"من یک عروسک خیمه شب بازی هستم، "پینوکیو اصلاح شده است

"And you are acting as watch-dog?"

"و شما به عنوان سگ نگهبان عمل می کنید؟"

"now you understand the situation"

"حالا تو موقعیت رو درک میکنی"

"I have been made to be a watch dog as a punishment"

"من به عنوان یک سگ نگهبان به عنوان یک مجازات ساخته شده ام"

"well, then we shall tell you what the deal is"

"خوب، پس ما باید به شما بگوییم که معامله چیست"

"the same deal we had with the deceased Melampo"
همون معامله ای که با ملامپوی مرحوم داشتیم

"I am sure you will be agree to the deal"
"من مطمئن هستم که شما با این معامله موافقت خواهید کرد"

"What are the conditions of this deal?"
شرایط این توافق چیست؟«

"one night a week we will visit the poultry-yard"
"هفتهای یک شب به مرغداری سر میزنیم"

"and you will allow us to carry off eight chickens"
"و تو به ما اجازه میدهی که هشت تا مرغ رو با خودمون ببریم"

"Of these chickens seven are to be eaten by us"
از این مرغها هفت تا باید توسط ما خورده شود«.

"and we will give one chicken to you"
"و ما یک مرغ به شما می دهیم"

"your end of the bargain is very easy"
"پایان معامله تو خیلی اسونه"

"all you have to do is pretend to be asleep"
"تنها کاری که باید بکنی اینه که وانمود کنی خوابی"

"and don't get any ideas about barking"
"و هیچ ایده ای در مورد پارس کردن نداشته باشید"

"you are not to wake the peasant when we come"
"وقتی ما رسیدیم نباید روستایی رو بیدار کنی"

"Did Melampo act in this manner?" asked Pinocchio
پینوکیو پرسید :ایا ملامپو اینگونه عمل کرد؟«

"that is the deal we had with Melampo"
"این قراری بود که با ملامپو داشتیم"

"and we were always on the best terms with him
و ما همیشه بهترین شرایط رو با اون داشتیم

"sleep quietly and let us do our business"
"اروم بخواب و بذار کارمون رو انجام بدیم"

"and in the morning you will have a beautiful chicken"
و صبح یه مرغ خوشگل خواهی داشت

"it will be ready plucked for your breakfast tomorrow"
"فردا برای صبحانه اماده میشه"

"Have we understood each other clearly?"
ایا ما یکدیگر را به وضوح درک کرده ایم؟

"Only too clearly!" answered Pinocchio

"فقط خیلی واضح "!پینوکیو پاسخ داد
and he shook his head threateningly
و با تهدید سرش را تکان داد
as if to say: "You shall hear of this shortly!"
مثل این است که بگوید :به زودی این را خواهید شنید.
the four polecats thought that they had a deal
چهار گربه قطبی فکر کردند که با هم قرار گذاشتهاند
so they continued to the poultry-yard
به همین ترتیب به حیاط مرغداری رفتند.
first they opened the gate with their teeth
اول دروازه را با دندانهای خود باز کردند
and then they slipped in one by one
و بعد یکی پس از دیگری وارد شدند
they hadn't been in the chicken-coup for long
انها مدت زیادی در جوجه کشی نبوده اند
but then they heard the gate shut behind them
اما بعد صدای بسته شدن در پشت سرشان را شنیدند.
It was Pinocchio who had shut the gate
پینوکیو بود که دروازه را بسته بود
and Pinocchio took some extra security measures
و پینوکیو اقدامات امنیتی بیشتری انجام داد
he put a large stone against the gate
سنگ بزرگی را به دروازه تکیه داد
this way the polecats couldn't get out again
به این ترتیب گربههای قطبی دیگر نمیتوانستند خارج شوند
and then Pinocchio began to bark like a dog
و بعد پینوکیو مثل سگ شروع به پارس کردن کرد
and he barked exactly like a watch-dog barks
و دقیقا مثل سگ نگهبان پارس میکرد
the peasant heard Pinocchio barking
روستایی صدای پارس پینوکیو را شنید
he quickly awoke and jumped out of bed
به سرعت بیدار شد و از رختخواب بیرون پرید.
with his gun he came to the window
با تفنگش به طرف پنجره رفت
and from the window he called to Pinocchio
و از پنجره پینوکیو را صدا زد
"What is the matter?" he asked the puppet
"چه اتفاقی افتاده است؟ "او از عروسک پرسید.

"There are robbers!" answered Pinocchio

"دزدان وجود دارد "!پینوکیو پاسخ داد

"Where are they?" he wanted to know

"انها کجا هستند؟ "او می خواست بداند

"they are in the poultry-yard," confirmed Pinocchio

"انها در حیاط مرغ هستند، "پینوکیو تایید کرد

"I will come down directly," said the peasant

"من به طور مستقیم پایین می ایند، "دهقان گفت.

and he came down in a great hurry

و با عجله از پلهها پایین امد

it would have taken less time to say "Amen"

زمان کمتری برای گفتن" امین "طول می کشید

He rushed into the poultry-yard

به حیاط مرغداری هجوم اورد

and quickly he caught all the polecats

و به سرعت همه گربههای قطبی را گرفت

and then he put the polecats into a sack

و سپس گربههای قطبی را در کیسهای گذاشت

he said to them in a tone of great satisfaction:

با لحنی رضایت بخش به انها گفت:

"At last you have fallen into my hands!"

بالاخره تو به دست من افتادی«!

"I could punish you, if I wanted to"

"اگر بخواهم می توانم شما را مجازات کنم"

"but I am not so cruel," he comforted them

"اما من خیلی بی رحم نیستم، "او انها را تسلی داد

"I will content myself in other ways"

"من خودم را به روش های دیگر راضی خواهم کرد"

"I will carry you in the morning to the innkeeper"

"من تو رو صبح میبرم پیش مهمانسرا"

"he will skin and cook you like hares"

"اون پوستت رو میکنه و مثل خرگوش میپزه"

"and you will be served with a sweet sauce"

"و تو با سسی شیرین سرو خواهی شد"

"It is an honour that you don't deserve"

"این افتخاریه که لیاقتش رو نداری"

"you're lucky I am so generous with you"

"تو خوش شانسی که من با تو خیلی بخشنده ام"
He then approached Pinocchio and stroked him
سپس به پینوکیو نزدیک شد و نوازشش کرد.
"How did you manage to discover the four thieves?"
چگونه توانستید چهار دزد را کشف کنید؟«
"my faithful Melampo never found out anything!"
"ملامپوی وفادار من هرگز چیزی پیدا نکرده"!
The puppet could then have told him the whole story
ان وقت عروسک میتوانست تمام داستان را برای او تعریف کند
he could have told him about the treacherous deal
میتوانست در مورد معامله خیانت امیز به او بگوید
but he remembered that the dog was dead
اما به یاد اورد که سگ مرده است
and the puppet thought to himself:
و عروسک با خود اندیشید:
"of what use it it accusing the dead?"
متهم کردن مردگان چه فایده ای داره؟
"The dead are no longer with us"
"مردگان دیگر با ما نیستند"
"it is best to leave the dead in peace!"
بهترین کار این است که مردگان را در ارامش رها کنیم«!
the peasant went on to ask more questions
دهقان همچنان سؤالات بیشتری میپرسید
"were you sleeping when the thieves came?"
وقتی دزدان امدند خواب بودی؟«
"I was asleep," answered Pinocchio
"من خواب بودم، "پینوکیو پاسخ داد
"but the polecats woke me with their chatter"
اما گربه های قطبی با پچ پچ هایشان مرا بیدار کردند
"one of the polecats came to the kennel"
"یکی از گربه های قطبی به لانه اومد"
he tried to make a terrible deal with me
او سعی کرد معامله وحشتناکی با من انجام دهد
"promise not to bark and we'll give you fine chicken"
"قول بده پارس نکن و ما بهت مرغ خوبی میدیم"
"I was offended by such an underhanded offer"
"من با چنین پیشنهاد پنهانی رنجیده شدم"
"I can admit that I am a naughty puppet"

"من می توانم اعتراف کنم که من یک عروسک خیمه شب بازی شیطان هستم"

"but there is one thing I will never be guilty of"

"اما یه چیز هست که من هرگز مقصرش نخواهم بود"

"I will not make terms with dishonest people!"

«من با افراد متقلب کنار نمیایم»!

"and I will not share their dishonest gains"

"و من در دستاوردهای نادرست انها شریک نخواهم شد"

"Well said, my boy!" cried the peasant

"خوب گفت، پسر من!" فریاد زد دهقان

and he patted Pinocchio on the shoulder

و شانه پینوکیو را نوازش کرد

"Such sentiments do you great honour, my boy"

"چنین احساساتی به تو افتخار بزرگی می دهد، پسرم"

"let me show you proof of my gratitude to you"

"بذار دلیل قدردانیم از تو رو بهت نشون بدم"

"I will at once set you at liberty"

"من فورا تو رو ازاد میکنم"

"and you may return home as you please"

و هر طور که بخوای میتونی به خونه برگردی

And he removed the dog-collar from Pinocchio

و او یقه سگ را از پینوکیو برداشت

Pinocchio Flies to the Seashore
پینوکیو به ساحل دریا پرواز می کند

a dog-collar had hung around Pinocchio's neck

یک قلاده سگ دور گردن پینوکیو اویزان بود

but now Pinocchio had his freedom again

اما اکنون پینوکیو دوباره ازاد شده بود

and he wore the humiliating dog-collar no more

و او دیگر یقه سگ تحقیر امیز را پوشید

he ran off across the fields

از میان کشتزارها فرار کرد

and he kept running until he reached the road

و به دویدن ادامه داد تا به جاده رسید

the road that led to the Fairy's house

جاده ای که به خانه پری منتهی می شد

in the woods he could see the Big Oak tree
در جنگل درخت بلوط بزرگ را میدید
the Big Oak tree to which he had been hung
درخت بلوط بزرگ که او را به ان اویزان کرده بودند
Pinocchio looked around in every direction
پینوکیو از هر طرف به اطراف نگاه میکرد
but he couldn't see his sister's house
اما نمیتوانست خانه خواهرش را ببیند
the house of the beautiful Child with blue hair
خانه کودکی زیبا با موهای ابی
Pinocchio was seized with a sad presentiment
پینوکیو با یک پیش اگهی غم انگیز گرفتار شد
he began to run with all the strength he had left
با تمام نیرویی که برای خود باقی گذاشته بود شروع به دویدن کرد
in a few minutes he reached the field
پس از چند دقیقه به مزرعه رسید
he was where the little house had once stood
جایی بود که ان خانه کوچک در ان قرار داشت.
But the little white house was no longer there
اما کاخ سفید کوچک دیگر انجا نبود.
Instead of the house he saw a marble stone
به جای خانه یک سنگ مرمرین دید
on the stone were engraved these sad words:
روی سنگ این کلمات غم انگیز حک شده بود:
"Here lies the child with the blue hair"
"اینجا بچهای با موهای ابی درازه"
"she was abandoned by her little brother Pinocchio"
"اون توسط برادر کوچیکش پینوکیو رها شد"
"and from the sorrow she succumbed to death"
و از غم و اندوهی که در برابر مرگ تسلیم شد
with difficulty he had read this epitaph
به زحمت این سنگ قبر را خوانده بود
I leave you to imagine the puppet's feelings
من شما را رها می کنم تا احساسات عروسک را تصور کنید
He fell with his face on the ground
او با صورت روی زمین افتاد
he covered the tombstone with a thousand kisses
روی سنگ قبر را با هزاران بوسه پوشاند
and he burst into an agony of tears

و به گریه افتاد

He cried for all of that night

او برای تمام ان شب گریه کرد

and when morning came he was still crying

و وقتی صبح شد هنوز گریه میکرد

he cried although he had no tears left

با ان که دیگر اشکی از او باقی نمانده بود گریه کرد

his lamentations were heart-breaking

نالههای او دلشکسته بود

and his sobs echoed in the surrounding hills

و گریههایش در تپههای اطراف طنین می انداخت

And while he was weeping he said:

و در حالی که گریه میکرد، گفت:

"Oh, little Fairy, why did you die?"

"اوه، پری کوچولو، چرا مردی؟"

"Why did I not die instead of you?"

چرا من به جای تو نمردم؟«

"I who am so wicked, whilst you were so good"

من که خیلی شرور هستم، در حالی که شما خیلی خوب بودید.

"And my papa? Where can he be?"

و پدرم؟ کجا میتواند باشد؟«

"Oh, little Fairy, tell me where I can find him"

"اوه، پری کوچولو، بهم بگو کجا میتونم پیداش کنم"

"for I want to remain with him always"

"چون میخوام همیشه پیشش باشم"

"and I never want to leave him ever again!"

"و من هرگز نمی خواهم او را ترک کنم"!

"tell me that it is not true that you are dead!"

به من بگو که این درست نیست که تو مرده ای!

"If you really love your little brother, come to life again"

اگر واقعا برادر کوچکت را دوست داری، دوباره زنده باش.

"Does it not grieve you to see me alone in the world?"

ایا دیدن من در این دنیا تنها نیست؟«

"does it not sadden you to see me abandoned by everybody?"

ناراحتت نمیکند که میبینی همه مرا رهامیکنند؟«

"If assassins come they will hang me from the tree again"

اگر ادمکشها بیایند، دوباره مرا از درخت دار خواهند کرد«.

"and this time I would die indeed"

"و این بار من واقعا می میرم"

"What can I do here alone in the world?"

"چه کاری می توانم در اینجا به تنهایی در جهان انجام دهم؟"

"I have lost you and my papa"

"من تو و بابام رو از دست دادم"

"who will love me and give me food now?"

چه کسی مرا دوست خواهد داشت و به من غذا خواهد داد؟«

"Where shall I go to sleep at night?"

شب کجا بخوابم؟«

"Who will make me a new jacket?"

چه کسی برای من یک ژاکت جدید خواهد ساخت؟«

"Oh, it would be better for me to die also!"

برای من هم بهتر است بمیرم«!

"not to live would be a hundred times better"

"زندگی نکردن صد برابر بهتر خواهد بود"

"Yes, I want to die," he concluded

"بله، من می خواهم بمیرم، "او نتیجه گرفت.

And in his despair he tried to tear his hair

و در نومیدی میکوشید موهایش را پاره کند

but his hair was made of wood

اما موهایش از چوب ساخته شده بود

so he could not have the satisfaction

به این ترتیب نمیتوانست از این کار رضایت داشته باشد

Just then a large Pigeon flew over his head

درست در همان موقع کبوتر بزرگی از بالای سرش پرید

the pigeon stopped with distended wings

کبوتر با بالهای باز ایستاد

and the pigeon called down from a great height

و کبوتر از ارتفاعی بلند فریاد زد:

"Tell me, child, what are you doing there?"

به من بگو فرزندم، انجا چه کار میکنی؟«

"Don't you see? I am crying!" said Pinocchio

نمیبینی؟ من گریه می کنم "!پینوکیو گفت

and he raised his head towards the voice

و سرش را به طرف صدا بلند کرد

and he rubbed his eyes with his jacket

و با کتش چشمانش را مالید

"Tell me," continued the Pigeon

"به من بگو، "کبوتر ادامه داد

"do you happen to know a puppet called Pinocchio?"

ایا عروسک خیمه شب بازی به نام پینوکیو را می شناسید؟

"Pinocchio? Did you say Pinocchio?" repeated the puppet

پینوکیو؟ ایا شما گفتید پینوکیو؟ "عروسک تکرار کرد

and he quickly jumped to his feet

و به سرعت از جا برخاست

"I am Pinocchio!" he exclaimed with hope

"من پینوکیو هستم "!او با امید فریاد زد

At this answer the Pigeon descended rapidly

کبوتر با این جواب به سرعت فرود امد

He was larger than a turkey

او بزرگتر از یک بوقلمون بود.

"Do you also know Geppetto?" he asked

"ایا شما هم ژپتو را می شناسید؟ "او پرسید

"Do I know him! He is my poor papa!"

"ایا من او را می شناسم !او پدر بیچاره من است«!

"Has he perhaps spoken to you of me?"

ایا او با شما درباره من صحبت کرده است؟«

"Will you take me to him?"

مرا پیش او می بردی؟«

"Is he still alive?"

ایا او هنوز زنده است؟«

"Answer me, for pity's sake"

"به خاطر ترحم جوابم بده"

"is he still alive??"

ایا او هنوز زنده است؟«

"I left him three days ago on the seashore"

سه روز پیش در ساحل دریا ترکش کردم

"What was he doing?" Pinocchio had to know

"داشت چیکار میکرد؟ "پینوکیو باید می دانست

"He was building a little boat for himself"

"اون داشت یه قایق کوچیک برای خودش می ساخت"

"he was going to cross the ocean"

"اون میخواست از اقیانوس عبور کنه"

"that poor man has been going all round the world"

"اون مرد بیچاره داره دور دنیا رو میچرخه"
"he has been looking for you"
"اون دنبالت میگشت"
"but he had no success in finding you"
اما اون هیچ موفقیتی در پیدا کردن تو نداشت
"so now he will go to the distant countries"
"پس حالا اون به کشورهای دوردست میره"
"he will search for you in the New World"
"او در دنیای جدید به دنبال شما خواهد گشت"
"How far is it from here to the shore?"
«از اینجا تا ساحل چقدر فاصله دارد؟»
"More than six hundred miles"
"بیش از 600 مایل"
"Six hundred miles?" echoed Pinocchio
"ششصد مایل؟" پینوکیو تکرار کرد
"Oh, beautiful Pigeon," pleaded Pinocchio
"اوه، کبوتر زیبا،" پینوکیو التماس کرد
"what a fine thing it would be to have your wings!"
"چه چیز خوبی خواهد بود که بال های خود را داشته باشید"!
"If you wish to go, I will carry you there"
"اگر می خواهید بروید، من شما را به انجا می برم"
"How could you carry me there?"
«چطور تونستی منو ببری اونجا»
"I can carry you on my back"
"میتونم تو رو پشتم حمل کنم"
"Do you weigh much?"
«وزنت زیاد است؟»
"I weigh next to nothing"
"من وزن در کنار هیچ چیز"
"I am as light as a feather"
"من مثل یه پر سبکم"
Pinocchio didn't hesitate for another moment
پینوکیو برای یک لحظه دیگر تردید نکرد
and he jumped at once on the Pigeon's back
و بی درنگ به پشت کبوتر پرید
he put a leg on each side of the pigeon
پای خود را در دو طرف کبوتر گذاشت

just like men do when they're riding horseback

درست مثل کاری که مردها وقتی سوار اسب هستند انجام میدهند

and Pinocchio exclaimed joyfully:

پینوکیو با خوشحالی گفت:

"Gallop, gallop, my little horse"

"گالوپ، گالوپ، اسب کوچولوی من"

"because I am anxious to arrive quickly!"

"چون مشتاقم که سریع برسم"

The Pigeon took flight into the air

کبوتر به هوا پرواز کرد

and in a few minutes they almost touched the clouds

و در عرض چند دقیقه نزدیک بود به ابرها دست بزنند

now the puppet was at an immense height

اکنون عروسک خیمه شب بازی در ارتفاعی عظیم قرار داشت

and he became more and more curious

و بیش از پیش کنجکاو میشد

so he looked down to the ground

به همین ترتیب به زمین نگاه کرد

but his head spun round in dizziness

اما سرش از سرگیجه به دور خود چرخید

he became ever so frightened of the height

از ارتفاع ان قدر میترسید

and he had to save himself from the danger of falling

و مجبور بود خود را از خطر سقوط نجات دهد

and so held tightly to his feathered steed

و چنان اسب پردار خود را محکم گرفته بود

They flew through the skies all of that day

انها تمام ان روز را در اسمان پرواز کردند.

Towards evening the Pigeon said:

نزدیک غروب کبوتر گفت:

"I am very thirsty from all this flying!"

"من از این همه پرواز خیلی تشنه ام"!

"And I am very hungry!" agreed Pinocchio

"و من بسیار گرسنه هستم "پینوکیو موافقت کرد

"Let us stop at that dovecote for a few minutes"

"بذار برای چند دقیقه توی اون کبوترخانه توقف کنیم"

"and then we will continue our journey"

و بعدش به سفرمون ادامه می ندیم

"then we may reach the seashore by dawn tomorrow"

"پس فردا صبح به ساحل میرسیم"

They went into a deserted dovecote

به یک کبوترخانه متروکه رفتند

here they found nothing but a basin full of water

در اینجا چیزی جز یک لگن پر از اب نیافتند

and they found a basket full of vetch

و سبدی پر از سبزیجات پیدا کردند

The puppet had never in his life been able to eat vetch

عروسک هرگز در عمرش نتوانسته بود وش را بخورد.

according to him it made him sick

به گفته او این کار او را بیمار میکرد

That evening, however, he ate to repletion

با این حال، ان شب برای پر کردن غذا خورد

and he nearly emptied the basket of it

و نزدیک بود سبد را از ان خالی کند

and then he turned to the Pigeon and said to him:

سپس رو به کبوتر کرد و گفت:

"I never could have believed that vetch was so good!"

"من هرگز نمی توانستم باور کنم که vetch خوب بود"!

"Be assured, my boy," replied the Pigeon

"مطمئن باشید، پسر من"، "کبوتر پاسخ داد

"when hunger is real even vetch becomes delicious"

وقتی گرسنگی واقعی است حتی سبزیجات هم خوشمزه می شوند

"Hunger knows neither caprice nor greediness"

"گرسنگی نه هوس میشناسه و نه طمع"

the two quickly finished their little meal

هر دو به سرعت غذای کوچکشان را تمام کردند

and they recommenced their journey and flew away

و دوباره به راه خود بازگشتند و فرار کردند.

The following morning they reached the seashore

صبح روز بعد به ساحل رسیدند

The Pigeon placed Pinocchio on the ground

کبوتر پینوکیو را روی زمین گذاشت

the pigeon did not wish to be troubled with thanks

کبوتر نمیخواست با تشکر از او ناراحت شود.

it was indeed a good action he had done

واقعا کار خوبی بود که انجام داده بود

but he had done it out the goodness of his heart

اما او این کار را از صمیم قلب انجام داده بود

and Pinocchio had no time to lose

و پینوکیو هم وقتی برای از دست دادن نداشت

so he flew quickly away and disappeared

بنابراین او به سرعت فرار کرد و ناپدید شد

The shore was crowded with people

ساحل پر از مردم بود

the people were looking out to sea

مردم به دریا نگاه میکردند

they shouting and gesticulating at something

فریاد میزدند و به چیزی اشاره میکردند

"What has happened?" asked Pinocchio of an old woman

"چه اتفاقی افتاده است؟" پینوکیو از یک پیرزن پرسید

"there is a poor father who has lost his son"

یک پدر فقیر وجود دارد که پسرش را از دست داده است.

"he has gone out to sea in a little boat"

"او با یک قایق کوچک به دریا رفته است"

"he will search for him on the other side of the water"

"اون اونطرف اب دنبالش می گشت"

"and today the sea is most tempestuous"

"و امروز دریا بسیار طوفانی است"

"and the little boat is in danger of sinking"

"و قایق کوچک در خطر غرق شدن است"

"Where is the little boat?" asked Pinocchio

"قایق کوچک کجاست؟" پینوکیو پرسید

"It is out there in a line with my finger"

"اون بیرون توی یه خط با انگشت منه"

and she pointed to a little boat

و به قایق کوچکی اشاره کرد

and the little boat looked like a little nutshell

و قایق کوچک به شکل صدفی کوچک بود.

a little nutshell with a very little man in it

یک پوسته کوچک با یک مرد بسیار کوچک در ان

Pinocchio fixed his eyes on the little nutshell

پینوکیو چشمش را به این پوسته کوچک دوخت

after looking attentively he gave a piercing scream:

پس از ان که با دقت نگاه کرد فریادی نافذ زد:

"It is my papa! It is my papa!"

این بابای من است !بابای من است«!

The boat, meanwhile, was being beaten by the fury of the waves

در همین حال، قایق از خشم امواج کتک میخورد

at one moment it disappeared in the trough of the sea

در یک لحظه در فرورفتگی دریا ناپدید شد

and in the next moment the boat came to the surface again

و لحظهای بعد قایق دوباره به سطح اب رسید

Pinocchio stood on the top of a high rock

پینوکیو در بالای یک صخره بلند ایستاده بود

and he kept calling to his father

و پدرش را صدا میزد

and he made every kind of signal to him

و هر نوع علامتی به او میداد

he waved his hands, his handkerchief, and his cap

دستها، دستمال و کلاهش را تکان داد

Pinocchio was very far away from him

پینوکیو خیلی از او دور بود.

but Geppetto appeared to recognize his son

اما ژپتو پسر خود را شناخت

and he also took off his cap and waved it

و کلاهش را برداشت و ان را تکان داد

he tried by gestures to make him understand

سعی میکرد با حرکاتش او را بفهماند

"I would have returned if it were possible"

اگر ممکن بود برمی گشتم«.

"but the sea is most tempestuous"

"اما دریا بسیار طوفانی است"
"and my oars won't take me to the shores again"
"و پاروهام دیگه منو به ساحل نمیارن"

Suddenly a tremendous wave rose out of the sea
ناگهان موجی عظیم از دریا بیرون امد

and then the the little nutshell disappeared
و بعد ان پوستهی کوچک ناپدید شد

They waited, hoping the boat would come again to the surface
انها منتظر ماندند، به این امید که قایق دوباره به سطح اب بیاید.

but the little boat was seen no more
اما قایق کوچک دیگر دیده نشد

the fisherman had assembled at the shore
ماهیگیر در ساحل جمع شده بود

"Poor man!" they said of him, and murmured a prayer
"مرد فقیر"!انها از او گفتند، و زمزمه یک نماز

and then they turned to go home
و بعد برگشتند تا به خانه بروند

Just then they heard a desperate cry
درست در همان موقع فریادی نومید کننده شنیدند

looking back, they saw a little boy
وقتی به عقب نگاه کردند، پسر کوچکی دیدند.

"I will save my papa," the boy exclaimed
"من پدرم را نجات خواهم داد، "پسر فریاد زد

and he jumped from a rock into the sea
و از صخرهای به دریا پرید

as you know Pinocchio was made of wood
همانطور که میدانید پینوکیو از چوب ساخته شده بود

so he floated easily on the water
به همین راحتی روی اب شناور شد

and he swam as well as a fish
و او هم مثل یک ماهی شنا کرد

At one moment they saw him disappear under the water
در یک لحظه او را دیدند که زیر اب ناپدید شد

he was carried down by the fury of the waves
خشم امواج او را به زیر میکشید

and in the next moment he reappeared to the surface of the water
و لحظهای بعد دوباره به سطح اب رسید

he struggled on swimming with a leg or an arm
با یک پا یا یک دست به شنا کردن ادامه میداد

but at last they lost sight of him
اما سرانجام او را از نظر دور کردند

and he was seen no more
و دیگر او را ندیدند

and they offered another prayer for the puppet
و دوباره برای عروسک خیمه شب بازی دعا کردند

Pinocchio Finds the Fairy Again
پینوکیو دوباره پری را پیدا می کند

Pinocchio wanted to be in time to help his father
پینوکیو می خواست به موقع به پدرش کمک کند

so he swam all through the night
بنابراین او تمام شب را شنا کرد

And what a horrible night it was!
و چه شب وحشتناکی بود!

The rain came down in torrents
باران سیلاسا میبارد.

it hailed and the thunder was frightful
صدای رعد و برق به گوش رسید.

the flashes of lightning made it as light as day
رعد و برق ان را مثل روز روشن میکرد

Towards morning he saw a long strip of land
صبح روز بعد، او یک نوار طولانی از زمین را دید
It was an island in the midst of the sea
جزیره های در وسط دریا بود
He tried his utmost to reach the shore
تمام سعی خود را کرد تا به ساحل برسد
but his efforts were all in vain
اما تمام تلاشهایش بیهوده بود
The waves raced and tumbled over each other
امواج به سرعت روی هم میتتند و می ندیند
and the torrent knocked Pinocchio about
و سیلاب پینوکیو را در بر گرفت
it was as if he had been a wisp of straw
مثل این بود که یک تکه کاه باشد
At last, fortunately for him, a billow rolled up
سرانجام، خوشبختانه برای او، موجی غلتید
it rose with such fury that he was lifted up
با چنان خشمی برخاست که او را از جا بلند کردند
and finally he was thrown on to the sands
و سرانجام او را روی شنها انداختند
the little puppet crashed onto the ground
عروسک کوچک به زمین خورد
and all his joints cracked from the impact
و تمام مفاصلش از ضربه ترک خورد
but he comforted himself, saying:
اما او خود را ارام کرد و گفت:
"This time also I have made a wonderful escape!"
"این بار نیز فرار فوق العاده ای انجام دادم"!
Little by little the sky cleared
اسمان کم کم پاک شد
the sun shone out in all his splendour
خورشید با تمام شکوه و درخشش میدرخشید
and the sea became as quiet and smooth as oil
و دریا مانند روغن ارام و نرم شد
The puppet put his clothes in the sun to dry
عروسک لباسش را در افتاب گذاشت تا خشک شود
and he began to look in every direction
و شروع کرد به نگاه کردن به هر طرف
somewhere on the water there must be a little boat
یه جایی روی اب باید یه قایق کوچیک باشه

and in the boat he hoped to see a little man

و امیدوار بود که در قایق مردی کوچک را ببیند

he looked out to sea as far as he could see

تا انجا که میتوانست دریا را نگاه میکرد

but all he saw was the sky and the sea

اما تنها چیزی که میدید اسمان و دریا بود

"If I only knew what this island was called!"

"اگر فقط می دانستم که این جزیره چه نام دارد!"

"If I only knew whether it was inhabited"

"اگر فقط می دانستم که ایا ان ساکن بود"

"perhaps civilized people do live here"

"شاید مردم متمدن اینجا زندگی کنند"

"people who do not hang boys from trees"

"افرادی که پسران را از درخت اویزان نمی کنند"

"but whom can I ask if there is nobody?"

"اما از چه کسی می توانم بپرسم اگر کسی وجود ندارد؟"

Pinocchio didn't like the idea of being all alone

پینوکیو از تنها بودن خوشش نمیومد

and now he was alone on a great uninhabited country

و اکنون در کشوری بزرگ و خالی از سکنه تنها بود

the idea of it made him melancholy

این فکر او را غمگین میکرد

he was just about to to cry

میخواست گریه کند

But at that moment he saw a big fish swimming by

اما در ان لحظه ماهی بزرگی را دید که در حال شنا کردن بود.

the big fish was only a short distance from the shore

ماهی بزرگ فقط کمی از ساحل فاصله داشت

the fish was going quietly on its own business

ماهی به ارامی به کار خود ادامه میداد

and it had its head out of the water

و سرش را از اب بیرون اورد

Not knowing its name, the puppet called to the fish

عروسک بدون اینکه نامش را بداند، ماهی را صدا زد.

he called out in a loud voice to make himself heard:

با صدای بلند فریاد زد تا صدای خود را بشنود:

"Eh, Sir Fish, will you permit me a word with you?"

"اه، اقای فیش، اجازه می دهید یک کلمه با شما باشم؟"

"Two words, if you like," answered the fish

"دو کلمه، اگر دوست دارید، "ماهی پاسخ داد

the fish was in fact not a fish at all

در واقع ماهی اصلا ماهی نبود

what the fish was was a Dolphin

چیزی که ماهی بود یک دلفین بود

and you couldn't have found a politer dolphin

و شما نمیتوانستید دلفینی مؤدبتر پیدا کنید

"Would you be kind enough to tell:"

"ایا شما به اندازه کافی مهربان هستید که بگویید":

"is there are villages in this island?"

ایا روستاهایی در این جزیره وجود دارد؟«

"and might there be something to eat in these villages?"

و ایا ممکن است چیزی برای خوردن در این روستاها وجود داشته باشد؟

"and is there any danger in these villages?"

ایا خطری در این روستاها وجود دارد؟«

"might one get eaten in these villages?"

ایا ممکن است در این روستاها خورده شود؟«

"there certainly are villages," replied the Dolphin

"قطعا روستاها وجود دارد، "دلفین پاسخ داد

"Indeed, you will find one village quite close by"

در واقع، شما یک روستا کاملا نزدیک پیدا خواهید کرد.

"And what road must I take to go there?"

برای رفتن به انجا باید چه راهی را انتخاب کنم؟«

"You must take that path to your left"

"تو باید اون مسیر رو به سمت چپت انتخاب کنی"

"and then you must follow your nose"

"و بعدش باید از دماغت پیروی کنی"

"Will you tell me another thing?"

"میشه یه چیز دیگه بهم بگی؟"

"You swim about the sea all day and night"

"تمام روز و شب در دریا شنا میکنی"

"have you by chance met a little boat"

"ایا شما به طور اتفاقی یک قایق کوچک را ملاقات کرده اید"

"a little boat with my papa in it?"

"یه قایق کوچیک با پدرم توش؟"

"And who is your papa?"

و پدرت کیست؟«
"He is the best papa in the world"
"او بهترین پدر در جهان است"
"but it would be difficult to find a worse son than I am"
اما پیدا کردن پسری بدتر از من سخت خواهد بود
The fish regretted to tell him what he feared
ماهی از گفتن چیزی که از ان میترسید پشیمان شد.
"you saw the terrible storm we had last night"
تو طوفان وحشتناکی که دیشب داشتیم رو دیدی
"the little boat must have gone to the bottom"
"قایق کوچک باید به پایین رفته باشد"
"And my papa?" asked Pinocchio
"و پدر من؟ "پینوکیو پرسید
"He must have been swallowed by the terrible Dog-Fish"
باید توسط سگ ماهی وحشتناک بلعیده شده باشد
"of late he has been swimming on our waters"
"در این اواخر او در ابهای ما شنا کرده است"
"and he has been spreading devastation and ruin"
"و او ویرانی و ویرانی را گسترش داده است"
Pinocchio was already beginning to quake with fear
پینوکیو از ترس شروع به لرزیدن کرد
"Is this Dog-Fish very big?" asked Pinocchio
پینوکیو پرسید" :ایا این سگ ماهی بسیار بزرگ است؟"
"oh, very big!" replied the Dolphin
"اوه، بسیار بزرگ "!دلفین پاسخ داد
"let me tell you about this fish"
"بذار در مورد این ماهی بهت بگم"
"then you can form some idea of his size"
"بعد میتونی یه ایده ای از اندازه اش داشته باشی"
"he is bigger than a five-storied house"
او بزرگتر از یک خانه پنج طبقه است.
"and his mouth is more enormous than you've ever seen"
و دهنش بزرگتر از اونیه که تا حالا دیدی
"a railway train could pass down his throat"
"یه قطار راه اهن میتونه از گلویش رد شود"
"Mercy upon us!" exclaimed the terrified puppet
"رحمت بر ما "!فریاد زد عروسک خیمه شب بازی وحشت زده
and he put on his clothes with the greatest haste

و با عجله لباس پوشید

"Good-bye, Sir Fish, and thank you"

خداحافظ اقای فیش و متشکرم

"excuse the trouble I have given you"

"ببخشید زحمتی که به شما دادم"

"and many thanks for your politeness"

"و خیلی ممنون از ادبتون"

He then took the path that had been pointed out to him

سپس راهی را که به او نشان داده شده بود در پیش گرفت

and he began to walk as fast as he could

و با تمام سرعتی که میتوانست راه میرفت

he walked so fast, indeed, that he was almost running

انقدر سریع راه میرفت که نزدیک بود بدود.

And at the slightest noise he turned to look behind him

و با کوچکترین صدایی برگشت تا پشت سرش را نگاه کند.

he feared that he might see the terrible Dog-Fish

میترسید که مبادا سگ ماهی وحشتناک را ببیند

and he imagined a railway train in its mouth

و قطاری را در دهان خود مجسم کرد

a half-hour walk took him to a little village

نیم ساعت پیاده روی او را به یک روستای کوچک برد

the village was The Village of the Industrious Bees

روستا دهکده زنبورهای صنعتی بود

The road was alive with people

جاده با مردم زنده بود

and they were running here and there

و انها اینجا و انجا میدویدند

and they all had to attend to their business

و همه باید به کارشان رسیدگی میکردند

all were at work, all had something to do

همه سر کار بودند، همه کاری برای انجام دادن داشتند

You could not have found an idler or a vagabond

شما نمیتوانستید یک ولگرد یا ولگرد پیدا کنید

even if you searched for him with a lighted lamp

حتی اگر شما با چراغی روشن دنبالش میگشتید

"Ah!" said that lazy Pinocchio at once

"اه "!گفت که پینوکیو تنبل در یک بار

"I see that this village will never suit me!"

"من می بینم که این روستا هرگز به من مناسب نیست"!

"I wasn't born to work!"

من برای کار کردن به دنیا نیامدهام«!

In the meanwhile he was tormented by hunger

در این اثنا گرسنگی او را عذاب میداد

he had eaten nothing for twenty-four hours

بیست و چهار ساعت بود که چیزی نخورده بود.

he had not even eaten vetch

حتی سبزیجات هم نخورده بود.

What was poor Pinocchio to do?

پینوکیو بیچاره چه باید میکرد؟

There were only two ways to obtain food

فقط دو راه برای به دست اوردن غذا وجود داشت

he could either get food by asking for a little work

او میتواند غذا را با درخواست یک کار کوچک به دست اورد

or he could get food by way of begging

یا میتوانست غذا را از راه گدایی به دست اورد

someone might be kind enough to throw him a nickel

ممکن است کسی انقدر مهربان باشد که یک سکه پنج سنتی برای او پرتاب کند

or they might give him a mouthful of bread

یا ممکن است لقمهای نان به او بدهند

generally Pinocchio was ashamed to beg

پینوکیو از التماس کردن خجالت میکشید

his father had always preached him to be industrious

پدرش همیشه به او موعظه میکرد که سخت کوش باشد

he taught him no one had a right to beg

او به او اموخت که هیچ حق ندارد گدایی کند

except the aged and the infirm

مگر پیران و ناتوانان

The really poor in this world deserve compassion

واقعا فقیر در این جهان سزاوار شفقت است

the really poor in this world require assistance

فقرای واقعی در این دنیا به کمک نیاز دارند

only those who are aged or sick

فقط کسانی که پیر یا بیمار هستند

those who are no longer able to earn their own bread

کسانی که دیگر نمیتوانند نان خود را به دست اورند

It is the duty of everyone else to work

این وظیفه دیگران است که کار کنند.

and if they don't labour, so much the worse for them

و اگر انها کار نکنند، برای انها بسیار بدتر است

let them suffer from their hunger

بگذار از گرسنگی رنج ببرند

At that moment a man came down the road

در این لحظه مردی از جاده پایین امد

he was tired and panting for breath

خسته بود و نفس نفس میزد.

He was dragging two carts full of charcoal

دو گاری پر از زغال را با خود حمل میکرد

Pinocchio judged by his face that he was a kind man

پینوکیو از چهره او قضاوت کرد که او مرد مهربانی است

so Pinocchio approached the charcoal man

پینوکیو به مرد زغالی نزدیک شد

he cast down his eyes with shame

با شرمساری چشمانش را به زمین انداخت

and he said to him in a low voice:

و اهسته به او گفت:

"Would you have the charity to give me a nickel?"

"ایا شما خیریه به من یک نیکل؟"

"because, as you can see, I am dying of hunger"

"چون، همانطور که می بینید، من از گرسنگی می میرم"

"You shall have not only a nickel," said the man

"شما باید نه تنها یک نیکل، "مرد گفت:

"I will give you a dime"

"یه سکه بهت میدم"

"but for the dime you must do some work"

"اما برای ده سنتی تو باید یه کاری بکنی"

"help me to drag home these two carts of charcoal"

"کمکم کن این دو تا گاری زغال رو به خونه بکشم"

"I am surprised at you!" answered the puppet

"من در شما شگفت زده هستم "!پاسخ عروسک

and there was a tone of offense in his voice

و لحن توهینامیزی در صدایش وجود داشت

"Let me tell you something about myself"

"بذار یه چیزی در مورد خودم بهت بگم"

"I am not accustomed to do the work of a donkey"

"من عادت ندارم که کار یک خر را انجام دهم"

"I have never drawn a cart!"

"من هرگز یک گاری را کشیده ام"!

"So much the better for you," answered the man

"خیلی بهتر برای شما، "مرد پاسخ داد

"my boy, I see how you are dying of hunger"

"پسر من، من می بینم که چگونه از گرسنگی می میری"

"eat two fine slices of your pride"

"دو تیکه از غرورت رو بخور"

"and be careful not to get indigestion"

"و مراقب باشید که سوء هاضمه نداشته باشید"

A few minutes afterwards a mason passed by

چند دقیقه بعد یک سنگ تراش از کنارش گذشت

he was carrying a basket of mortar

یک سبد خمپاره با خود حمل میکرد

"Would you have the charity to give me a nickel?"

"ایا شما خیریه به من یک نیکل؟"

"me, a poor boy who is yawning for want of food"

"من، یک پسر فقیر که برای کمبود غذا خمیازه می کشد"

"Willingly," answered the man

"با میل و رغبت، "مرد پاسخ داد

"Come with me and carry the mortar"

"با من بیا و خمپاره رو با خودت ببر"

"and instead of a nickel I will give you a dime"

"و به جای یه سکه 10 سنتی بهت میدم"

"But the mortar is heavy," objected Pinocchio

"اما خمپاره سنگین است، "پینوکیو اعتراض کرد

"and I don't want to tire myself"

"و نمیخوام خودمو خسته کنم"

"I see you you don't want to tire yourself"

"من تو را می بینم تو نمی خواهی خودت را خسته کنی"

"then, my boy, go amuse yourself with yawning"

"بعدش، پسرم، برو خودت رو با خمیازه سرگرم کن"

In less than half an hour twenty other people went by

در کمتر از نیم ساعت بیست نفر دیگر رفتند

and Pinocchio asked charity of them all

و پینوکیو از همه انها صدقه خواست

but they all gave him the same answer

اما همه جواب یکسانی به او دادند

"Are you not ashamed to beg, young boy?"

خجالت نمیکشی التماس کنی پسر جوان؟»

"Instead of idling about, look for a little work"

"به جای بیکار بودن، به دنبال کمی کار باشید"

"you have to learn to earn your bread"

"تو باید یاد بگیری که نونت رو بدست ارن"

finally a nice little woman walked by

بالاخره یک زن کوچولوی خوشگل از کنارش رد شد

she was carrying two cans of water

او دو قوطی اب با خود حمل میکرد

Pinocchio asked her for charity too

پینوکیو هم از او خیریه خواست

"Will you let me drink a little of your water?"

اجازه میدهی کمی از ابت بنوشم؟»

"because I am burning with thirst"

"چون دارم از تشنگی میسوزم"

the little woman was happy to help

زن کوچک از کمک کردن خوشحال شد

"Drink, my boy, if you wish it!"

بنوش پسرم، اگر بخواهی»!

and she set down the two cans

و دو قوطی را روی زمین گذاشت

Pinocchio drank like a fish

پینوکیو مانند یک ماهی نوشید

and as he dried his mouth he mumbled:

و در حالی که دهان خود را خشک میکرد زیر لب گفت:

"I have quenched my thirst"

"عطشم رو فرونشاندم"

"If I could only appease my hunger!"

اگر فقط میتوانستم گرسنگیام را تسکین دهم»!

The good woman heard Pinocchio's pleas

زن خوب درخواست پینوکیو را شنید

and she was only too willing to oblige

و خیلی هم دلش میخواست لطف کند.

"help me to carry home these cans of water"

"کمکم کن تا این قوطی های اب رو ببرم خونه"

"and I will give you a fine piece of bread"

"و من به شما یک تکه نان خوب می دهم"

Pinocchio looked at the cans of water

پینوکیو به قوطیهای اب نگاه کرد

and he answered neither yes nor no

نه جواب داد و نه جواب داد.

and the good woman added more to the offer

و زن خوب به این پیشنهاد اضافه کرد

"As well as bread you shall have cauliflower"

"و همچنین نان، گل کلم خواهی داشت"

Pinocchio gave another look at the can

پینوکیو نگاهی دیگر به قوطی انداخت

and he answered neither yes nor no

نه جواب داد و نه جواب داد.

"And after the cauliflower there will be more"

"و بعد از گل کلم بیشتر خواهد شد"

"I will give you a beautiful syrup bonbon"

"من به شما یک شربت زیبا"bonbon

The temptation of this last dainty was great

وسوسه این اخرین ظریف بزرگ بود

finally Pinocchio could resist no longer

سرانجام پینوکیو دیگر نتوانست مقاومت کند

with an air of decision he said:

با حالتی حاکی از تصمیم گفت:

"I must have patience!"

من باید صبور باشم»!

"I will carry the water to your house"

"من اب را به خانه شما می برم"

The water was too heavy for Pinocchio

اب برای پینوکیو خیلی سنگین بود

he could not carry it with his hands

نمیتوانست ان را با دست حمل کند

so he had to carry it on his head

بنابراین مجبور شد ان را روی سرش حمل کند

Pinocchio did not enjoy doing the work

پینوکیو از انجام کار لذت نمی برد

but soon they reached the house

اما به زودی به خانه رسیدند

and the good little woman offered Pinocchio a seat

و زن کوچک و خوب به پینوکیو یک صندلی تعارف کرد

the table had already been laid

میز قبلا چیده شده بود

and she placed before him the bread

و نان را پیش او گذاشت

and then he got the cauliflower and the bonbon

و بعد گل کلم و ابنبات را گرفت

Pinocchio did not eat his food, he devoured it

پینوکیو غذایش را نخورد، ان را بلعید

His stomach was like an empty apartment

شکمش مثل یک اپارتمان خالی بود

an apartment that had been left uninhabited for months

اپارتمانی که ماهها خالی از سکنه بود

but now his ravenous hunger was somewhat appeased

اما اکنون گرسنگی شدیدش تا حدی فرونشاندن یافته بود

he raised his head to thank his benefactress

سرش را بلند کرد تا از خانمش تشکر کند.

then he took a better look at her

بعد نگاهی بهتر به او انداخت

he gave a prolonged "Oh!" of astonishment

با تعجب گفت: اوه!

and he continued staring at her with wide open eyes

و همچنان با چشمان باز به او خیره شده بود

his fork was in the air

چنگالش در هوا بود

and his mouth was full of cauliflower

و دهانش پر از گل کلم بود

it was as if he had been bewitched

مثل این بود که افسون شده باشد.

the good woman was quite amused

زن خوب حسابی سرگرم شد

"What has surprised you so much?"

«چه چیزی شما را اینقدر شگفت زده کرده است؟»

"It is..." answered the puppet

"این ...عروسک پاسخ داد:

"it's just that you are like..."

"فقط اینکه تو مثل"...

"it's just that you remind me of someone"

"فقط اینکه منو یاد یه نفر میندی"

"yes, yes, yes, the same voice"

"بله، بله، بله، همان صدا"

"and you have the same eyes and hair"

"و تو چشم و موی یکسانی داری"

"yes, yes, yes. you also have blue hair"

بله، بله، بله .تو هم موهای ابی داری«.

"Oh, little Fairy! tell me that it is you!"

اوه، پری کوچولو !به من بگو که تو هستی«!

"Do not make me cry anymore!"

دیگر مرا به گریه ننداز«!

"If only you knew how much I've cried"

"اگه فقط میدونستی چقدر گریه کردم"

"and I have suffered so much"

"و من خیلی زجر کشیدم"

And Pinocchio threw himself at her feet

پینوکیو خود را به پای او پرتاب کرد

and he embraced the knees of the mysterious little woman

و زانوهای ان زن کوچک مرموز را در اغوش گرفت

and he began to cry bitterly

و به تلخی شروع به گریه کرد

Pinocchio Promises the Fairy he'll be a Good Boy Again
پینوکیو به پری قول داد که دوباره پسر خوبی خواهد شد

At first the good little woman played innocent
در ابتدا زن کوچک خوب بی گناه بازی کرد

she said she was not the little Fairy with blue hair
او گفت که او پری کوچک با موهای ابی نیست

but Pinocchio could not be tricked
اما پینوکیو را نمیشد فریب داد

she had continued the comedy long enough
به اندازه کافی کمدی را ادامه داده بود

and so she ended by making herself known
و به این ترتیب سرانجام خود را به خود نشان داد

"You naughty little rogue, Pinocchio"
"ای شیطون کوچولوی سرکش پینوکیو"

"how did you discover who I was?"
چطور فهمیدید من چه کسی هستم؟«

"It was my great affection for you that told me"
"این محبت بزرگ من به تو بود که به من گفت"

"Do you remember when you left me?"
یادت میاد کی منو ترک کردی؟«

"I was still a child back then"
"من اون موقع هنوز بچه بودم"

"and now I have become a woman"
"و حالا من یه زن شدم"

"a woman almost old enough to be your mamma"
زنی که تقریبا به اندازه کافی بزرگ شده که مادر تو باشه

"I am delighted at that"
"من در ان خوشحال هستم"

"I will not call you little sister anymore"
دیگه تو رو خواهر کوچیک صدا نمیکنم

"from now I will call you mamma"
"از حالا به بعد مامان صدات میکنم"

"all the other boys have a mamma"
"بقیه بچه ها یه مامان دارن"

"and I have always wished to also have a mamma"
"و من همیشه ارزو داشتم که یک مادر داشته باشم"

"But how did you manage to grow so fast?"

اما چگونه توانستید اینقدر سریع رشد کنید؟»

"That is a secret," said the fairy

"این یک راز است، "پری گفت.

Pinocchio wanted to know, "teach me your secret"

پینوکیو میخواست بداند رازت را به من یاد بده»

"because I would also like to grow"

"چون من هم دوست دارم رشد کنم"

"Don't you see how small I am?"

نمیبینی چقدر کوچک هستم؟»

"I always remain no bigger than a ninepin"

"من همیشه بزرگتر از یک ninepin باقی می ماند"

"But you cannot grow," replied the Fairy

"اما شما نمی توانید رشد کنید، "پری پاسخ داد

"Why can't I grow?" asked Pinocchio

"چرا نمی توانم رشد کنم؟ "پینوکیو پرسید

"Because puppets never grow"

"چون عروسک ها هرگز رشد نمی کنند"

"when they are born they are puppets"

"وقتی به دنیا می ایند عروسک خیمه شب بازی هستند"

"and they live their lives as puppets"

"و اونا زندگیشون رو مثل عروسک خیمه شب بازی می کنن"

"and when they die they die as puppets"

"و وقتی بمیرن مثل عروسک میمیرن"

Pinocchio game himself a slap

پینوکیو بازی خود سیلی

"Oh, I am sick of being a puppet!"

"من از عروسک خیمه شب بازی بودن خسته شده ام"!

"It is time that I became a man"

"وقتشه که من یه مرد باشم"

"And you will become a man," promised the fairy

"و شما تبدیل به یک مرد، "وعده پری

"but you must know how to deserve it"

اما تو باید بدونی که چطور لیاقتش رو داشته باشی

"Is this true?" asked Pinocchio

"ایا این درست است؟ "پینوکیو پرسید

"And what can I do to deserve to be a man?"

"و چه کاری می توانم انجام دهم که سزاوار مرد بودن باشم؟"

"it is a very easy thing to deserve to be a man"
"خیلی اسونه که لیاقت مرد بودن رو داشته باشی"

"all you have to do is learn to be a good boy"
"تنها کاری که باید بکنی اینه که یاد بگیری پسر خوبی باشی"

"And you think I am not a good boy?"
«فکر میکنی من پسر خوبی نیستم؟»

"You are quite the opposite of a good boy"
"تو کاملا برعکس یه پسر خوب هستی"

"Good boys are obedient, and you..."
..."پسرای خوب مطیعن و تو"

"And I never obey," confessed Pinocchio
"و من هرگز اطاعت نمی کنم، "پینوکیو اعتراف کرد

"Good boys like to learn and to work, and you..."
پسرای خوب دوست دارن یاد بگیرند و کار کنند و تو...

"And I instead lead an idle, vagabond life"
"و در عوض من یک زندگی بیهوده و ولگردانه دارم"

"Good boys always speak the truth"
"پسران خوب همیشه حقیقت را می گویند"

"And I always tell lies," admitted Pinocchio
"و من همیشه دروغ می گویم، "پینوکیو اعتراف کرد

"Good boys go willingly to school"
"پسران خوب با میل و رغبت به مدرسه می روند"

"And school gives me pain all over the body"
"و مدرسه به من در سراسر بدن درد می دهد"

"But from today I will change my life"
«اما از امروز زندگیام را تغییر خواهم داد».

"Do you promise me?" asked the Fairy
"ایا شما به من قول می دهید؟ "پری پرسید

"I promise that I will become a good little boy"
«قول میدهم که پسر کوچولوی خوبی خواهم شد».

"and I promise be the consolation of my papa"
"و قول میدم که مایه تسلی پدرم باشم"

"Where is my poor papa at this moment?"
«پدر بیچاره من در این لحظه کجاست؟»

but the fairy didn't know where his papa was
اما پری نمیدانست پدرش کجاست

"Shall I ever have the happiness of seeing him again?"

ایا هرگز از دیدن دوباره او خوشحال خواهم شد؟«
"will I ever kiss him again?"
ایا دوباره او را خواهم بوسید؟«
"I think so; indeed, I am sure of it"
"من فکر می کنم؛ من از ان مطمئن هستم«.
At this answer Pinocchio was delighted
پینوکیو از این جواب خوشحال شد
he took the Fairy's hands
دست پری را گرفت
and he began to kiss her hands with great fervour
و با شور و شوق فراوان دستهای او را بوسید
he seemed beside himself with joy
از شادی خود را از دست داده بود
Then Pinocchio raised his face
بعد پینوکیو صورتش را بلند کرد
and he looked at her lovingly
و با عشق به او نگاه کرد
"Tell me, little mamma:"
بهم بگو مامان کوچولو:
"then it was not true that you were dead?"
پس این درست نبود که تو مرده بودی؟«
"It seems not," said the Fairy, smiling
"به نظر می رسد نه، "پری گفت، لبخند
"If you only knew the sorrow I felt"
"اگه فقط می دونستی که من چه غمی داشتم"
"you can't imagined the tightening of my throat"
"نمیتونی تصور کنی که گلویم سفت میشه"
"reading what was on that stone almost broke my heart"
"خوندن چیزی که روی اون سنگ بود تقریبا قلبم رو شکست"
"I know what it did to you"
"میدونم باهات چیکار کرده"
"and that is why I have forgiven you"
"و به همین دلیل است که من تو را بخشیده ام"
"I saw it from the sincerity of your grief"
"من ان را از صداقت غم و اندوه خود را دیدم"
"I saw that you have a good heart"
"من دیدم که تو قلب خوبی داری"
"boys with good hearts are not lost"

"پسران با قلب های خوب گم نمی شوند"

"there is always something to hope for"

"همیشه چیزی برای امید وجود دارد"

"even if they are scamps"

"حتی اگر انها کلاهبردار باشند"

"and even if they have got bad habits"

و حتی اگر عادتهای بدی داشته باشند»

"there is always hope they change their ways"

"همیشه امید وجود دارد که انها راه خود را تغییر دهند"

"That is why I came to look for you here"

"برای همین اومدم اینجا دنبالت بگردم"

"I will be your mamma"

"من مادر تو خواهم بود"

"Oh, how delightful!" shouted Pinocchio

"اوه، چقدر لذت بخش "!پینوکیو فریاد زد

and the little puppet jumped for joy

و عروسک کوچک از خوشحالی از جا پرید

"You must obey me, Pinocchio"

"تو باید از من اطاعت کنی پینوکیو"

"and you must do everything that I bid you"

"و تو باید هر کاری که بهت میگم رو انجام بده"

"I will willingly obey you"

"من با میل و رغبت از تو اطاعت خواهم کرد"

"and I will do as I'm told!"

"و من کاری رو که بهم گفته شده انجام میدم"

"Tomorrow you will begin to go to school"

"فردا شروع به رفتن به مدرسه می کنی"

Pinocchio became at once a little less joyful

پینوکیو بیدرنگ کمتر خوشحال شد

"Then you must choose a trade to follow"

"سپس شما باید یک تجارت را دنبال کنید"

"you most choose a job according to your wishes"

"تو بیشتر شغلت رو با توجه به خواسته ات انتخاب میکنی"

Pinocchio became very grave at this

پینوکیو در این مورد بسیار جدی شد

the Fairy asked him in an angry voice:

پری با صدایی خشمگین از او پرسید:

"What are you muttering between your teeth?"

"چه چیزی را بین دندان های خود زمزمه می کنید؟"

"I was saying..." moaned the puppet in a low voice

"داشتم میگفتم عروسک با صدایی اهسته ناله کرد..."

"it seems to me too late for me to go to school now"

"به نظر می رسد خیلی دیر شده است برای من به مدرسه در حال حاضر"

"No, sir, it is not too late for you to go to school"

نه اقا، هنوز برای رفتن به مدرسه دیر نشده است».

"Keep it in mind that it is never too late"

"به یاد داشته باشید که هرگز دیر نیست"

"we can always learn and instruct ourselves"

"ما همیشه می توانیم خودمان را یاد بگیریم و اموزش دهیم"

"But I do not wish to follow a trade"

"اما من نمی خواهم یک تجارت را دنبال کنم"

"Why do you not wish to follow an trade?"

"چرا نمی خواهید یک تجارت را دنبال کنید؟"

"Because it tires me to work"

"چون از کار کردن خستهم میکنه"

"My boy," said the Fairy lovingly

پسر من، "پری با عشق گفت

"there are two kinds of people who talk like that"

"دو نوع ادم هستن که اینجوری حرف می زنن"

"there are those that are in prison"

"کسانی هستند که در زندان هستند"

"and there are those that are in hospital"

"و کسانی هستند که در بیمارستان هستند"

"Let me tell you one thing, Pinocchio;"

"بذار یه چیزی بهت بگم پینوکیو"

"every man, rich or poor, is obliged work"

هر مرد، ثروتمند یا فقیر، موظف به کار است.

"he has to occupy himself with something"

"او باید خودش را با چیزی مشغول کند"

"Woe to those who lead slothful lives"

"وای بر کسانی که زندگی کاهل را رهبری می کنند"

"Sloth is a dreadful illness"

"تنبلی یک بیماری وحشتناک است"

"it must be cured at once, in childhood"

"باید فورا درمان شود، در دوران کودکی"
"because it can never be cured once you are old"
چون وقتی پیر شدی دیگه درمان نمیشه
Pinocchio was touched by these words
پینوکیو تحت تاثیر این کلمات قرار گرفت
lifting his head quickly, he said to the Fairy:
سرش را به سرعت بلند کرد و به پری گفت:

"I will study and I will work"
"من درس خواهم خواند و کار خواهم کرد"
"I will do all that you tell me"
"هر کاری که بهم بگی انجام میدم"
"for indeed I have become weary of being a puppet"
زیرا من از عروسک خیمه شب بازی بودن خسته شده ام»
"and I wish at any price to become a boy"

"و من به هر قیمتی که شده ارزو دارم یه پسر بشم"

"You promised me that I can become a boy, did you not?"

تو به من قول دادی که می توانم پسر شوم، اینطور نیست؟»

"I did promise you that you can become a boy"

"بهت قول دادم که میتونی پسر بشی"

"and whether you become a boy now depends upon yourself"

"و اینکه تو الان پسر شدی به خودت بستگی داره"

The Terrible Dog-Fish
سگ ماهی وحشتناک

The following day Pinocchio went to school

روز بعد پینوکیو به مدرسه رفت

you can imagine the delight of all the little rogues

شما میتوانید تصور کنید که همه این ولگردهای کوچک چه لذتی دارند

a puppet had walked into their school!

عروسکی وارد مدرسهشان شده بود!

They set up a roar of laughter that never ended

انها غرش خندهای برپا کردند که هرگز پایان نیافت.

They played all sorts of tricks on him

همه جور کلکی به او زدند.

One boy carried off his cap

یکی از بچهها کلاهش را برداشت

another boy pulled Pinocchio's jacket over him

پسر دیگری ژاکت پینوکیو را روی او کشید

one tried to give him a pair of inky mustachios

یکی از انها سعی کرد یک جفت سبیل جوهری به او بدهد

another boy attempted to tie strings to his feet and hands

پسر دیگری سعی کرد بندها را به پاها و دستهایش ببندد

and then he tried to make him dance

و بعد سعی کرد او را به رقص وادارد

For a short time Pinocchio pretended not to care

پینوکیو برای مدت کوتاهی وانمود کرد که اهمیتی نمیدهد

and he got on as well with school as he could

و تا انجا که میتوانست به مدرسه میرفت

but at last he lost all his patience

اما سرانجام صبرش را از دست داد

he turned to those who were teasing him most

رو به کسانی کرد که بیش از همه او را اذیت میکردند.

"Beware, boys!" he warned them

"مراقب باشید، پسران "!او به انها هشدار داد

"I have not come here to be your buffoon"

"من نیومدم اینجا که دلقک تو باشم"

"I respect others," he said

"من به دیگران احترام می گذارم، "او گفت.

"and I intend to be respected"

"و من قصد دارم که مورد احترام باشم"

"Well said, boaster!" howled the young rascals

"خوب گفت، لاف زدن "!زوزه rascals جوان

"You have spoken like a book!"

مثل یک کتاب حرف میزنی«!

and they convulsed with mad laughter

و از خندههای دیوانهوار به لرزه در امدند.

there was one boy more impertinent than the others

یک پسر گستاختر از دیگران بود

he tried to seize the puppet by the end of his nose

میکوشید تا نوک بینی عروسک را بگیرد

But he could not do so quickly enough

اما نمیتوانست این کار را به سرعت انجام دهد

Pinocchio stuck his leg out from under the table

پینوکیو پایش را از زیر میز بیرون اورد

and he gave him a great kick on his shins

و به ساق پایش ضربه بزرگی زد

the boy roared in pain

پسرک از درد فریاد میکشید

"Oh, what hard feet you have!"

"اوه، چه پاهای سختی داری"!

and he rubbed the bruise the puppet had given him

و ان کبودی را که عروسک به او داده بود مالش داد

"And what elbows you have!" said another

"و چه ارنج شما "!گفت :یکی دیگر از

"they are even harder than his feet!"

انها حتی از پاهای او سخت تر هستند!

this boy had also played rude tricks on him

این پسر هم با حیلههای خشنی به او دست زده بود

and he had received a blow in the stomach

و ضربهای به شکمش وارد شده بود

But, nevertheless, the kick and the blow acquired sympathy

اما با این وجود، ضربه و ضربه همدردی را به دست اورد

and Pinocchio earned the esteem of the boys

و پینوکیو مورد احترام پسرها قرار میگرفت

They soon all made friends with him

خیلی زود همه با او دوست شدند.

and soon they liked him heartily

و خیلی زود از ته دل از او خوششان میامد

And even the master praised him

و حتی ارباب هم او را ستایش کرد

because Pinocchio was attentive in class

چون پینوکیو در کلاس بسیار مراقب بود

he was a studious and intelligent student

او دانشجوی تحصیل کرده و باهوشی بود

and he was always the first to come to school

و او همیشه اولین کسی بود که به مدرسه می امد

and he was always the last to leave when school was over

و او همیشه اخرین کسی بود که وقتی مدرسه تمام میشد از مدرسه میرفت

But he had one fault; he made too many friends

اما او یک اشتباه داشت .او دوستان زیادی داشت

and amongst his friends were several rascals

و در میان دوستانش چند نفر فطرت بودند

these boys were well known for their dislike of study

این بچهها به خاطر تنفرشان از درس خواندن معروف بودند

and they especially loved to cause mischief

و مخصوصا دوست داشتند که شرارت کنند

The master warned him about them every day

استاد هر روز در مورد انها به او هشدار می داد

even the good Fairy never failed to tell him:

حتی پری مهربان هم هرگز به او نگفت:

"Take care, Pinocchio, with your friends!"

مراقب باش پینوکیو، با دوستانت«!

"Those bad school-fellows of yours are trouble"

"اون مدرسه های بد تو دردسر هستن"

"they will make you lose your love of study"

"اونا باعث میشن عشقت به مطالعه رو از دست بدم"

"they may even bring upon you some great misfortune"

حتی ممکنه برات یه بدبختی بزرگ به بار بیارن
"There is no fear of that!" answered the puppet
"هیچ ترسی از ان وجود ندارد "!عروسک پاسخ داد
and he shrugged his shoulders and touched his forehead
و شانههایش را بالا انداخت و پیشانیاش را لمس کرد
"There is so much sense here!"
در اینجا حس بسیار زیادی وجود دارد" !

one fine day Pinocchio was on his way to school
یک روز خوب پینوکیو در راه مدرسه بود
and he met several of his usual companions
و چند تن از رفقای همیشگی خود را ملاقات کرد
coming up to him, they asked:
به سمت او امدند و پرسیدند:
"Have you heard the great news?"
ایا خبر خوب را شنیده اید؟
"No, I have not heard the great news"
"نه، من خبر خوب را نشنیده ام"
"In the sea near here a Dog-Fish has appeared"
در دریا در نزدیکی اینجا سگ ماهی ظاهر شده است
"he is as big as a mountain"
"او به بزرگی یک کوه است"
"Is it true?" asked Pinocchio
"ایا این درست است؟ "پینوکیو پرسید
"Can it be the same Dog-Fish?"
ایا می تواند همان سگ ماهی باشد؟

"The Dog-Fish that was there when my papa drowned"
ماهی سگی که وقتی پدرم غرق شد اونجا بود
"We are going to the shore to see him"
"ما به ساحل می رویم تا او را ببینیم"
"Will you come with us?"
با ما میای؟«
"No; I am going to school"
نه، من به مدرسه می روم"
"of what great importance is school?"
مدرسه چه اهمیتی دارد؟«
"We can go to school tomorrow"
"میتونیم فردا بریم مدرسه"
"one lesson more or less doesn't matter"
"یک درس کم و بیش مهم نیست"
"we shall always remain the same donkeys"
"ما همیشه همون خرها باقی میمونیم"
"But what will the master say?"
اما استاد چه خواهد گفت؟«
"The master may say what he likes"
"استاد می تواند انچه را که دوست دارد بگوید"
"He is paid to grumble all day"
"به اون پول میدن که تمام روز غرغر کنه"
"And what will my mamma say?"
مادرم چه خواهد گفت؟«
"Mammas know nothing," answered the bad little boys
"مامان ها هیچ چیز نمی دانند، "پسران کوچک بد پاسخ دادند
"Do you know what I will do?" said Pinocchio
"ایا می دانید چه کاری انجام خواهم داد؟ "پینوکیو گفت.
"I have reasons for wishing to see the Dog-Fish"
"من دلایلی برای دیدن سگ ماهی دارم"
"but I will go and see him when school is over"
"اما وقتی مدرسه تموم شد میرم و میبینمش"
"Poor donkey!" exclaimed one of the boys
"خر بیچاره "!یکی از پسران فریاد زد
"Do you suppose a fish of that size will wait your convenience?"
ایا فکر می کنید ماهی به این اندازه منتظر راحتی شما خواهد بود؟

"when he is tired of being here he will go another place"

وقتی از بودن در اینجا خسته شود، به جای دیگری خواهد رفت».

"and then it will be too late"

"و بعدش دیگه خیلی دیر میشه"

the Puppet had to think about this

عروسک باید به این موضوع فکر میکرد

"How long does it take to get to the shore?"

چقدر طول میکشد تا به ساحل برسیم؟»

"We can be there and back in an hour"

"ما می توانیم در یک ساعت انجا باشیم و برگردیم"

"Then off we go!" shouted Pinocchio

"سپس خاموش ما می رویم "پینوکیو فریاد زد

"and he who runs fastest is the best!"

کسی که سریعتر بدود، بهترین است».

and the boys rushed off across the fields

و پسرها با عجله از میان کشتزارها گذشتند

and Pinocchio was always the first

و پینوکیو همیشه اولین نفر بود

he seemed to have wings on his feet

به نظر میرسید که بالهایی روی پاهایش دارد

From time to time he turned to jeer at his companions

گاه به گاه به رفقایش تمسخر میکرد

they were some distance behind

انها کمی عقب تر بودند

he saw them panting for breath

انها را دید که نفسنفس می زنند

and they were covered with dust

و انان را غباری پوشانیده است.

and their tongues were hanging out of their mouths

و زبانشان از دهانشان اویزان بود

and Pinocchio laughed heartily at the sight

پینوکیو از دیدن این منظره از ته دل خندید.

The unfortunate boy did not know what was to come

پسر بدبخت نمیدانست چه خواهد امد

the terrors and horrible disasters that were coming!

وحشت و فجایع وحشتناکی که در راه بود!

Pinocchio is Arrested by the Gendarmes
پینوکیو توسط ژاندارمها دستگیر شد

Pinocchio arrived at the shore

پینوکیو به ساحل رسید

and he looked out to sea

و به دریا نگاه کرد

but he saw no Dog-Fish

اما او هیچ سگ ماهی را ندید

The sea was as smooth as a great crystal mirror

دریا مثل یک اینه بلوری بزرگ صاف بود

"Where is the Dog-Fish?" he asked

"سگ ماهی کجاست؟ "او پرسید.

and he turned to his companions

و رو به رفقایش کرد

all the boys laughed together

همه بچهها با هم میخندیدند

"He must have gone to have his breakfast"

حتما رفته بود صبحانه اش را بخورد».

"Or he has thrown himself on to his bed"

"یا خودش رو روی تختش انداخته"

"yes, he's having a little nap"

"بله، او کمی چرت می زد"

and they laughed even louder

و حتی بلندتر خندیدند

their answers seemed particularly absurd

پاسخهای انها به نظر بسیار مضحک میامد

and their laughter was very silly

و خندهشان خیلی احمقانه بود

Pinocchio looked around at his friends

پینوکیو به اطراف نگاه کرد و به دوستانش نگاه کرد.

his companions seemed to be making a fool of him

به نظر میرسید که همراهانش او را مسخره میکنند

they had induced him to believe a tale

او را وادار کرده بودند که داستانی را باور کند

but there was no truth to the tale

اما این داستان حقیقت نداشت

Pinocchio did not take the joke well

پینوکیو شوخی را خوب قبول نکرد

and he spoke angrily with the boys

و با عصبانیت با بچهها صحبت میکرد

"And now??" he shouted

"و حالا؟" او فریاد زد

"you told me a story of the Dog-Fish"

"تو داستان سگ ماهی رو برام تعریف کردی"

"but what fun did you find in deceiving me?"

"اما چه لذتی در فریب دادن من پیدا کردی؟"

"Oh, it was great fun!" answered the little rascals

"اوه، ان را سرگرم کننده بزرگ بود" اپاسخ رذل کوچک

"And in what did this fun consist of?"

"و این سرگرمی شامل چه چیزی بود؟"

"we made you miss a day of school"

"ما باعث شدیم یه روز مدرسه رو از دست بدی"

"and we persuaded you to come with us"

"و ما شما را متقاعد کردیم که با ما بیایید"

"Are you not ashamed of your conduct?"

«ایا از رفتارتان خجالت نمیکشید؟»

"you are always so punctual to school"

"تو همیشه وقت شناس مدرسه ای"

"and you are always so diligent in class"

"و تو همیشه در کلاس خیلی کوشا هستی"

"Are you not ashamed of studying so hard?"

«خجالت نمیکشی که اینقدر سخت درس میخی؟»

"so what if I study hard?"

«اگر سخت درس بخوانم چه؟»

"what concern is it of yours?"

"چه نگرانی برای شماست؟"

"It concerns us excessively"

"این ما را بیش از حد نگران می کند"

"because it makes us appear in a bad light"

"چون باعث میشه ما در نور بدی ظاهر بشیم"

"Why does it make you appear in a bad light?"

"چرا باعث می شود شما در یک نور بد ظاهر شوید؟"

"there are those of us who have no wish to study"

"کسانی از ما هستند که تمایلی به مطالعه ندارند"

"we have no desire to learn anything"

"ما هیچ تمایلی به یادگیری چیزی نداریم"

"good boys make us seem worse by comparison"

"پسران خوب ما را در مقایسه بدتر می کنند"

"And that is too bad for you"

"و این برای تو خیلی بده"

"We, too, have our pride!"

"ما هم غرورمان را داریم»!

"Then what must I do to please you?"

پس چه باید بکنم تا تو را راضی کنم؟»

"You must follow our example"

"شما باید از مثال ما پیروی کنید"

"you must hate school like us"

"تو هم مثل ما باید از مدرسه متنفر باشی"

"you must rebel in the lessons"

"شما باید در درس ها شورش کنید"

"and you must disobey the master"

"و تو باید از ارباب نافرمانی کنی"

"those are our three greatest enemies"

اینها سه دشمن بزرگ ما هستند»

"And if I wish to continue my studies?"

و اگر بخواهم تحصیلاتم را ادامه دهم؟»

"In that case we will have nothing more to do with you"

"در این صورت ما دیگر کاری با شما نخواهیم داشت"

"and at the first opportunity we will make you pay for it"

و در اولین فرصت مجبورت میکنیم تاوانش رو بدی

"Really," said the puppet, shaking his head

"واقعا," "عروسک خیمه شب بازی گفت، تکان دادن سر خود را

"you make me inclined to laugh"

"تو باعث شدی من بخندم"

"Eh, Pinocchio," shouted the biggest of the boys

"اه، پینوکیو، "بزرگترین پسران فریاد زد

and he confronted Pinocchio directly

و مستقیما با پینوکیو روبرو شد

"None of your superiority works here"

"هیچ کدوم از برتری های تو اینجا جواب نمی ده"

"don't come here to crow over us"

"به اینجا نیا تا بر سر ما فریاد بزنیم"

"if you are not afraid of us, we are not afraid of you"

اگر از ما نمی‌ترسید، ما هم از شما نمی‌ترسیم».

"Remember that you are one against seven"

"به یاد داشته باشید که شما یک در مقابل هفت هستید"

"Seven, like the seven deadly sins," said Pinocchio

"هفت، مانند هفت گناه مرگبار، "پینوکیو گفت.

and he shouted with laughter

و با خنده فریاد زد:

"Listen to him! He has insulted us all!"

به او گوش کنید! او به همه ما توهین کرده است»!

"He called us the seven deadly sins!"

او ما را هفت گناه کبیره نامید.

"Take that to begin with," said one of the boys

"نگاهی که برای شروع با، "گفت یکی از پسران

"and keep it for your supper tonight"

و امشب برای شامت نگهش دار

And, so saying, he punched him on the head

و با این جمله مشتی به سرش زد

But it was a give and take

اما این یک هدیه و گرفتن بود

because the puppet immediately returned the blow

چون دست نشانده بلافاصله ضربه را جواب داد

this was no big surprise

این غافلگیری بزرگی نبود

and the fight quickly got desperate

و مبارزه به سرعت ناامید کننده شد

it is true that Pinocchio was alone

درست است که پینوکیو تنها بود

but he defended himself like a hero

ولی مثل یک قهرمان از خود دفاع کرد

He used his feet, which were of the hardest wood

او از پاهایش که از سخت‌ترین چوبها بودند استفاده کرد.

and he kept his enemies at a respectful distance

و دشمنانش را با احترام از هم دور نگاه می‌داشت

Wherever his feet touched they left a bruise

هر جا که پاهایش را لمس می‌کرد، کبودش به جا می‌ماند.

The boys became furious with him

بچه‌ها از دست او خشمگین شدند

hand to hand they couldn't match the puppet

دست به دست هم نمیتوانستند با عروسک مسابقه دهند

so they took other weapons into their hands

بنابراین انها سلاح های دیگر را در دست خود گرفتند

the boys loosened their satchels

بچهها کیفشان را باز کردند

and they threw their school-books at him

و کتابهای درسیشان را به سمت او پرتاب کردند

grammars, dictionaries, and spelling-books

گرامر، فرهنگ لغت و کتاب های املایی

geography books and other scholastic works

کتاب جغرافیا و دیگر اثار اسکولاستیک

But Pinocchio was quick to react

اما پینوکیو به سرعت واکنش نشان داد

and he had sharp eyes for these things

و چشمش به این چیزها تیز بود

he always managed to duck in time

همیشه به موقع جاخالی میداد

so the books passed over his head

کتابها از بالای سرش گذشتند

and instead the books fell into the sea

و در عوض کتابها به دریا افتاد

Imagine the astonishment of the fish!

شگفتی ماهی را تصور کنید!

they thought the books were something to eat

فکر میکردند کتابها چیزی برای خوردن هستند
and they all arrived in large shoals of fish
و همه در انبوهی از ماهیها وارد شدند
but they tasted a couple of the pages
اما انها دو صفحه را مزه کردند
and they quickly spat the paper out again
و به سرعت کاغذ را تف کردند
and the fish made wry faces
و ماهیها چهرههای کج و معوجی به خود گرفته بودند.
"this isn't food for us at all"
"این اصلا غذا برای ما نیست"
"we are accustomed to something much better!"
ما به چیزی خیلی بهتر عادت کرده ایم«!
The battle meantime had become fiercer than ever
در این میان نبرد شدیدتر از همیشه شده بود
a big crab had come out of the water
خرچنگ بزرگی از اب بیرون امده بود
and he had climbed slowly up on the shore
و اهسته از ساحل بالا رفته بود
he called out in a hoarse voice
با صدایی خشن فریاد زد:
it sounded like a trumpet with a bad cold
مثل ترومپتی بود که سرما خورده باشد.
"enough of your fighting, you young ruffians"
"به اندازه کافی از مبارزه خود را، دزدان جوان"
"because you are nothing other than ruffians!"
"چون شما چیزی جز دزدان نیستید"!
"These fights between boys seldom finish well"
"این دعواها بین پسرا به ندرت خوب تموم می شوند"
"Some disaster is sure to happen!"
مطمئنا فاجعهای رخ خواهد داد«!
but the poor crab should have saved himself the trouble
اما خرچنگ بیچاره باید خودش را از دردسر نجات میداد
He might as well have preached to the wind
ممکن بود به باد موعظه کند.
Even that young rascal, Pinocchio, turned around
حتی ان جوان فطرت، پینوکیو، برگشت
he looked at him mockingly and said rudely:

با تمسخر به او نگاه کرد و با بی ادبی گفت:
"Hold your tongue, you tiresome crab!"

"زبونت رو نگه دار، خرچنگ خسته کننده"!

"You had better suck some liquorice lozenges"

"بهتره یکم قرص شیرین بیان بمکی"

"cure that cold in your throat"

"اون سرما توی گلوت رو درمان کن"

Just then the boys had no more books

در ان موقع بچهها دیگر کتابی نداشتند

at least, they had no books of their own

حداقل، انها هیچ کتابی از خود نداشتند

they spied at a little distance Pinocchio's bag

از فاصله کمی کیف پینوکیو را میپیمودند

and they took possession of his things

و وسایل او را تصرف کردند

Amongst his books there was one bound in card

در میان کتابهایش یک ورق بسته شده بود

It was a Treatise on Arithmetic

این یک رساله در مورد حساب بود

One of the boys seized this volume

یکی از بچهها این کتاب را گرفت

and he aimed the book at Pinocchio's head

و کتاب را به سمت سر پینوکیو گرفت

he threw it at him with all his strength

با تمام قوا ان را به سوی او پرتاب کرد

but the book did not hit the puppet

اما کتاب به عروسک دست نشانده اصابت نکرد

instead the book hit a companion on the head

در عوض کتاب به سر یکی از همراهان برخورد کرد

the boy turned as white as a sheet

پسرک مثل ملافه سفید شد

"Oh, mother! help, I am dying!"

اوه، مادر !کمک کنید، دارم میمیرم»!

and he fell his whole length on the sand

و تمام قدش را روی شنها انداخت

the boys must have thought he was dead

بچه ها حتما فکر می کردند که او مرده است

and they ran off as fast as their legs could run

و با همان سرعتی که پاهایشان میدویدند فرار کردند.

in a few minutes they were out of sight
در عرض چند دقیقه از نظر ناپدید شدند
But Pinocchio remained with the boy
اما پینوکیو پیش پسرک ماند
although he would have rather ran off too
گرچه ترجیح میداد که او هم فرار کند
because his fear was also great
چون ترسش هم زیاد بود
nevertheless, he ran over to the sea
با این حال، او به سمت دریا دوید
and he soaked his handkerchief in the water
دستمالش را در اب فرو کرد
he ran back to his poor school-fellow
او به مدرسه فقیر خود بازگشت
and he began to bathe his forehead
و شروع به شست و شو پیشانی کرد
he cried bitterly in despair
نومیدانه فریاد زد:
and he kept calling him by name
و او را به نام صدا میزد
and he said many things to him:
و خیلی چیزها به او گفت:
"Eugene! my poor Eugene!"
«یوجین! یوجین بیچاره من!»
"Open your eyes and look at me!"
«چشمانت را باز کن و به من نگاه کن!»
"Why do you not answer?"
«چرا جواب نمیدهی؟»
"I did not do it to you"
"من این کار رو با تو نکردم"
"it was not I that hurt you so!"
«این من نبودم که اینقدر به تو صدمه زدم!»
"believe me, it was not me!"
«باور کن، من نبودم!»
"Open your eyes, Eugene"
"چشماتو باز کن یوجین"
"If you keep your eyes shut I shall die, too"
«اگر چشمانت را ببندی من هم میمیرم».

"Oh! what shall I do?"

«اوه !چه کار کنم؟»

"how shall I ever return home?"

«چگونه به خانه برگردم؟»

"How can I ever have the courage to go back to my good mamma?"

"چگونه می توانم شجاعت بازگشت به مادر خوبم را داشته باشم؟"

"What will become of me?"

«چه بر سرم خواهد شد؟»

"Where can I fly to?"

«به کجا میتوانم پرواز کنم؟»

"had I only gone to school!"

«اگر فقط به مدرسه میرفتم»!

"Why did I listen to my companions?"

«چرا به همراهانم گوش دادم؟»

"they have been my ruin"

"اونا نابودم کردن"

"The master said it to me"

"استاد اینو به من گفت"

"and my mamma repeated it often"

و مادرم بارها تکرارش کرد

'Beware of bad companions!'

از همراهان بد بپرهیزید!

"Oh, dear! what will become of me?"

«اوه، عزیزم !چه بر سرم خواهد افتاد؟»

And Pinocchio began to cry and sob

پینوکیو شروع به گریه و گریه کرد

and he struck his head with his fists

و مشتهایش را به سرش زد

Suddenly he heard the sound of footsteps

ناگهان صدای قدمها را شنید

He turned and saw two soldiers

برگشت و دو سرباز را دید.

"What are you doing there?"

"اونجا چیکار میکنی؟"

"why are you lying on the ground?"

«چرا روی زمین دراز کشیده اید؟»

"I am helping my school-fellow"

"من به همکار مدرسه ام کمک می کنم"

"Has he been hurt?"

"ایا او اسیب دیده است؟"

"It seems he has been hurt"

"به نظر می رسد او صدمه دیده است"

"Hurt indeed!" said one of them

یکی از انها گفت :اری!

and he stooped down to examine Eugene closely

و خم شد تا اوژن را از نزدیک معاینه کند

"This boy has been wounded on the head"

"سر این پسر زخمی شده"

"Who wounded him?" they asked Pinocchio

"چه کسی او را زخمی کرد؟ "انها از پینوکیو پرسیدند

"Not I," stammered the puppet breathlessly

"من نه، "عروسک خیمه شب بازی نفس نفس زد

"If it was not you, who then did it?"

"اگر شما نبودید، چه کسی این کار را کرد؟"

"Not I," repeated Pinocchio

"من نه، "پینوکیو تکرار کرد

"And with what was he wounded?"

"با چه چیزی زخمی شد؟"

"he was hurt with this book"

"اون با این کتاب صدمه دیده"

And the puppet picked up from the ground his book

و عروسک خیمه شب بازی برداشت از زمین کتاب خود را

the Treatise on Arithmetic

رساله در حساب

and he showed the book to the soldier

و کتاب را به سرباز نشان داد

"And to whom does this belong?"

"و این متعلق به چه کسی است؟"

"It belongs to me," answered Pinocchio, honestly

"این متعلق به من است، "پینوکیو پاسخ داد، صادقانه

"That is enough, nothing more is wanted"

"کافی است، هیچ چیز بیشتر نمی خواهد"

"Get up and come with us at once"

"بلند شو و با ما بیا"

"But I..." Pinocchio tried to object

"اما من... "پینوکیو سعی کرد اعتراض کند

"Come along with us!" they insisted

"بیا با ما!"انها اصرار داشتند

"But I am innocent" he pleaded

"اما من بی گناه هستم "او التماس کرد

but they didn't listen. "Come along with us!"

اما انها گوش ندادند .با ما بیا»!

Before they left, the soldiers called a passing fishermen

قبل از اینکه انها را ترک کنند، سربازان یک ماهیگیر را که در حال عبور بود، فراخواندند.

"We give you this wounded boy"

"ما این پسر زخمی را به شما می دهیم"

"we leave him in your care"

"ما اونو به تو می ذاریم"

"Carry him to your house and nurse him"

او را به خانهات ببر و از او پرستاری کن».

"Tomorrow we will come and see him"

فردا خواهیم امد و او را خواهیم دید».

They then turned to Pinocchio

سپس به پینوکیو روی اوردند.

"Forward! and walk quickly"

"به جلو !راه رفتن سریع»

"or it will be the worse for you"

"وگرنه برات بدتر میشه"

Pinocchio did not need to be told twice

پینوکیو نیازی به دو بار گفتن نداشت

the puppet set out along the road leading to the village

عروسک در امتداد جادهای که به دهکده منتهی میشد، راه خود را پیش گرفت

But the poor little Devil hardly knew where he was

اما شیطان کوچک بینوا به سختی میدانست که کجاست

He thought he must be dreaming

با خود گفت حتما خواب میبیند.

and what a dreadful dream it was!

و چه رؤیای وحشتناکی بود!

He saw double and his legs shook

دو برابر شد و پاهایش لرزید.

his tongue clung to the roof of his mouth

زبانش به سقف دهانش چسبیده بود

and he could not utter a word

و نمیتوانست کلمهای بر زبان اورد

And yet, in the midst of his stupefaction and apathy

و با این حال، در میان حیرت و بی تفاوتی او

his heart was pierced by a cruel thorn

قلب او با یک خار بیرحمانه سوراخ شده بود

he knew where he had to walk past

میدانست که باید از کجا بگذرد

under the windows of the good Fairy's house

زیر پنجرههای خانهی پریهای خوب

and she was going see him with the soldiers

و او با سربازان به دیدن او میرفت

He would rather have died

ترجیح میداد بمیرد

soon they reached the village

به زودی به دهکده رسیدند

a gust of wind blew Pinocchio's cap off his head

باد شدیدی کلاه پینوکیو را از سرش برداشت

"Will you permit me?" said the puppet to the soldiers

عروسک خیمه شب بازی به سربازان گفت: "اجازه می دهید؟"

"can I go and get my cap?"

«میتونم برم کلاهم رو بگیرم؟»

"Go, then; but be quick about it"

"پس برو، اما در این مورد سریع باشید"

The puppet went and picked up his cap

عروسک رفت و کلاهش را برداشت

but he didn't put the cap on his head

اما کلاه را روی سرش نگذاشت

he put the cap between his teeth

کلاه را میان دندانهایش گذاشت

and began to run as fast as he could

و با تمام سرعتی که میتوانست بدود

he was running back towards the seashore!

داشت به سمت ساحل دریا میدوید!

The soldiers thought it would be difficult to overtake him

سربازان فکر میکردند که رسیدن به او دشوار خواهد بود

so they sent after him a large mastiff
به همین ترتیب یک ماستیف بزرگ را به دنبال او فرستادند

he had won the first prizes at all the dog races
او در تمام مسابقات سگی جایزه اول را برده بود

Pinocchio ran, but the dog ran faster
پینوکیو دوید، اما سگ سریعتر دوید

The people came to their windows
مردم به طرف پنجره هایشان امدند

and they crowded into the street
و در خیابان ازدحام کردند

they wanted to see the end of the desperate race
میخواستند پایان مسابقه نومید کننده را ببینند

Pinocchio Runs the Danger of being Fried in a Pan like a Fish
پینوکیو خطر سرخ شدن در ماهیتابه مانند ماهی را دارد

the race was not going well for the puppet
مسابقه برای عروسک خیمه شب بازی چندان خوب پیش نمی رفت

and Pinocchio thought he had lost
و پینوکیو فکر کرد که شکست خورده است

Alidoro, the mastiff, had run swiftly
الی دورو، ماستیف، به سرعت فرار کرده بود

and he had nearly caught up with him
و نزدیک بود به او برسد

the dreadful beast was very close behind him
حیوان وحشتناک خیلی نزدیک به او بود.

he could hear the panting of the dog
صدای نفس نفس زدن سگ را میشنید

there was not a hand's breadth between them
هیچ دستی بین انها نبود،

he could even feel the dog's hot breath
حتی میتوانست نفس گرم سگ را حس کند

Fortunately the shore was close
خوشبختانه ساحل نزدیک بود

and the sea was but a few steps off
و دریا فقط چند قدم دورتر بود

soon they reached the sands of the beach

به زودی به شنهای ساحل رسیدند

they got there almost at the same time

انها تقریبا در همان زمان به انجا رسیدند

but the puppet made a wonderful leap

اما عروسک خیمه شب بازی جهش شگفت انگیزی کرد

a frog could have done no better

یک قورباغه نمیتوانست بهتر از این عمل کند

and he plunged into the water

و در اب فرو رفت

Alidoro, on the contrary, wished to stop himself

علیدورو، برعکس، میخواست خودش را متوقف کند

but he was carried away by the impetus of the race

اما انگیزه ی مسابقه او را به خود گرفته بود

he also went into the sea

او هم به دریا رفت

The unfortunate dog could not swim

سگ بیچاره نمیتوانست شنا کند.

but he made great efforts to keep himself afloat

اما او تلاش زیادی کرد تا خود را شناور نگه دارد

and he swam as well as he could with his paws

و تا انجا که میتوانست با پنجههایش شنا میکرد

but the more he struggled the farther he sank

اما هرچه بیشتر تقلا میکرد، بیشتر فرو میریخت

and soon his head was under the water

و به زودی سرش به زیر اب افتاد

his head rose above the water for a moment

سرش لحظهای از اب بالا رفت

and his eyes were rolling with terror

و چشمانش از وحشت میچرخند

and the poor dog barked out:

و سگ بیچاره فریاد زد:

"I am drowning! I am drowning!"

«دارم غرق میشوم! دارم غرق میشوم»!

"Drown!" shouted Pinocchio from a distance

"غرق "!پینوکیو از راه دور فریاد زد

he knew that he was in no more danger

میدانست که دیگر در خطر نیست

"Help me, dear Pinocchio!"

«کمکم کن پینوکیو عزیز»!

"Save me from death!"

مرا از مرگ نجات بده«!

in reality Pinocchio had an excellent heart

در واقع پینوکیو قلب بسیار خوبی داشت

he heard the agonizing cry from the dog

فریاد دردناک سگ را شنید

and the puppet was moved with compassion

و عروسک از روی دلسوزی تکان خورد

he turned to the dog, and said:

رو به سگ کرد و گفت:

"I will save you," said Pinocchio

"من شما را نجات دهد، "پینوکیو گفت.

"but do you promise to give me no further annoyance?"

اما قول میدهید که دیگر مرا ازار ندهید؟«

"I promise! I promise!" barked the dog

قول میدم !من قول می دهم "!سگ پارس کرد

"Be quick, for pity's sake"

"سریع باش، به خاطر ترحم"

"if you delay another half-minute I shall be dead"

"اگه نیم دقیقه دیگه تاخیر کنی من میمیرم"

Pinocchio hesitated for a moment

پینوکیو لحظهای درنگ کرد

but then he remembered what his father had often told him

اما بعد به یاد اورد که پدرش بارها به او گفته بود

"a good action is never lost"

"یک عمل خوب هرگز از دست نمی رود"

he quickly swam over to Alidoro

به سرعت شنا کرد و به الی ندورو رفت.

and took hold of his tail with both hands

و دم خود را با هر دو دست گرفت

soon they were on dry land again

به زودی دوباره به خشکی رسیدند

and Alidoro was safe and sound

و الی ندورو سالم و سالم بود

The poor dog could not stand

سگ بیچاره نمیتوانست بایستد

He had drunk a lot of salt water

او مقدار زیادی اب نمک نوشیده بود

and now he was like a balloon

و حالا مثل یک بادکنک شده بود

The puppet, however, didn't entirely trust him

با این حال، عروسک خیمه شب بازی کاملا به او اعتماد نداشت.

he thought it more prudent to jump again into the water

فکر میکرد محتاطانهتر است که دوباره به اب بپرد

he swam a little distance into the water

کمی در اب شنا کرد

and he called out to his friend he had rescued

و به دوستش که نجات داده بود فریاد زد:

"Good-bye, Alidoro; a good journey to you"

خداحافظ علیدورو سفر خوبی به تو«

"and take my compliments to all at home"

"و سلام منو به همه تو خونه بر می ش"

"Good-bye, Pinocchio," answered the dog

"خداحافظ پینوکیو، "سگ پاسخ داد

"a thousand thanks for having saved my life"

"هزار تشکر برای نجات زندگی من"

"You have done me a great service"

"تو به من خدمت بزرگی کردی"

"and in this world what is given is returned"

و در این دنیا انچه داده شده است بازگردانده می شود

"If an occasion offers I shall not forget it"

اگر فرصتی پیش امد، ان را فراموش نخواهم کرد«.

Pinocchio swam along the shore

پینوکیو در امتداد ساحل شنا میکرد

At last he thought he had reached a safe place

سرانجام فکر کرد که به جای امنی رسیده است

so he gave a look along the shore

به این ترتیب نگاهی به ساحل انداخت

he saw amongst the rocks a kind of cave

در میان صخرهها غاری دید

from the cave there was a cloud of smoke

از غار ابری از دود به وجود امد

"In that cave there must be a fire"

"توی اون غار باید اتیش باشه"

"So much the better," thought Pinocchio

"خیلی بهتر است، "پینوکیو فکر کرد

"I will go and dry and warm myself"

"من میرم و خودم رو خشک و گرم میکنم"

"and then?" Pinocchio wondered

"و بعدش؟ "پینوکیو تعجب کرد

"and then we shall see," he concluded

"و پس از ان ما باید ببینیم، "او نتیجه گرفت

Having taken the resolution he swam landwards

پس از انکه تصمیم خود را گرفت به سوی خشکی شنا کرد

he was was about to climb up the rocks

میخواست از صخرهها بالا رود

but he felt something under the water

اما چیزی را در زیر اب احساس کرد

whatever it was rose higher and higher

هر چه بود بالاتر و بالاتر میرفت

and it carried him into the air

و او را به هوا برد

He tried to escape from it

سعی کرد از ان بگریزد

but it was too late to get away

اما برای فرار خیلی دیر شده بود

he was extremely surprised when he saw what it was

با دیدن این که چه بود سخت متعجب شد.

he found himself enclosed in a great net

خود را در یک تور بزرگ محصور یافت

he was with a swarm of fish of every size and shape

او با انبوهی از ماهیها از هر اندازه و شکل بود

they were flapping and struggling around

دست و پا میزدند و تقلا میکردند.

like a swarm of despairing souls

مثل انبوهی از ارواح نومید،

At the same moment a fisherman came out of the cave

در همان لحظه یک ماهیگیر از غار بیرون امد

the fisherman was horribly ugly

ماهیگیر به طرز وحشتناکی زشت بود

and he looked like a sea monster

و مثل یک هیولای دریایی به نظر میرسید

his head was not covered in hair

سرش را مو نپوشاند

instead he had a thick bush of green grass

در عوض بوتههای انبوهی از علفهای سبز رنگ داشت
his skin was green and his eyes were green
پوستش سبز و چشمانش سبز بود
and his long beard came down to the ground
و ریش بلندش به زمین افتاد
and of course his beard was also green
و البته ریشش هم سبز بود
He had the appearance of an immense lizard
او به شکل یک مارمولک بزرگ در امده بود
a lizard standing on its hind-paws
یک مارمولک ایستاده بر روی پنجه های عقبی خود

the fisherman pulled his net out of the sea
ماهیگیر تورش را از دریا بیرون کشید
"Thank Heaven!" he exclaimed greatly satisfied
"خدا را شکر "!او بسیار راضی بود
"Again today I shall have a splendid feast of fish!"
امروز دوباره جشن باشکوهی از ماهی خواهم داشت«.
Pinocchio thought to himself for a moment
پینوکیو لحظهای با خود اندیشید
"What a mercy that I am not a fish!"
چه لطفی که من ماهی نیستم!
and he regained a little courage
و کمی شهامت یافت
The netful of fish was carried into the cave
تور ماهی را به غار بردند
and the cave was dark and smoky

و غار تاریک و دود گرفته بود

In the middle of the cave was a large frying-pan

در وسط غار یک ماهیتابه بزرگ بود

and the frying-pan was full of oil

و ماهیتابه پر از روغن بود

there was a suffocating smell of mushrooms

بوی قارچ به مشمغ رسید.

but the fisherman was very excited

اما ماهیگیر خیلی هیجان زده بود

"Now we will see what fish we have taken!"

حالا خواهیم دید که چه ماهی گرفته ایم!

and he put into the net an enormous hand

و دست بزرگی در تور گذاشت

his hand had the proportions of a baker's shovel

دستش به اندازه بیل نانوایی بود

and he pulled out a handful of fish

و یک مشت ماهی دراورد

"These fish are good!" he said

"این ماهیَ ها خوب هستند"!او گفت.

and he smelled the fish complacently

و با خشنودی بوی ماهی را حس کرد

And then he threw the fish into a pan without water

و سپس ماهی را در یک ماهیتابه بدون اب انداخت

He repeated the same operation many times

او همان عمل را چندین بار تکرار کرد.

and as he drew out the fish his mouth watered

و وقتی ماهی را بیرون اورد دهانش اب شد

and the Fisherman chuckled to himself

ماهیگیر با خنده به خود گفت:

"What exquisite sardines I've caught!"

"چه ساردین های نفیسی گرفتم"!

"These mackerel are going to be delicious!"

"این ماهی خال مخالی خوشمزه خواهد بود"!

"And these crabs will be excellent!"

"و این خرچنگ ها عالی خواهند بود"!

"What dear little anchovies they are!"

"چه ماهی کولی کوچولوی عزیزی هستند"!

The last to remain in the fisher's net was Pinocchio

اخرین کسی که در تور ماهیگیری باقی ماند پینوکیو بود

his big green eyes opened with astonishment

چشمان سبز بزرگش از تعجب باز شد

"What species of fish is this??"

»این چه نوع ماهی است؟«

"Fish of this kind I don't remember to have eaten"

"ماهی از این نوع من به یاد نمی اورم که خورده باشم"

And he looked at him again attentively

و بار دیگر با دقت به او نگریست

and he examined him well all over

و او را به خوبی معاینه کرد

"I know: he must be a craw-fish"

"من می دانم :او باید یک خرچنگ ماهی باشد"

Pinocchio was mortified at being mistaken for a craw-fish

پینوکیو از اینکه با خرچنگ اشتباه گرفته شد، ناراحت شد

"Do you take me for a craw-fish?"

"ایا شما مرا به عنوان یک خرچنگ ماهی می گیرید؟"

"that's no way to treat your guests!"

"این راهی نیست که مهمون هات رو درمان کنی"

"Let me tell you that I am a puppet"

"بگذارید به شما بگویم که من یک عروسک هستم"

"A puppet?" replied the fisherman

"عروسک خیمه شب بازی؟ "ماهیگیر پاسخ داد

"then I must tell you the truth"

"پس باید حقیقت رو بهت بگم"

"a puppet is quite a new fish to me"

عروسک برای من یک ماهی کاملا جدید است.

"but that is even better!"

"اما این حتی بهتر است"!

"I shall eat you with greater pleasure"

"من تو را با لذت بیشتری خواهم خورد"

"you can eat me all you want"

"تو میتونی هر چی میخوای منو بخوری"

"but will you understand that I am not a fish?"

اما ایا می دانید که من ماهی نیستم؟

"Do you not hear that I talk?"

»نمیشنوی که حرف بزنم؟«

"can you not see that I reason as you do?"

"ایا نمی توانید ببینید که من استدلال می کنم همانطور که شما انجام می دهید؟"

"That is quite true," said the fisherman

"این کاملا درست است، "ماهیگیر گفت.

"you are indeed a fish with the talent of talking"

"تو واقعا ماهی هستی با استعداد حرف زدن"

"and you are a fish that can reason as I do"

"و تو هم مثل من میتونی استدلال کنی"

"I must treat you with appropriate attention"

"من باید با توجه مناسب با شما رفتار کنم"

"And what would this attention be?"

این توجه چه خواهد بود؟«

"let me give you a token of my friendship"

"بذار یه یادگاری از دوستیم بهت بدم"

"and let me show my particular regard"

"و بذار توجه خاصم رو نشون بدم"

"I will let you choose how you would like to be cooked"

"من به شما اجازه می دهم انتخاب کنید که چگونه می خواهید پخته شود"

"Would you like to be fried in the frying-pan?

دوست دارید در ماهیتابه سرخ شود؟

"or would you prefer to be stewed with tomato sauce?"

"یا ترجیح می دهید با سس گوجه فرنگی پخته شوید؟"

"let me tell you the truth," answered Pinocchio

"اجازه دهید حقیقت را به شما بگویم، "پینوکیو پاسخ داد

"if I had to choose, I would like to be set free"

اگر مجبور بودم انتخاب کنم، دوست داشتم ازاد شوم«.

"You are joking!" laughed the fisherman

"شما شوخی می کنید "!ماهیگیر خندید

"why would I lose the opportunity to taste such a rare fish?"

چرا باید فرصت چشیدن چنین ماهی نادری را از دست بدهم؟«

"I can assure you puppet fish are rare here"

"من می توانم به شما اطمینان دهم که ماهی های عروسکی در اینجا نادر هستند"

"one does not catch a puppet fish every day"

"هر روز یک عروسک ماهی نمی گیرد"

"Let me make the choice for you"

"بذار من برات انتخاب کنم"

"you will be with the other fish"

"تو با اون یکی ماهی خواهی بود"

"I will fry you in the frying-pan"

"توی ماهیتابه سرخت میکنم"

"and you will be quite satisfied"

"و تو کاملا راضی خواهی شد"

"It is always consolation to be fried in company"

"این همیشه تسلی بخش است که در شرکت سرخ شود"

At this speech the unhappy Pinocchio began to cry

در این سخنرانی پینوکیو بدبخت شروع به گریه کرد

he screamed and implored for mercy

فریاد کشید و التماس کرد که به او رحم شود.

"How much better it would have been if I had gone to school!"

"چقدر بهتر بود اگر من به مدرسه می رفتم"!

"I shouldn't have listened to my companions"

"من نباید به همکارانم گوش میدادم"

"and now I am paying for it"

"و حالا دارم پولش رو میدم"

And he wriggled like an eel

و مثل مارماهی میپیچید

and he made indescribable efforts to slip out

و کوششهای وصفناپذیری کرد تا از خانه بیرون برود

but he was tight in clutches of the green fisherman

اما او در چنگ ماهیگیر سبز رنگ بود

and all of Pinocchio's efforts were useless

و تمام تلاشهای پینوکیو بیفایده بود

the fisherman took a long strip of rush

ماهیگیر عجلهای طولانی کرد

and he bound the puppets hands and feet

و دستها و پاهای عروسکها را بست

Poor Pinocchio was tied up like a sausage

پینوکیو بیچاره مثل سوسیس بسته شده بود

and he threw him into the pan with the other fish

و او را با ماهیهای دیگر در ماهیتابه انداخت

He then fetched a wooden bowl full of flour

سپس یک کاسه چوبی پر از ارد اورد

and one by one he began to flour each fish

و یکی پس از دیگری شروع به ارد کردن ماهیها کرد

soon all the little fish were ready

به زودی همه ماهیهای کوچک اماده شدند

and he threw them into the frying-pan

و انها را در ماهیتابه انداخت

The first to dance in the boiling oil were the poor whitings

نخستین کسی که در میان روغن جوشان رقصید، سفیدهای بیچاره بودند

the crabs were next to follow the dance

خرچنگها در کنار انها بودند تا رقص را دنبال کنند

and then the sardines came too

و بعد ساردینها هم امدند

and finally the anchovies were thrown in

و بالاخره انچویها را به درون انداختند

at last it had come to Pinocchio's turn

سرانجام نوبت پینوکیو شد

he saw the horrible death waiting for him

مرگ وحشتناکی را دید که در انتظارش بود

and you can imagine how frightened he was

و شما میتوانید تصور کنید که او چقدر ترسیده بود

he trembled violently and with great effort

به شدت میلرزید و سخت میغرید

and he had neither voice nor breath left for further entreaties

و نه صدا و نه نفسی برای استدعانت باقی مانده بود.

But the poor boy implored with his eyes!

اما طفلک با چشمان خود التماس میکرد!

The green fisherman, however, didn't care the least

ماهیگیر سبز، با این حال، هیچ اهمیتی نمی داد

and he plunged him five or six times in the flour

و پنج شش بار او را در ارد فرو برد

finally he was white from head to foot

سرانجام از سر تا پا سفید شد

and he looked like a puppet made of plaster

و شبیه عروسکی بود که از گچ ساخته شده باشد.

Pinocchio Returns to the Fairy's House
بازگشت پینوکیو به خانه پریها

Pinocchio was dangling over the frying pan
پینوکیو روی ماهیتابه اویزان بود

the fisherman was just about to throw him in
ماهیگیر میخواست او را به زیر اب بیندازد

but then a large dog entered the cave
اما سگی بزرگ وارد غار شد

the dog had smelled the savoury odour of fried fish
سگ بوی خوش ماهی سرخ شده را حس کرده بود

and he had been enticed into the cave
و او را به درون غار کشیده بودند

"Get out!" shouted the fisherman
"برو بیرون "!ماهیگیر فریاد زد

he was holding the floured puppet in one hand
عروسک اردی را در یک دست گرفته بود

and he threatened the dog with the other hand
و با دست دیگر سگ را تهدید کرد

But the poor dog was as hungry as a wolf
اما سگ بیچاره مثل گرگ گرسنه بود.

and he whined and wagged his tail
و ناله میکرد و دمش را تکان میداد

if he could have talked he would have said:
اگر میتوانست حرف میزد، میگفت:

"Give me some fish and I will leave you in peace"
کمی ماهی به من بده تا تو را در ارامش رها کنم».

"Get out, I tell you!" repeated the fisherman
"برو بیرون، من به شما می گویم "!ماهیگیر تکرار کرد

and he stretched out his leg to give him a kick
و پایش را دراز کرد تا او را لگد بزند

But the dog would not stand trifling
اما سگ حاضر نبود دست به کار شود

he was too hungry to be denied the food
گرسنه تر از ان بود که از خوردن غذا محروم شود

he started growling at the fisherman
شروع کرد به غرغر کردن به ماهیگیر

and he showed his terrible teeth
و دندانهای وحشتناکش را نشان داد

At that moment a little feeble voice called out
در این لحظه صدای ضعیفی فریاد زد:
"Save me, Alidoro, please!"
"نجاتم بده الیدورو، خواهش میکنم"!
"If you do not save me I shall be fried!"
اگر مرا نجات ندهید، نابود خواهم شد».
The dog recognized Pinocchio's voice
سگ صدای پینوکیو را تشخیص داد
all he saw was the floured bundle in the fisherman's hand
تنها چیزی که دید همان بستهی اردی بود که در دست ماهیگیر بود
that must be where the voice had come from
این صدا باید از انجا امده باشد
So what do you think he did?
خب فکر میکنی چیکار کرده؟
Alidoro sprung up to the fisherman
الی ندورو به طرف ماهیگیر امد
and he seized the bundle in his mouth
و بسته را در دهان گرفت
he held the bundle gently in his teeth
بسته را به ارامی در میان دندانهایش نگه داشت
and he rushed out of the cave again
و دوباره از غار بیرون امد
and then he was gone like a flash of lightning
و بعد مثل برق رفت
The fisherman was furious
ماهیگیر خشمگین شد
the rare puppet fish had been snatched from him
ماهی عروسکی نادری از او ربوده شده بود
and he ran after the dog
و به دنبال سگ دوید
he tried to get his fish back
سعی کرد ماهیاش را پس بگیرد
but the fisherman did not run far
اما ماهیگیر چندان دور نشد
because he had been taken by a fit of coughing
زیرا سرفهای او را گرفته بود

Alidoro ran almost to the village
الیدورو تقریبا به طرف دهکده دوید

when he got to the path he stopped
وقتی به راه رسید، ایستاد

he put his friend Pinocchio gently on the ground
دوستش پینوکیو را به ارامی روی زمین گذاشت

"How much I have to thank you for!" said the puppet
"چقدر من باید از شما تشکر کنم "!گفت: عروسک خیمه شب بازی

"There is no necessity," replied the dog
"هیچ ضرورتی وجود ندارد، "سگ پاسخ داد

"You saved me and I have now returned it"
"تو منو نجات دادی و من الان اونو پس دادم"

"You know that we must all help each other in this world"
شما می دانید که همه ما باید در این جهان به یکدیگر کمک کنیم.

Pinocchio was happy to have saved Alidoro
پینوکیو خوشحال بود که علیدورو را نجات داد

"But how did you get into the cave?"
اما چطور وارد غار شدی؟»

"I was lying on the shore more dead than alive"
"من در ساحل مرده تر از زنده بودم"

"then the wind brought to me the smell of fried fish"
"بعد باد بوی ماهی سرخ شده رو برام اورد"

"The smell excited my appetite"
"بو اشتهای منو تحریک کرد"

"and I followed my nose"

"و من دماغم رو دنبال کردم"

"If I had arrived a second later..."

"اگر من یک ثانیه دیرتر امده بودم"...

"Do not mention it!" sighed Pinocchio

"به ان اشاره نکنید "!پینوکیو اهی کشید

he was still trembling with fright

هنوز از ترس میلرزید

"I would be a fried puppet by now"

"من تا الان یه عروسک خیمه شب بازی بودم"

"It makes me shudder just to think of it!"

"این باعث می شود من فقط به ان فکر می کنم"!

Alidoro laughed a little at the idea

الیدور از این فکر کمی خندید

but he extended his right paw to the puppet

اما دست راستش را به طرف عروسک دراز کرد

Pinocchio shook his paw heartily

پینوکیو پنجهاش را از ته دل تکان داد

and then they went their separate ways

و بعد راهشان را از هم جدا کردند

The dog took the road home

سگ جاده را به خانه برد

and Pinocchio went to a cottage not far off

و پینوکیو به کلبهای نه چندان دور رفت

there was a little old man warming himself in the sun

پیرمرد کوچکی بود که خود را در افتاب گرم میکرد

Pinocchio spoke to the little old man

پینوکیو با پیرمرد کوچک صحبت کرد

"Tell me, good man," he started

"به من بگو، مرد خوب، "او شروع کرد

"do you know anything of a poor boy called Eugene?"

چیزی از پسر بیچاره ای به نام یوجین میشناسی؟«

"he was wounded in the head"

"سرش زخمی شده بود"

"The boy was brought by some fishermen to this cottage"

"اون پسر توسط چند ماهیگیر به این کلبه اورده شده"

"and now I do not know what happened to him"

"و حالا نمیدونم چه بلایی سرش اومده"

"And now he is dead!" interrupted Pinocchio with great

sorrow

"و در حال حاضر او مرده است "!پینوکیو با غم و اندوه بزرگ قطع

"No, he is alive," interrupted the fisherman

"نه، او زنده است، "ماهیگیر قطع کرد

"and he has been returned to his home"

"و او به خانه اش بازگردانده شده است"

"Is it true?" cried the puppet

"ایا این درست است؟ "عروسک خیمه شب بازی فریاد زد

and Pinocchio danced with delight

و پینوکیو با شادی میرقصید

"Then the wound was not serious?"

زخم جدی نبود؟«

the little old man answered Pinocchio

پیرمرد کوچک جواب داد :پینوکیو

"It might have been very serious"

ممکن بود خیلی جدی باشد«.

"it could even have been fatal"

حتی میتونست کشنده باشه

"they threw a thick book at his head"

"اونا یه کتاب ضخیم رو به سرش پرت کردن"

"And who threw it at him?"

"و چه کسی ان را به سمت او پرتاب کرد؟"

"One of his school-fellows, by the name of Pinocchio"

"یکی از دانش اموزانش، به نام پینوکیو"

"And who is this Pinocchio?" asked the puppet

"و این پینوکیو کیست؟ "عروسک خیمه شب بازی پرسید

and he pretended his ignorance as best he could

و تا انجا که میتوانست وانمود میکرد که نمیداند

"They say that he is a bad boy"

انها میگویند که او پسر بدی است«.

"a vagabond, a regular good-for-nothing"

"یک ولگرد، یک خوب برای هیچ چیز"

"Calumnies! all calumnies!"

"تهمت !همه ی تهمت ها!

"Do you know this Pinocchio?"

این پینوکیو را میشناسی؟«

"By sight!" answered the puppet

"با دیدن "!پاسخ عروسک خیمه شب بازی
"And what is your opinion of him?" asked the little man
"و نظر شما در مورد او چیست؟ "مرد کوچک پرسید
"He seems to me to be a very good boy"
به نظر من او پسر خیلی خوبی است«.
"he is anxious to learn," added Pinocchio
"او مشتاق به یادگیری است، "پینوکیو اضافه کرد
"and he is obedient and affectionate to his father and family"
"و او مطیع و مهربان به پدر و خانواده اش است"
the puppet fired off a bunch of lies
عروسک خیمه شب بازی چند تا دروغ گفت
but then he remembered to touch his nose
اما بعد به یاد اورد که دماغش را لمس کند
his nose seemed to have grown by more than a hand
بینیاش بیش از یک دست رشد کرده بود
Very much alarmed he began to cry:
از ترس شروع به گریه کرد:
"Don't believe me, good man"
"باور نکن مرد خوب"
"what I said were all lies"
"چیزی که من گفتم همش دروغ بود"
"I know Pinocchio very well"
من پینوکیو را خیلی خوب میشناسم«.
"and I can assure you that he is a very bad boy"
و میتونم بهتون اطمینان بدم که اون پسر خیلی بدیه
"he is disobedient and idle"
"او سرکش و بیکار است"
"instead of going to school, he runs off with his companions"
"به جای رفتن به مدرسه، او با همراهانش فرار می کند"
He had hardly finished speaking when his nose became shorter
همین که حرف خود را تمام کرده بود بینیاش کوتاه شد
and finally his nose returned to the old size
و سرانجام بینیاش به اندازه سابقش برگشت
the little old man noticed the boys' colour
پیرمرد کوچک رنگ بچهها را دید
"And why are you all covered with white?"

"چرا همه شما با سفید پوشیده شده اید؟"

"I will tell you why," said Pinocchio

"من به شما بگویم چرا، "پینوکیو گفت.

"Without observing it I rubbed myself against a wall"

"بدون اینکه ببینمش خودم رو به دیوار مالیدم"

"little did I know that the wall had been freshly whitewashed"

"من نمی دانستم که دیوار تازه سفید شده است"

he was ashamed to confess the truth

از اعتراف به حقیقت خجالت میکشید

in fact he had been floured like a fish

در واقع او را مثل ماهی ارد کرده بودند

"And what have you done with your jacket?"

با ژاکتت چه کردی؟»

"where are your trousers, and your cap?"

شلوار و کلاهت کجاست؟»

"I met some robbers on my journey"

"من چند تا دزد رو تو سفرم دیدم"

"and they took all my things from me"

"و همه ی وسایلم رو ازم گرفتن"

"Good old man, I have a favour to ask"

"پیرمرد خوب، یه خواهشی دارم"

"could you perhaps give me some clothes to return home in?"

میشه یه چند تا لباس بهم بدی تا برگردم خونه؟»

"My boy, I would like to help you"

"پسرم، دوست دارم کمکت کنم"

"but I have nothing but a little sack"

اما من چیزی جز یک کیسه کوچک ندارم

"it is but a sack in which I keep beans"

"این فقط یک کیسه است که من در ان لوبیا نگه می دارم"

"but if you have need of it, take it"

"اما اگر به ان نیاز دارید، ان را بگیرید"

Pinocchio did not wait to be asked twice

پینوکیو صبر نکرد تا دو بار از او سوال شود.

He took the sack at once

بیدرنگ کیسه را برداشت

and he borrowed a pair of scissors

و یک قیچی قرض کرد

and he cut a hole at the end of the sack

و در انتهای کیسه سوراخی ایجاد کرد

at each side, he cut out small holes for his arms

در هر طرف، سوراخهای کوچکی برای بازوانش ایجاد کرد.

and he put the sack on like a shirt

و گونی را مثل پیراهن پوشید

And with his new clothing he set off for the village

و با لباسهای نو به سوی دهکده رفت

But as he went he did not feel at all comfortable

اما وقتی به راه افتاد احساس راحتی نمیکرد.

for each step forward he took another step backwards

زیرا هر قدمی که به جلو برمیداشت یک قدم به عقب برمیداشت

"How shall I ever present myself to my good little Fairy?"

"چگونه می توانم خودم را به پری کوچک خوبم معرفی کنم؟"

"What will she say when she sees me?"

«وقتی مرا ببیند چه خواهد گفت؟»

"Will she forgive me this second escapade?"

«ایا او این فرار دوم را خواهد بخشید؟»

"Oh, I am sure that she will not forgive me!"

"من مطمئن هستم که او مرا نخواهد بخشید"!

"And it serves me right, because I am a rascal"

"و این به من خدمت می کند، زیرا من یک رذل هستم"

"I am always promising to correct myself"

"من همیشه قول می دهم که خودم را اصلاح کنم"

"but I never keep my word!"

«اما من هرگز به قولم ادامه نمیدهم»!

When he reached the village it was night

وقتی به ده رسید، شب بود.

and it had gotten very dark

و هوا خیلی تاریک شده بود

A storm had come in from the shore

طوفانی از ساحل به راه افتاده بود

and the rain was coming down in torrents

و باران سیلاسا میبارد.

he went straight to the Fairy's house

یک راست به خانه‌ی پریها رفت

he was resolved to knock at the door
تصمیم گرفت در را بزند

But when he was there his courage failed him
اما هنگامی که او در انجا بود، شجاعت او را از دست داد

instead of knocking he ran away some twenty paces
به جای انکه در بزند بیست قدمی فرار کرد

He returned to the door a second time
برای بار دوم به طرف در برگشت

and he held the door knocker in his hand
و دربان را در دست داشت

trembling, he gave a little knock at the door
در حالی که میلرزید، در را زد.

He waited and waited for his mother to open the door
منتظر ماند تا مادرش در را باز کند

Pinocchio must have waited no less than half an hour
پینوکیو باید کمتر از نیم ساعت صبر کرده باشد

At last a window on the top floor was opened
سرانجام پنجره ای در طبقه بالا باز شد

the house was four stories high
خانه چهار طبقه بود

and Pinocchio saw a big Snail
و پینوکیو یک حلزون بزرگ را دید

it had a lighted candle on her head to look out
شمعی روشن روی سرش بود تا به بیرون نگاه کند.

"Who is there at this hour?"
چه کسی در این ساعت انجا است؟»

"Is the Fairy at home?" asked the puppet
"ایا پری در خانه است؟ "عروسک خیمه شب بازی پرسید

"The Fairy is asleep," answered the snail
"پری خواب است، "حلزون پاسخ داد

"and she must not be awakened"
"و اون نباید بیدار بشه"

"but who are you?" asked the Snail
"اما شما چه کسی هستید؟ "حلزون پرسید.

"It is I," answered Pinocchio
"این من هستم، "پینوکیو پاسخ داد

"Who is I?" asked the Snail
"من چه کسی هستم؟ "حلزون پرسید

"It is I, Pinocchio," answered Pinocchio
"این من هستم، پینوکیو،" پینوکیو پاسخ داد

"And who is Pinocchio?" asked the Snail
"و پینوکیو کیست؟" حلزون پرسید

"The puppet who lives in the Fairy's house"
"عروسک خیمه شب بازی که در خانه پری زندگی می کند"

"Ah, I understand!" said the Snail
"اه، من درک می کنم!" حلزون گفت:

"Wait for me there"
"اونجا منتظر من باش"

"I will come down and open the door"
"من میام پایین و در رو باز میکنم"

"Be quick, for pity's sake"
"سریع باش، به خاطر ترحم"

"because I am dying of cold"
"چون دارم از سرما می میرم"

"My boy, I am a snail"
"پسرم، من یک حلزون هستم"

"and snails are never in a hurry"
"و حلزون ها هیچ وقت عجله نمی کنند"

An hour passed, and then two
یک ساعت گذشت و بعد دو ساعت

and the door was still not opened
و هنوز در باز نشده بود

Pinocchio was wet through and through
پینوکیو خیس بود

and he was trembling from cold and fear
و از سرما و ترس میلرزید

at last he had the courage to knock again
سرانجام جرات کرد دوباره در بزند

this time he knocked louder than before
این بار بلندتر از قبل در زد

At this second knock a window on the lower story opened
با این ضربه‌ی دوم پنجره‌ای در طبقه‌ی پایینی باز شد

and the same Snail appeared at the window
و همان حلزون در پنجره ظاهر شد

"Beautiful little Snail," cried Pinocchio
"حلزون کوچک زیبا،" پینوکیو فریاد زد

"I have been waiting for two hours!"

دو ساعت است که منتظرم»!

"two hours on such a night seems longer than two years"

دو ساعت در چنین شبی طولانی تر از دو سال به نظر می رسد.

"Be quick, for pity's sake"

"سریع باش، به خاطر ترحم"

"My boy," answered the calm little animal

"پسر من،" پاسخ حیوان کوچک ارام

"you know that I am a snail"

"میدونی که من یه حلزونم"

"and snails are never in a hurry"

"و حلزون ها هیچ وقت عجله نمی کنند"

And the window was shut again

و پنجره دوباره بسته شد

Shortly afterwards midnight struck

اندکی پس از نیمه شب

then one o'clock, then two o'clock

بعد ساعت یک، بعد ساعت دو

and the door still remained unopened

و در هنوز باز نشده بود

Pinocchio finally lost all patience

پینوکیو بالاخره صبرش را از دست داد

he seized the door knocker in a rage

با خشم در را گرفت

he intended bang the door as hard as he could

میخواست در را تا انجا که میتوانست محکم ببندد

a blow that would resound through the house

ضربتی که در خانه طنین انداز میشد،

the door knocker was made from iron

درزن از اهن ساخته شده بود

but suddenly it turned into an eel

اما ناگهان مارماهی شد

and the eel slipped out of Pinocchio's hand

و مارماهی از دست پینوکیو بیرون امد

down the street was a stream of water

در خیابان جریانی از اب بود

and the eel disappeared down the stream

و مارماهی در رودخانه ناپدید شد

Pinocchio was blinded with rage

پینوکیو از خشم کور شده بود
"Ah! so that's the way it is?"
اه !پس اینطور است؟»
"then I will kick with all my might"
"اونوقت با تمام قدرتم لگد میزنم"
Pinocchio took a little run up to the door
پینوکیو به طرف در دوید
and he kicked the door with all his might
و با تمام قدرت به در کوبید
it was indeed a mighty strong kick
به راستی که این یک ضربه محکم و محکم بود
and his foot went through the door
و پایش از در گذشت
Pinocchio tried to pull his foot out
پینوکیو سعی کرد پایش را بیرون بکشد
but then he realized his predicament
اما بعد متوجه شد که وضعش چه وضعی دارد
it was as if his foot had been nailed down
انگار پایش را میخکوب کرده بودند.
Think of poor Pinocchio's situation!
به وضعیت پینوکیو بیچاره فکر کنید!
He had to spend the rest of the night on one foot
او مجبور بود بقیه شب را با یک پا بگذراند
and the other foot was in the air
و پای دیگرش در هوا بود
after many hours daybreak finally came
بالاخره پس از چند ساعت سپیده دم رسید
and at last the door was opened
و سرانجام در باز شد
it had only taken the Snail nine hours
فقط نه ساعت طول کشید
he had come all the way from the fourth story
تمام راه را از طبقه چهارم امده بود
It is evident that her exertions must have been great
واضح است که کوششهای او باید زیاد بوده باشد
but she was equally confused by Pinocchio
اما پینوکیو هم به همان اندازه گیج شده بود
"What are you doing with your foot in the door?"
"با پات توی در چیکار میکنی؟"

"It was an accident," answered the puppet

"این یک حادثه بود، "عروسک پاسخ داد

"oh beautiful snail, please help me"

"اوه حلزون زیبا، لطفا به من کمک کنید"

"try and get my foot out the door"

"سعی کن پام رو از در بیرون کنی"

"My boy, that is the work of a carpenter""

"پسر من، این کار یک نجار است".

"and I have never been a carpenter"

"و من هیچوقت نجار نبودم"

"in that case please get the Fairy for me!"

"در این صورت لطفا پری را برای من بیاورید"!

"The Fairy is still asleep"

"پری هنوز خوابه"

"and she must not be awakened"

"و اون نباید بیدار بشه"

"But what can I do with me foot stuck in the door?"

"اما چه کاری می توانم با پایم که در درب گیر کرده است انجام دهم؟"

"there are many ants in this area"

"مورچه های زیادی در این منطقه وجود دارد"

"Amuse yourself by counting all the little ants"

"با شمردن تمام مورچه‌های کوچک خود را سرگرم کنید"

"Bring me at least something to eat"

"حداقل یه چیزی برام بیار که بخورم"

"because I am quite exhausted and hungry"

"چون من خیلی خسته و گرسنه ام

"At once," said the Snail

"در یک بار، "حلزون گفت

it was in fact almost as fast as she had said

در واقع تقریبا به همان سرعتی بود که او گفته بود

after three hours she returned to Pinocchio

پس از سه ساعت به پینوکیو بازگشت

and on her head was a silver tray

و روی سرش سینی نقره‌ای بود

The tray contained a loaf of bread

سینی محتوی یک قرص نان بود

and there was a roast chicken

و یک مرغ کباب شده بود

and there were four ripe apricots
و چهار زردالوی رسیده بود
"Here is the breakfast that the Fairy has sent you"
"این هم صبحانه ای که پری برات فرستاده"
these were all things Pinocchio liked to eat
اینها همه چیزهایی بود که پینوکیو دوست داشت بخورد
The puppet felt very much comforted at the sight
عروسک از دیدن این منظره احساس ارامش کرد
But then he began to eat the food
اما بعد شروع به خوردن غذا کرد.
and he was most disgusted by the taste
و از ذوق و مزهی ان بسیار بیزار بود
he discovered that the bread was plaster
متوجه شد که نان گچی است
the chicken was made of cardboard
مرغ از مقوا ساخته شده بود
and the four apricots were alabaster
و چهار زردالو هم مرمر بودند
Poor Pinocchio wanted to cry
پینوکیو بیچاره میخواست گریه کند
In his desperation he tried to throw away the tray
در حالی که نومید بود سعی کرد سینی را دور بیندازد
perhaps it was because of his grief
شاید به خاطر غم و اندوهش بود
or it could have been that he was exhausted
یا ممکن بود که او خسته شده باشد
and the little puppet fainted from the effort
و عروسک خیمه شب بازی کوچک از تلاش و کوشش بی هوش شد
eventually he regained consciousness
سرانجام به هوش امد
and he found that he was lying on a sofa
و دریافت که روی نیمکتی دراز کشیده است
and the good Fairy was beside him
و پری مهربان در کنارش بود
"I will pardon you once more," the Fairy said
"من یک بار دیگر شما را عفو می کنم،" پری گفت.
"but woe to you if you behave badly a third time!"
اما وای بر تو اگر بار سوم بد رفتار کنی»!
Pinocchio promised and swore that he would study

پینوکیو قول داد و قسم خورد که درس خواهد داد.
and he swore he would always conduct himself well
و قسم خورد که همیشه خوب رفتار خواهد کرد
And he kept his word for the remainder of the year
و او قول خود را برای باقی مانده از سال نگه داشته است
Pinocchio got very good grades at school
پینوکیو نمرات بسیار خوبی در مدرسه گرفت
and he had the honour of being the best student
و این افتخار را داشت که بهترین شاگرد باشد
his behaviour in general was very praiseworthy
به طور کلی رفتارش بسیار ستودن بود
and the Fairy was very much pleased with him
و پری خیلی از او راضی بود
"Tomorrow your wish shall be gratified"
"فردا ارزوی تو براورده میشه"
"what wish was that?" asked Pinocchio
"این چه ارزویی بود؟ "پینوکیو پرسید.
"Tomorrow you shall cease to be a wooden puppet"
فردا دیگر عروسک چوبی نباشی«.
"and you shall finally become a boy"
"و تو بالاخره یه پسر میشی"
you could not have imagined Pinocchio's joy
شما نمیتوانستید شادی پینوکیو را تصور کنید
and Pinocchio was allowed to have a party
و به پینوکیو اجازه داده شد که یک مهمانی داشته باشد
All his school-fellows were to be invited
همۀ هم کلاسیهایش را دعوت کرده بودند.
there would be a grand breakfast at the Fairy's house
در خانهی پریان صبحانهی باشکوهی خواهد بود
together they would celebrate the great event
با هم این رویداد بزرگ را جشن می گرفتند
The Fairy had prepared two hundred cups of coffee and milk
پری دویست فنجان قهوه و شیر اماده کرده بود
and four hundred rolls of bread were cut
و چهارصد رول نان بریده شد
and all the bread was buttered on each side
و تمام نان از هر طرف کره شده بود
The day promised to be most happy and delightful

روزی که وعده داده شده بود شاد و لذت بخش باشد

but...

ولی...

Unfortunately in the lives of puppets there is always a "but" that spoils everything

متاسفانه در زندگی عروسک ها همیشه یک" اما "وجود دارد که همه چیز را خراب می کند

The Land of the Boobie Birds
سرزمین پرندگان بوبی

Of course Pinocchio asked the Fairy's permission

البته پینوکیو از پری اجازه خواست

"may I go round the town to give out the invitations?"

ایا می توانم به شهر بروم تا دعوت نامه ها را ارائه دهم؟

and the Fairy said to him:

و پری به او گفت:

"Go, if you like, you have my permission"

"برو، اگر دوست داری، اجازه من را داری".

"invite your companions for the breakfast tomorrow"

"دوستان خود را برای صبحانه فردا دعوت کنید"

"but remember to return home before dark"

اما یادت باشه قبل از تاریک شدن هوا برگردی خونه

"Have you understood?" she checked

"ایا شما درک می کنید؟ "او چک کرد

"I promise to be back in an hour"

قول میدهم تا یک ساعت دیگر برگردم».

"Take care, Pinocchio!" she cautioned him

"مراقب باش، پینوکیو "!او به او هشدار داد

"Boys are always very ready to promise"

پسر ها همیشه اماده قول دادن هستند».

"but generally boys struggle to keep their word"

اما عموما پسر ها تلاش میکنند که به قولشان عمل کنند

"But I am not like other boys"

"ولی من مثل بقیه پسرا نیستم"

"When I say a thing, I do it"

"وقتی چیزی می گویم، ان را انجام می دهم"

"We shall see if you will keep your promise"
خواهیم دید که ایا به قول خود وفا خواهید کرد یا نه».

"If you are disobedient, so much the worse for you"
اگر نافرمانی می کنید، برای شما بدتر است.

"Why would it be so much the worse for me?"
چرا باید اینقدر برای من بدتر باشد؟»

"there are boys who do not listen to the advice"
"پسرهایی هستند که به نصیحتها گوش نمیدهند"

"advice from people who know more than them"
"مشاوره از افرادی که بیشتر از انها می دانند"

"and they always meet with some misfortune or other"
و همیشه با یه بدبختی یا بدبختی دیگه ای مواجه می شوند

"I have experienced that," said Pinocchio
"من ان را تجربه کرده اند، "پینوکیو گفت.

"but I shall never make that mistake again"
"اما من هرگز این اشتباه را تکرار نخواهم کرد"

"We shall see if that is true"
خواهیم دید که ایا این درست است یا نه».

and the puppet took leave of his good Fairy
و عروسک از پری مهربانش خداحافظی کرد

the good Fairy was now like a mamma to him
پری مهربان در نظرش مثل مادر بود

and he went out of the house singing and dancing
و از خانه بیرون رفت و اواز میخواند و میرقصید

In less than an hour all his friends were invited
در کمتر از یک ساعت تمام دوستان او را دعوت کردند

Some accepted at once heartily
بعضی ها فورا از ته دل قبول کردند

others at first required some convincing
دیگران در ابتدا نیاز به متقاعد کردن

but then they heard that there would be coffee
اما بعد شنیدند که قهوه در کار است

and the bread was going to be buttered on both sides
و قرار بود نان را از هر دو طرف کره کنند

"We will come also, to do you a pleasure"
"ما نیز خواهیم امد تا برای شما لذتی داشته باشیم"

Now I must tell you that Pinocchio had many friends

حالا باید بهت بگم که پینوکیو دوستان زیادی داشت

and there were many boys he went to school with

و پسرهای زیادی بودند که با انها به مدرسه میرفت

but there was one boy he especially liked

اما یک پسر بچه بود که خیلی دوستش داشت.

This boy's name was Romeo

اسم این پسر رومئو بود

but he always went by his nickname

اما همیشه به نام مستعار خود میرفت

all the boys called him Candle-wick

همه پسرها او را شمعدانی صدا می زدند

because he was so thin, straight and bright

چون خیلی لاغر، صاف و باهوش بود

like the new wick of a little nightlight

مثل نور تازهی شب

Candle-wick was the laziest of the boys

شمع فتیله تنبل ترین از پسران بود

and he was naughtier than the other boys too

و از بقیه بچهها هم شیطنتتر بود.

but Pinocchio was devoted to him

اما پینوکیو به او وفادار بود

he had gone to Candle-wick's house before the others

او پیش از دیگران به خانه شمعدانی رفته بود.

but he had not found him

اما او را پیدا نکرده بود

He returned a second time, but Candle-wick was not there

او برای بار دوم بازگشت، اما Candle-wick انجا نبود.

He went a third time, but it was in vain

او برای بار سوم رفت، اما بیهوده بود

Where could he search for him?

کجا میتونه دنبالش بگرده؟

He looked here, there, and everywhere

اینجا، انجا و همه جا را نگاه کرد.

and at last he found his friend Candle-wick

و سرانجام دوستش شمعدانی را پیدا کرد

he was hiding on the porch of a peasant's cottage

در ایوان یکی از روستاییان مخفی شده بود

"What are you doing there?" asked Pinocchio

"انجا چه کار می کنید؟" پینوکیو پرسید.

"I am waiting for midnight"

"من منتظر نیمه شب هستم"

"I am going to run away"

"میخوام فرار کنم"

"And where are you going?"

"و کجا میری؟"

"I am going to live in another country"

"من در کشور دیگری زندگی خواهم کرد"

"the most delightful country in the world"

"لذت بخش ترین کشور دنیا"

"a real land of sweetmeats!"

"سرزمین واقعی شیرینی ها"!

"And what is it called?"

"و اسمش چیه؟"

"It is called the Land of Boobies"

بهش میگن سرزمین بوبی ها

"Why do you not come, too?"

«چرا تو هم نمیای؟»

"I? No, even if I wanted to!"

!«من؟ حتی اگر بخواهم»

"You are wrong, Pinocchio"

"اشتباه میکنی پینوکیو"

"If you do not come you will repent it"

"اگر نیای، توبه خواهی کرد"

"Where could you find a better country for boys?"

کجا می توانید یک کشور بهتر برای پسران پیدا کنید؟

"There are no schools there"

"هیچ مدرسه ای در انجا وجود ندارد"

"there are no masters there"

"هیچ اربابی اونجا نیست"

"and there are no books there"

"و هیچ کتابی در انجا وجود ندارد"

"In that delightful land nobody ever studies"

"در اون سرزمین زیبا هیچ تا حالا درس نمی نوازه"

"On Saturday there is never school"

شنبه ها هیچ وقت مدرسه ای وجود ندارد.

"every week consists of six Saturdays"

هر هفته شامل شش شنبه است.

"and the remainder of the week are Sundays"

"و بقیه هفته یکشنبه است"

"think of all the time there is to play"

"به تمام زمانی که برای بازی کردن وجود دارد فکر کن"

"the autumn holidays begin on the first of January"

تعطیلات پاییزی از اول ژانویه اغاز می شود

"and they finish on the last day of December"

"و انها در اخرین روز دسامبر به پایان می رسند"

"That is the country for me!"

!«این کشور برای من است»

"That is what all civilized countries should be like!"

!«این چیزی است که همه کشورهای متمدن باید شبیه ان باشند»

"But how are the days spent in the Land of Boobies?"

"اما چگونه روزها در سرزمین Boobies صرف می شود؟"

"The days are spent in play and amusement"
"روزها در بازی و سرگرمی سپری می شوند"
"you enjoy yourself from morning till night"
"از صبح تا شب از خودت لذت ببر"
"and when night comes you go to bed"
"و وقتی شب میاد تو میری به رختخواب"
"and then you recommence the fun the next day"
"و بعدش روز بعد سرگرمی رو از سر می گیری"
"What do you think of it?"
"نظر شما در مورد ان چیست؟"
"Hum!" said Pinocchio thoughtfully
"!Hum"پینوکیو متفکرانه گفت
and he shook his head slightly
و سرش را اندکی تکان داد
the gesture did seem to say something
به نظر میرسید که این حرکت چیزی میگوید
"That is a life that I also would willingly lead"
"این زندگی است که من نیز با میل و رغبت ان را رهبری می کنم"
but he had not accepted the invitation yet
اما هنوز دعوت را نپذیرفته بود
"Well, will you go with me?"
"خب، با من می ای؟"
"Yes or no? Resolve quickly"
"بله یا نه؟ سریع حل کنید»
"No, no, no, and no again"
"نه، نه، نه، و نه دوباره"
"I promised my good Fairy to be good boy"
"من به پری خوبم قول دادم که پسر خوبی باشم"
"and I will keep my word"
"و من به قولم ادامه میدم"
"the sun will soon be setting"
"خورشید به زودی غروب خواهد کرد"
"so I must leave you and run away"
پس من باید تو رو ترک کنم و فرار کنم
"Good-bye, and a pleasant journey to you"
خداحافظ و یک سفر دلپذیر برای شما
"Where are you rushing off to in such a hurry?"
با این عجله به کجا می روی؟»

"I am going home," said Pinocchio

"من به خانه می روم، "پینوکیو گفت.

"My good Fairy wishes me to be back before dark"

"پری خوب من ارزو می کند که قبل از تاریکی برگردم"

"Wait another two minutes"

"دو دقیقه دیگه صبر کن"

"It will make me too late"

"این باعث می شود که من خیلی دیر کنم"

"Only two minutes," Candle-wick pleaded

"فقط دو دقیقه، "شمع فتیله التماس

"And if the Fairy scolds me?"

"و اگه پری منو سرزنش کرد؟"

"Let her scold you," he suggested

"اجازه دهید او شما را سرزنش کند، "او پیشنهاد کرد

Candle-wick was quite a persuasive rascal

شمع فتیله کاملا یک رذل متقاعد کننده بود

"When she has scolded well she will hold her tongue"

"وقتی خوب سرزنش کرد زبونش رو نگه می داره"

"And what are you going to do?"

"و میخوای چیکار کنی؟"

"Are you going alone or with companions?"

تنها می روید یا با همراهان؟»

"oh don't worry about that Pinocchio"

"نگران اون پینوکیو نباش"

"I will not be alone in the Land of Boobies"

"من در سرزمین سینه ها تنها نخواهم بود"

"there will be more than a hundred boys"

"بیش از صد پسر وجود خواهد داشت"

"And do you make the journey on foot?"

"ایا شما سفر را با پای پیاده انجام می دهید؟"

"A coach will pass by shortly"

"یه مربی به زودی رد میشه"

"the carriage will take me to that happy country"

"کالسکه منو به اون کشور خوشبخت می برد"

"What would I not give for the coach to pass by now!"

"چه چیزی را نباید بدهم تا مربی از ان عبور کند"!

"Why do you want the coach to come by so badly?"

"چرا میخواهی مربی اینقدر بد بیاید؟»

"so that I can see you all go together"

"تا بتونم ببینم که همه شما با هم می روید"

"Stay here a little longer, Pinocchio"

"یه کم بیشتر اینجا بمون پینوکیو"

"stay a little longer and you will see us"

"یه کم بیشتر بمون تا ما رو ببینی"

"No, no, I must go home"

"نه، نه، من باید به خانه بروم"

"just wait another two minutes"

"فقط دو دقیقه دیگه صبر کن"

"I have already delayed too long"

"من در حال حاضر بیش از حد به تاخیر انداخته ام"

"The Fairy will be anxious about me"

"پری در مورد من مضطرب خواهد شد"

"Is she afraid that the bats will eat you?"

ایا او می ترسد که خفاش ها شما را بخورند؟

Pinocchio had grown a little curious

پینوکیو کمی کنجکاو شده بود

"are you certain that there are no schools?"

ایا مطمئن هستید که مدرسه وجود ندارد؟»

"there is not even the shadow of a school"

حتی سایهای از مدرسه هم وجود ندارد».

"And are there no masters either?"

ایا اربابی هم وجود ندارد؟»

"the Land of the Boobies is free of masters"

"سرزمین سینه ها ازاد از اربابان است"

"And no one is ever made to study?"

"و هیچ تا به حال برای مطالعه ساخته شده است؟"

"Never, never, and never again!"

هرگز، هرگز و هرگز دوباره»!

Pinocchio's mouth watered at the idea

دهان پینوکیو از این ایده اب گرفت

"What a delightful country!" said Pinocchio

"چه کشور لذت بخش "!گفت :پینوکیو

"I have never been there," said Candle-wick

"من هرگز وجود داشته است، "گفت :شمع فتیله

"but I can imagine it perfectly well"

"اما من می توانم ان را به خوبی تصور کنم"

"Why will you not come also?"

«چرا تو هم نمیای؟»

"It is useless to tempt me"

"وسوسه کردن من بیهوده است"

"I made a promise to my good Fairy"

"من به پری خوبم قول دادم"

"I will become a sensible boy"

"من یه پسر عاقل میشم"

"and I will not break my word"

"و من قولم رو نمیشکنم"

"Good-bye, then," said Candle-wick

"خداحافظ، پس از ان، "گفت :شمع فتیله

"give my compliments to all the boys at school"

"به همه بچه های مدرسه تبریک بگو"

"Good-bye, Candle-wick; a pleasant journey to you"

"خداحافظ شمع فتیله یک سفر لذت بخش برای شما"

"amuse yourself in this pleasant land"

"خودت رو در این سرزمین دلپذیر سرگرم کن"

"and think sometimes of your friends"

"و بعضی وقتا به دوستات فکر کن"

Thus saying, the puppet made two steps to go

به این ترتیب، عروسک خیمه شب بازی دو قدم برای رفتن

but then he stopped halfway in his track

اما بعد در نیمه راه در مسیر خود ایستاد

and, turning to his friend, he inquired:

و رو به دوستش کرد و پرسید:

"But are you quite certain about all this?"

"اما ایا شما در مورد همه اینها مطمئن هستید؟"

"in that country all the weeks consist of six Saturdays?"

در ان کشور تمام هفته ها شامل شش شنبه است.

"and the rest of the week consists of Sundays?"

و بقیه هفته شامل یکشنبه ها میشه؟

"all the weekdays most certainly consist of six Saturdays"

تمام روزهای هفته قطعا از شش شنبه تشکیل شده است.

"and the rest of the days are indeed Sundays"

"و بقیه روزها واقعا یکشنبه هستند"

"and are you quite sure about the holidays?"

ایا از تعطیلات مطمئن هستید؟«

"the holidays definitely begin on the first of January?"

تعطیلات قطعا از اول ژانویه اغاز می شود.

"and you're sure the holidays finish on the last day of December?"

و مطمئنی تعطیلات در اخرین روز دسامبر تموم میشه؟

"I am assuredly certain that this is how it is"

"من مطمئن هستم که این است که چگونه ان است"

"What a delightful country!" repeated Pinocchio

"چه کشور لذت بخش "!پینوکیو تکرار

and he was enchanted by all that he had heard

و از هر چه شنیده بود مسحور شده بود

this time Pinocchio spoke more resolute

این بار پینوکیو مصممتر حرف میزد

"This time really good-bye"

"این دفعه واقعا خداحافظ"

"I wish you pleasant journey and life"

"برات ارزوی سفر و زندگی لذت بخش دارم"

"Good-bye, my friend," bowed Candle-wick

"خداحافظ، دوست من، "تعظیم شمع فتیله

"When do you start?" inquired Pinocchio

"چه زمانی شروع می کنید؟ "پینوکیو پرسید

"I will be leaving very soon"

"من خیلی زود میرم"

"What a pity that you must leave so soon!"

چه حیف که باید به این زودی بری«!

"I would almost be tempted to wait"

"من تقریبا وسوسه می شوم که صبر کنم"

"And the Fairy?" asked Candle-wick

"و پری؟ "شمع فتیله پرسید

"It is already late," confirmed Pinocchio

"در حال حاضر دیر شده است، "پینوکیو تایید کرد

"I can return home an hour sooner"

من می توانم یک ساعت زودتر به خانه برگردم«.

"or I can return home an hour later"

"یا میتونم یه ساعت دیرتر برگردم خونه"

"really it will be all the same"

"واقعا همه چیز یکسان خواهد بود"

"but what if the Fairy scolds you?"

ولی اگه پری سرزنشت کرد چی؟

"I must have patience!"

من باید صبور باشم«!

"I will let her scold me"

"میذارم سرزنشم کند"

"When she has scolded well she will hold her tongue"

"وقتی خوب سرزنش کرد زبونش رو نگه می داره"

In the meantime night had come on

در این میان شب فرا رسیده بود

and by now it had gotten quite dark

و تا ان زمان هوا کاملا تاریک شده بود

Suddenly they saw in the distance a small light moving

ناگهان نور کوچکی را از دور دیدند

they heard a noise of talking

صدای حرف زدن شنیدند

and there was the sound of a trumpet

و صدای شیپوری به گوش رسید

but the sound was still small and feeble

اما صدا هنوز اندک و ضعیف بود

so the sound still resembled the hum of a mosquito

به این ترتیب صدا هنوز به صدای پشه شباهت داشت

"Here it is!" shouted Candle-wick, jumping to his feet

"در اینجا ان است "!فریاد شمع فتیله، پریدن به پاهای خود را

"What is it?" asked Pinocchio in a whisper

"این چیست؟ "پینوکیو در زمزمه پرسید

"It is the carriage coming to take me"

"این کالسکه است که می اید تا من را ببرد"

"so will you come, yes or no?"

پس میای، اره یا نه؟«

"But is it really true?" asked the puppet

"اما ایا این واقعا درست است؟ "عروسک پرسید.

"in that country boys are never obliged to study?"

"در ان کشور پسران هرگز مجبور به تحصیل نیستند؟"

"Never, never, and never again!"

هرگز، هرگز و هرگز دوباره«!

"What a delightful country!"

چه کشور دلپذیری«!

Pinocchio Enjoys Six Months of Happiness

پینوکیو از شش ماه شادی لذت می برد

At last the wagon finally arrived

بالاخره گاری رسید.

and it arrived without making the slightest noise

و بدون کوچکترین صدایی از راه رسید

because its wheels were bound with flax and rags

چون چرخهایش را با کتان و پارچههای کهنه بسته بودند

It was drawn by twelve pairs of donkeys

ان را دوازده جفت خر میکشیدند.

all the donkeys were the same size

همه الاغها به یک اندازه بودند

but each donkey was a different colour

اما هر خر رنگ دیگری داشت

Some of the donkeys were gray

بعضی از خرها خاکستری بودند

and some of the donkeys were white

و بعضی از خرها سفید بودند

and some donkeys were brindled like pepper and salt
و بعضی از الاغها مثل فلفل و نمک بر اب میغلتیدند
and other donkeys had large stripes of yellow and blue
و الاغهای دیگر نوارهای بزرگ زرد و ابی داشتند
But there was something most extraordinary about them
اما چیز خارقالعادهای در وجودشان بود
they were not shod like other beasts of burden
انها مانند دیگر جانوران باربر و بارکش نبودند،
on their feet the donkeys had men's boots
الاغها چکمههای مردانه داشتند
"And the coachman?" you may ask
"و کالسکهچی؟ "شما ممکن است بپرسید
Picture to yourself a little man broader than long
مرد کوچکی را تصور کنید که از بلند تر است
flabby and greasy like a lump of butter
شل و روغن مانند یک تکه کره
with a small round face like an orange
با چهرهای کوچک و گرد مانند نارنجی،
a little mouth that was always laughing
دهانی کوچک که همیشه میخندید
and a soft, caressing voice of a cat
و صدای نرم و نوازش امیز گربه
All the boys fought for their place in the coach
همه بچهها برای جای خود در کالسکه میجنگیدند
they all wanted to be conducted to the Land of Boobies
همه میخواستند به سرزمین بوبیها برانند
The carriage was, in fact, quite full of boys
در واقع کالسکه پر از پسرها بود
and all the boys were between eight and fourteen years
و همه بچه ها بین هشت تا چهارده سال سن داشتند
the boys were heaped one upon another
بچهها روی هم انباشته شده بودند
just like herrings are squeezed into a barrel
درست مثل شاه ماهی که در یک بشکه فشرده شده است
They were uncomfortable and packed closely together
انها ناراحت بودند و از نزدیک به هم بسته بندی شده بودند
and they could hardly breathe
و به زحمت نفس میکشیدند
but not one of the boys thought of grumbling
اما هیچ یک از بچهها به فکر غرغر کردن نمیبیند

they were consoled by the promises of their destination
از قولهایی که به مقصدشان داده بودند دلداریشان داد
a place with no books, no schools, and no masters
جایی بدون کتاب، بدون مدرسه و بدون استاد
it made them so happy and resigned
این کار انها را بسیار خوشحال و راضی میکرد
and they felt neither fatigue nor inconvenience
و نه خستگی و نه ناراحتی را احساس میکردند
neither hunger, nor thirst, nor want of sleep
نه گرسنگی و نه تشنگی و نه خواب

soon the wagon had reached them

به زودی ارابه به انها رسید

the little man turned straight to Candle-wick

مرد کوچک یک راست به شمع فتیله تبدیل شد

he had a thousand smirks and grimaces

هزار پوزخند و چهره درهم کشید

"Tell me, my fine boy;"

"به من بگو، پسر خوب من؛

"would you also like to go to the fortunate country?"

ایا دوست دارید به کشور خوش شانس بروید؟«

"I certainly wish to go"

"من قطعا می خواهم بروم"

"But I must warn you, my dear child"

اما باید به تو هشدار دهم، فرزندم«.

"there is not a place left in the wagon"

"جایی توی واگن باقی نمونده"

"You can see for yourself that it is quite full"

"شما می توانید برای خودتان ببینید که کاملا پر است"

"No matter," replied Candle-wick

"مهم نیست، "پاسخ شمع فتیله

"I do not need to sit in the wagon"

"من نیازی به نشستن در واگن ندارم"

"I will sit on the arch of the wheel"

"من روی قوس چرخ خواهم نشست"

And with a leap he sat above the wheel

و با جهشی بالای فرمان نشست

"And you, my love!" said the little man

"و شما، عشق من "!مرد کوچک گفت:

and he turned in a flattering manner to Pinocchio

و با حالتی تملقامیز رو به پینوکیو کرد

"what do you intend to do?"

"میخوای چیکار کنی؟"

"Are you coming with us?

"ایا شما با ما می ایید؟

"or are you going to remain behind?"

یا میخواهی عقب بمانی؟»

"I will remain behind," answered Pinocchio

"من پشت سر خواهم ماند، "پینوکیو پاسخ داد

"I am going home," he answered proudly

"من به خانه می روم، "او با افتخار پاسخ داد.

"I intend to study, as all well conducted boys do"

"من قصد دارم مطالعه کنم، همانطور که همه پسران خوب انجام می دهند"

"Much good may it do you!"

"خیلی خوب ممکن است ان را به شما انجام دهد"!

"Pinocchio!" called out Candle-wick

"پینوکیو "!به نام شمع ویک

"come with us and we shall have such fun"

"با ما بیا و ما باید خیلی خوش بگذرونیم"

"No, no, and no again!" answered Pinocchio

"نه، نه، و نه دوباره "!پینوکیو پاسخ داد

a chorus of hundred voices shouted from the the coach

صدای صد نفری از کالسکه بلند شد

"Come with us and we shall have so much fun"

"با ما بیا و ما باید خیلی خوش بگذرونیم"

but the puppet was not at all sure

اما عروسک خیمه شب بازی به هیچ وجه مطمئن نبود

"if I come with you, what will my good Fairy say?"

اگر با تو بیایم، پری خوب من چه خواهد گفت؟»

and he was beginning to yield

و شروع به تسلیم شدن کرد

"Do not trouble your head with melancholy thoughts"

"سرت رو با افکار غمناک اذیت نکن"

"consider only how delightful it will be"

"فقط به این فکر کن که چقدر لذت بخش خواهد بود"

"we are going to the Land of the Boobies"

"ما به سرزمین سینه ها میریم"

"all day we shall be at liberty to run riot"

"تمام روز ازاد خواهیم بود که شورش کنیم"

Pinocchio did not answer, but he sighed

پینوکیو پاسخی نداد، اما اهی کشید.

he sighed again, and then sighed for the third time

دوباره اهی کشید و برای سومین بار اهی کشید.

finally Pinocchio made up his mind

سرانجام پینوکیو تصمیم خود را گرفت

"Make a little room for me"

"یک اتاق کوچک برای من ایجاد کنید"

"because I would like to come, too"

چون منم دوست دارم بیام

"The places are all full," replied the little man

"مکان ها همه پر هستند، "مرد کوچک پاسخ داد

"but, let me show you how welcome you are"

"اما، اجازه دهید به شما نشان دهم که چقدر خوش امدید"

"I will let you have my seat on the box"

"من به تو اجازه می دهم صندلی من روی جعبه باشد"

"And where will you sit?"

کجا میشینی؟»

"Oh, I will go on foot"

"اوه، من پیاده می روم"

"No, indeed, I could not allow that"

"نه، در واقع، من نمی توانم اجازه دهم"

"I would rather mount one of these donkeys"

ترجیح میدم یکی از این خرها رو سوار کنم

so Pinocchio went up the the first donkey

پینوکیو از الاغ اول بالا رفت

and he attempted to mount the animal

و سعی کرد حیوان را سوار کند

but the little donkey turned on him

اما الاغ کوچک به طرف او برگشت

and the donkey gave him a great blow in the stomach

و الاغ ضربه شدیدی به شکمش وارد کرد

and it rolled him over with his legs in the air

و در حالی که پاهایش را بالا گرفته بود او را غلتید

all the boys had been watching this

همه بچه ها این را تماشا کرده بودند

so you can imagine the laughter from the wagon

بنابراین شما می توانید خنده از واگن را تصور کنید

But the little man did not laugh

اما مرد کوچک نخندید

He approached the rebellious donkey

به ان خر سرکش نزدیک شد.

and at first he pretended to kiss him

و ابتدا وانمود کرد که او را میبوسد

but then he bit off half of his ear

اما بعد نصف گوشش را گاز گرفت

Pinocchio in the meantime had gotten up from the ground

پینوکیو در این مدت از روی زمین بلند شده بود

he was still very cross with the animal

هنوز از این حیوان عصبانی بود

but with a spring he jumped onto him

اما با یک فنر به روی او پرید

and he seated himself on the poor animal's back

و به پشت حیوان بیچاره نشست

And he sprang so well that the boys stopped laughing

و او چنان خوب از جا پرید که بچهها دیگر نمیخندیدند

and they began to shout: "Hurrah, Pinocchio!"

و انها شروع به فریاد زدن کردند :هورا، پینوکیو«!

and they clapped their hands and applauded him

و دستهاشان را به هم میفشفتند و او را تشویق میکردند

soon the donkeys were galloping down the track

به زودی الاغها در مسیر چهار نعل میتاختند

and the wagon was rattling over the stones

و ارابه از روی سنگها به صدا در میرفت

but the puppet thought that he heard a low voice

اما عروسک فکر کرد که صدای اهستهای شنیده است

"Poor fool! you should have followed your own way"

بیچاره احمق !باید راه خودت را ادامه می دادی«.

"but but you will repent having come!"

اما تو از امدن پشیمان خواهی شد«!

Pinocchio was a little frightened by what he had heard

پینوکیو از انچه شنیده بود کمی ترسیده بود.

he looked from side to side to see what it was

از این طرف به ان طرف نگاه کرد تا ببیند چه بود.

he tried to see where these words could have come from

میکوشید ببیند این کلمات از کجا امده است

but regardless of of where he looked he saw nobody

اما بدون توجه به جایی که به ان نگاه میکرد کسی را نمیدید

The donkeys galloped and the wagon rattled

الاغها تاختند و ارابه به صدا در رفت.

and all the while the boys inside slept

و در تمام مدتی که بچههای داخل اتاق خواب بودند

Candle-wick snored like a dormouse

شمع فتیله خروپف مانند یکdormouse

and the little man seated himself on the box

و مرد کوچک روی جعبه نشست

and he sang songs between his teeth

و از میان دندانهایش اواز میخواند

"During the night all sleep"

"در طول شب تمام خواب"

"But I sleep never"

"اما من هرگز نمیخوابم"

soon they had gone another mile

به زودی یک مایل دیگر رفتند

Pinocchio heard the same little low voice again

پینوکیو دوباره همان صدای اهسته را شنید

"Bear it in mind, simpleton!"

"به یاد داشته باشید، ساده لوح"!

"there are boys who refuse to study"

"پسرهایی هستن که از درس خوندن امتناع می کنند"

"they turn their backs upon books"

"اونا به کتابها پشت میکنن"

"they think they're too good to go to school

فکر میکنن برای رفتن به مدرسه خیلی خوبن

"and they don't obey their masters"

"و از اربابashون اطاعت نمی کنن"

"they pass their time in play and amusement"

"انها وقت خود را در بازی و سرگرمی می گذرند"

"but sooner or later they come to a bad end"

اما دیر یا زود انها به یک پایان بد می رسند

"I know it from my experience"

"من این را از تجربه خودم می دانم"

"and I can tell you how it always ends"
"و میتونم بهت بگم که همیشه چطور تموم میشه"
"A day will come when you will weep"
"روزی خواهد رسید که تو گریه خواهی کرد"
"you will weep just as I am weeping now"
"شما گریه خواهید کرد همانطور که من اکنون گریه می کنم"
"but then it will be too late!"
ولی بعدش دیگه خیلی دیر میشه«!
the words had been whispered very softly
این کلمات به ارامی زمزمه شده بود
but Pinocchio could be sure of what he had heard
اما پینوکیو از انچه شنیده بود مطمئن بود
the puppet was more frightened than ever
عروسک بیش از پیش ترسیده بود
he sprang down from the back of his donkey
از پشت خرش پایین پرید
and he went and took hold of the donkey's mouth
و رفت و دهان خر را گرفت
you can imagine Pinocchio's surprise at what he saw
شما می توانید تصور کنید که پینوکیو از انچه دیده است شگفت زده شده است
the donkey was crying just like a boy!
الاغ درست مثل یک پسر بچه گریه میکرد!
"Eh! Sir Coachman," cried Pinocchio
"اه !پینوکیو فریاد زد :سر مربی
"here is an extraordinary thing!"
"این یک چیز فوق العاده است"!
"This donkey is crying"
"این خر داره گریه میکنه"
"Let him cry," said the coachman
کالسکهچی گفت :بگذار گریه کند.
"he will laugh when he is a bridegroom"
"وقتی داماد میشه میخنده"
"But have you by chance taught him to talk?"
اما ایا شما به طور تصادفی به او صحبت کردن را اموخته اید؟
"No; but he spent three years with learned dogs"
نه، اما او سه سال را با سگ های تحصیل کرده گذراند.
"and he learned to mutter a few words"
"و اون یاد گرفت که چند کلمه ای رو زمزمه کنه"

"Poor beast!" added the coachman

"بیچاره جانور "!کالسکهچی اضافه کرد

"but don't you worry," said the little man

"اما نگران نباشید، "مرد کوچک گفت.

"don't let us waste time in seeing a donkey cry"

نذار وقتمون رو با دیدن گریه خر تلف کنیم

"Mount him and let us go on"

"سوارش کنید و بگذارید ادامه دهیم"

"the night is cold and the road is long"

"شب سرده و راه طولانیه"

Pinocchio obeyed without another word

پینوکیو بی انکه کلمهای بر زبان اورد اطاعت کرد

In the morning about daybreak they arrived

صبح، در حدود سپیده دم، انها وارد شدند

they were now safely in the Land of Boobie Birds

اکنون به سلامت در سرزمین پرندگان بوبی بودند

It was a country unlike any other country in the world

این کشور بر خلاف هر کشور دیگری در جهان بود

The population was composed entirely of boys

جمعیت از پسران تشکیل شده بود

The oldest of the boys were fourteen

بزرگترین بچهها چهارده ساله بودند

and the youngest were scarcely eight years old

و کوچکترین انها تقریبا هشت ساله بودند

In the streets there was great merriment

در کوچهها شادی و نشاطی بود

the sight of it was enough to turn anybody's head

دیدن این منظره کافی بود تا سر هر کسی را بچرخاند

There were troops of boys everywhere

همه جا سربازهای بچهها بودند.

Some were playing with nuts they had found

بعضیها با اجیلهایی که پیدا کرده بودند بازی میکردند

some were playing games with battledores

بعضی از انها با جنگورها بازی میکردند

lots of boys were playing football

بسیاری از پسرها فوتبال بازی میکردند

Some rode velocipedes, others wooden horses

بعضی از انها اسبهای چوبی میراندند و برخی دیگر اسبهای چوبی.

A party of boys were playing hide and seek

گروهی از پسرها قایم موشک بازی میکردند

a few boys were chasing each other

چند تا بچه دنبال هم می رفتند

Some were reciting and singing songs

بعضی از انها اواز میخواندند و میخواندند.

others were just leaping into the air

دیگران فقط به هوا میپرند

Some amused themselves with walking on their hands

بعضی از انها با قدم زدن روی دست خود سرگرم نمودند

others were trundling hoops along the road

دیگران حلقهها را در امتداد جاده میپراکند

and some were strutting about dressed as generals

و بعضی از انها لباس ژنرال به تن داشتند.

they were wearing helmets made from leaves

کلاه خود را از برگها به دست داشتند

and they were commanding a squadron of cardboard soldiers

و فرماندهی یک گردان از سربازان مقوایی را بر عهده داشتند

Some were laughing and some shouting

بعضیها میخندیدند و عدهای فریاد میزدند.

and some were calling out silly things

و بعضی از انها چیزهای احمقانهای میگفتند

others clapped their hands, or whistled

دیگران دست میزدند یا سوت میزدند

some clucked like a hen who has just laid an egg

بعضیها مثل مرغی که تازه تخم گذاشته باشد،

In every square, canvas theatres had been erected
در هر میدان، تئاترهای بوم ساخته شده بود
and they were crowded with boys all day long
و تمام روز پر از بچهها بود.
On the walls of the houses there were inscriptions
روی دیوارهای خانهها کتیبههایی نوشته شده بود
"Long live the playthings"
"زنده باد بازی ها"
"we will have no more schools"
ما دیگر مدرسه نخواهیم داشت».
"down the toilet with arithmetic"
"پایین توالت با حساب"
and similar other fine sentiments were written
و احساسات لطیف دیگری نیز نوشته شده بود
of course all the slogans were in bad spelling
البته همه شعارها املای بدی داشتند
Pinocchio, Candle-wick and the other boys went to the town
پینوکیو، شمع فتیله و پسران دیگر به شهر رفت
they were in the thick of the tumult
انها در میان انبوه اشوبها بودند
and I need not tell you how fun it was
و لازم نیست به شما بگویم که چقدر سرگرم کننده بود
within minutes they acquainted themselves with everybody
در عرض چند دقیقه با همه اشنا شدند
Where could happier or more contented boys be found?
کجا می توان پسران شادتر یا راضی تر پیدا کرد؟
the hours, days and weeks passed like lightning
ساعتها، روزها و هفتهها مثل رعد و برق میگذشتند
time flies when you're having fun
زمان پرواز می کند زمانی که شما با داشتن سرگرم کننده
"Oh, what a delightful life!" said Pinocchio
"اوه، چه زندگی لذت بخش "پینوکیو گفت
"See, then, was I not right?" replied Candle-wick
"ببینید، پس، ایا من درست نبودم؟ "پاسخ شمع فتیله
"And to think that you did not want to come!"
"و فکر می کنم که شما نمی خواهید برای امدن"!
"imagine you had returned home to your Fairy"
"تصور کن که به خونه پیش پریت برگشتی"
"you wanted to lose your time in studying!"

"تو میخواستی وقتت رو برای درس خوندن از دست بدم"
"now you are free from the bother of books"
"حالا تو از زحمت کتابها رها شدی"
"you must acknowledge that you owe it to me"
"تو باید اعتراف کنی که به من مدیونی"
"only friends know how to render such great services"
فقط دوستان می دانند که چگونه چنین خدمات بزرگی را ارائه دهند.
"It is true, Candle-wick!" confirmed Pinocchio
"این درست است، شمع فتیله "!پینوکیو تایید کرد
"If I am now a happy boy, it is all your doing"
"اگر من در حال حاضر یک پسر خوشحال هستم، این همه کار شماست"
"But do you know what the master used to say?"
ایا می دانید استاد چه می گوید؟
"Do not associate with that rascal Candle-wick"
"با اون شمع فتیله رذل معاشرت نکن"
"because he is a bad companion for you"
"چون اون همدم بدی برای تو هست"
"and he will only lead you into mischief!"
و اون فقط تو رو به شیطنت هدایت میکنه
"Poor master!" replied the other, shaking his head
"استاد بیچاره "!پاسخ داد، دیگر، تکان دادن سر خود را
"I know only too well that he disliked me"
"من فقط به خوبی می دانم که او از من متنفر بود"
"and he amused himself by making my life hard"
و با سخت کردن زندگیم خودش رو سرگرم کرد
"but I am generous, and I forgive him!"
اما من سخاوتمند هستم و او را میبخشم«!
"you are a noble soul!" said Pinocchio
پینوکیو گفت" :شما یک روح نجیب هستید"!
and he embraced his friend affectionately
و با مهربانی دوستش را در اغوش گرفت
and he kissed him between the eyes
و او را از میان چشمان خود بوسید
This delightful life had gone on for five months
پنج ماه بود که این زندگی لذت بخش ادامه داشت
The days had been entirely spent in play and amusement
روزها یکسره صرف تفریح و سرگرمی شده بود
not a thought was spent on books or school

حتی یک فکر هم به کتاب یا مدرسه نمیاندیشید

but one morning Pinocchio awoke to a most disagreeable surprise

اما یک روز صبح پینوکیو با تعجبی ناخوشایند از خواب بیدار شد

what he saw put him into a very bad humour

انچه میدید او را به حال بد خلقی در اورد

Pinocchio Turns into a Donkey

پینوکیو به خر تبدیل می شود

when he Pinocchio awoke he scratched his head

وقتی پینوکیو بیدار شد سرش را خاراند

when scratching his head he discovered something...

...وقتی سرش را خاراند چیزی را کشف کرد

his ears had grown more than a hand!

گوشهایش بیش از یک دست رشد کرده بود!

You can imagine his surprise

شما می توانید تعجب او را تصور کنید

because he had always had very small ears

زیرا همیشه گوشهای بسیار کوچکی داشت

He went at once in search of a mirror

بیدرنگ به جستجوی اینهای رفت

he had to have a better look at himself

باید بهتر به خودش نگاه میکرد

but he was not able to find any kind of mirror

اما او قادر به پیدا کردن هیچ نوع اینه ای نبود

so he filled the basin with water

بنابراین لگن را پر از اب کرد

and he saw a reflection he never wished to see

و انعکاسی را دید که هرگز ارزوی دیدنش را نداشت.

a magnificent pair of donkey's ears embellished his head!

یک جفت گوش خر با شکوه سرش را اراسته کرده بود!

think of poor Pinocchio's sorrow, shame and despair!

به غم و اندوه، شرم و نامیدی پینوکیو بیچاره فکر کنید!

He began to cry and roar

شروع به گریه و غرش کرد

and he beat his head against the wall

و سرش را به دیوار کوبید

but the more he cried the longer his ears grew

اما هرچه بیشتر گریه میکرد، گوشهایش بلندتر میشد

and his ears grew, and grew, and grew

و گوشهایش بزرگ شد و بزرگ شد.

and his ears became hairy towards the points

و گوشهایش نسبت به نقاط پر از مو شده بود

a little Marmot heard Pinocchio's loud cries

مارموت کوچولو صدای فریاد پینوکیو را شنید

Seeing the puppet in such grief she asked earnestly:

چون عروسک را در چنین اندوهی دید با جدیت پرسید:

"What has happened to you, my dear fellow-lodger?"

"چه اتفاقی برای تو افتاده، همکار عزیزم؟"

"I am ill, my dear little Marmot"

"من مریضم مارموت کوچولوی عزیزم"

"very ill, and my illness frightens me"

"خیلی مریضم و بیماریم منو میترسونه"

"Do you understand counting a pulse?"

»شمارش نبض را میفهمی؟«

"A little," sobbed Pinocchio

"کمی، "پینوکیو گریه کرد

"Then feel and see if by chance I have got fever"

"پس احساس کنید و ببینید که ایا به طور اتفاقی تب کرده ام"

The little Marmot raised her right fore-paw

مارموت کوچولو پنجه راستش را بلند کرد

and the little Marmot felt Pinocchio's pulse

و مارموت کوچولو نبض پینوکیو را حس کرد

and she said to him, sighing:

و اهی کشید و گفت:

"My friend, it grieves me very much"

"دوست من، خیلی ناراحتم میکنه"

"but I am obliged to give you bad news!"

اما من مجبورم که خبر بد را به شما بدهم»!

"What is it?" asked Pinocchio

"این چیست؟ "پینوکیو پرسید

"You have got a very bad fever!"

تو تب خیلی بدی داری»!

"What fever is it?"

چه تبی دارد؟«

"you have a case of donkey fever"

"تو یه مورد تب خر داری"

"That is a fever that I do not understand"

"این تبی است که من نمی فهمم"

but he understood it only too well

اما او ان را خیلی خوب درک کرد

"Then I will explain it to you," said the Marmot

"سپس من ان را به شما توضیح دهید، "مارموت گفت.

"soon you will no longer be a puppet"

"به زودی دیگه عروسک خیمه شب بازی نمی کنی"

"it won't take longer than two or three hours"

"بیشتر از دو یا سه ساعت طول نمیکشه"

"nor will you be a boy either"

"تو هم پسر نمی شدی"

"Then what shall I be?"

پس من چه خواهم بود؟«

"you will well and truly be a little donkey"

"تو واقعا و به خوبی یه خر کوچولو خواهی شد"

"a donkey like those that draw the carts"

"خری مثل اونایی که ارابه ها رو می کشند"

"a donkey that carries cabbages to market"

الاغی که کلم را به بازار می برد

"Oh, how unfortunate I am!" cried Pinocchio

"اوه، چقدر مایه تاسف من هستم "!پینوکیو فریاد زد

and he seized his two ears with his hands

و دو گوشش را با دست گرفت

and he pulled and tore at his ears furiously

و با خشم گوشهایش را کشید و پاره کرد

he pulled as if they had been someone else's ears

مثل اینکه گوش دیگری باشد، او را کشید

"My dear boy," said the Marmot

"پسر عزیزم، "مارموت گفت

and she did her best to console him

و تمام سعی خود را کرد تا او را تسلی دهد

"you can do nothing about it"

"شما نمی توانید هیچ کاری در مورد ان انجام دهید"

"It is your destiny to become a donkey"

"این سرنوشت توئه که یه خر بشی"

"It is written in the decrees of wisdom"
"این در احکام حکمت نوشته شده است"
"it happens to all boys who are lazy"
"این اتفاق برای همه پسرایی که تنبل هستند میفته"
"it happens to the boys that dislike books"
"این برای پسر بچه هایی که از کتاب بدشان میاد اتفاق می افته"
"it happens to the boys that don't go to schools"
این اتفاق برای پسرانی که به مدرسه نمی روند رخ می دهد.
"and it happens to boys who disobey their masters"
و این اتفاق برای پسرهایی که از اربابشون سرپیچی می کنند می افته
"all boys who pass their time in amusement"
"تمام بچه هایی که وقتشون رو برای تفریح می گذرن"
"all the boys who play games all day"
"تمام بچه هایی که تمام روز بازی می کنند"
"boys who distract themselves with diversions"
"پسرهایی که حواسشون رو با سرگرمی پرت میکنن"
"the same fate awaits all those boys"
"سرنوشتی مشابه در انتظار همه اون پسراست"
"sooner or later they become little donkeys"
دیر یا زود به صورت الاغهای کوچک در می امدند.
"But is it really so?" asked the puppet, sobbing
"اما ایا واقعا چنین است؟ "عروسک خیمه شب بازی پرسید، گریه
"It is indeed only too true!"
"این واقعا درست است"!
"And tears are now useless"
"و اشک ها الان بی فایده اند"
"You should have thought of it sooner!"
باید زودتر به این فکر میکردی«!
"But it was not my fault; believe me, little Marmot"
اما تقصیر من نبود. باور کن مارموت کوچولو
"the fault was all Candle-wick's!"
"تقصیر همه شمع ها بود"!
"And who is this Candle-wick?"
"و این شمع فتیله کیه؟"
"Candle-wick is one of my school-fellows"
"شمع فتیله یکی از هم مدرسه من است"
"I wanted to return home and be obedient"

"من می خواستم به خانه برگردم و مطیع باشم"

"I wished to study and be a good boy"

میخواستم درس بخوانم و پسر خوبی باشم».

"but Candle-wick convinced me otherwise"

"ولی شمعدانی منو متقاعد کرد"

'Why should you bother yourself by studying?'

چرا باید با درس خواندن خودت را اذیت کنی؟

'Why should you go to school?'

چرا باید به مدرسه بروی؟

'Come with us instead to the Land of Boobies Birds'

به جای ان با ما به سرزمین پرندگان Boobies بیا

'there we shall none of us have to learn'

در انجا هیچ یک از ما مجبور به یادگیری نیستیم.

'we will amuse ourselves from morning to night'

ما از صبح تا شب خودمان را سرگرم خواهیم کرد.

'and we shall always be merry'

و ما همیشه شاد خواهیم بود

"that friend of yours was false"

"اون دوست تو دروغ بود"

"why did you follow his advice?"

چرا به توصیه او عمل کردید؟»

"Because, my dear little Marmot, I am a puppet"

چون مارموت کوچولوی عزیزم، من عروسک خیمه شب بازی هستم».

"I have no sense and no heart"

"من هیچ حسی ندارم و هیچ قلبی ندارم"

"if I had had a heart I would never have left"

"اگر قلبی داشتم هرگز ترک نمی کردم"

"I left my good Fairy who loved me like a mamma"

"من پری خوب من که من را مانند یک مادر دوست داشت را ترک کردم"

"the good Fairy who had done so much for me!"

"پری خوبی که برای من خیلی کار کرده بود"!

"And I was going to be a puppet no longer"

"و من دیگر عروسک خیمه شب بازی نخواهم بود"

"I would by this time have become a little boy"

"من در این زمان تبدیل به یک پسر کوچک شده ام"

"and I would be like the other boys"

"و من هم مثل بقیه پسرا میشم"

"But if I meet Candle-wick, woe to him!"

"اما اگر من شمع را ملاقات کنم، وای بر او"!

"He shall hear what I think of him!"

او انچه را که من در مورد او فکر می کنم می شنود" !

And he turned to go out

و او برگشت تا بیرون برود

But then he remembered he had donkey's ears

اما بعد به یاد اورد که گوشهای خر دارد

of course he was ashamed to show his ears in public

البته خجالت میکشید که گوشهایش را در ملاء عام نشان دهد

so what do you think he did?

فکر میکنی چیکار کرده؟

He took a big cotton hat

کلاه نخی بزرگی برداشت

and he put the cotton hat on his head

و کلاه پنبهای را روی سرش گذاشت

and he pulled the hat well down over his nose

و کلاهش را روی دماغش کشید

He then set out in search of Candle-wick

او سپس در جستجوی شمع فتیله

He looked for him in the streets

در خیابانها به دنبال او میگشت

and he looked for him in the little theatres

و در تئاترهای کوچک به دنبال او میگشت

he looked in every possible place

به هر جای ممکن نگاهی انداخت

but he could not find him wherever he looked

اما نمیتوانست او را هر جا که نگاه میکرد پیدا کند

He inquired for him of everybody he met

از هر که میدید سراغش را گرفت

but no one seemed to have seen him

اما هیچ او را ندیده بود

He then went to seek him at his house

سپس به خانه خود رفت تا او را پیدا کند

and, having reached the door, he knocked

و وقتی به در رسید، در زد.

"Who is there?" asked Candle-wick from within

"چه کسی وجود دارد؟ "شمع فتیله از درون پرسید

"It is I!" answered the puppet

"این من هستم!" پاسخ عروسک
"Wait a moment and I will let you in"
"یه لحظه صبر کن تا اجازه بدی بیام تو"
After half an hour the door was opened
پس از نیم ساعت در باز شد
now you can imagine Pinocchio's feeling at what he saw
حالا شما می توانید احساس پینوکیو را در مورد انچه که دیده است تصور کنید
his friend also had a big cotton hat on his head
دوستش هم کلاه پنبهای بزرگی روی سرش گذاشته بود
At the sight of the cap Pinocchio felt almost consoled
با دیدن کلاه پینوکیو تقریبا دلداری یافت
and Pinocchio thought to himself:
پینوکیو با خود اندیشید:
"Has my friend got the same illness that I have?"
«ایا دوستم همان بیماری را دارد که من دارم؟»
"Is he also suffering from donkey fever?"
«ایا او هم از تب خر رنج میبرد؟»
but at first Pinocchio pretended not to have noticed
اما در ابتدا پینوکیو وانمود کرد که متوجه نشده است
he just casually asked him a question, smiling:
او فقط به طور تصادفی از او یک سوال پرسید، لبخند زد:
"How are you, my dear Candle-wick?"
"حالت چطوره عزیزم شمع فتیله؟"
"as well as a mouse in a Parmesan cheese"
"و همچنین یک موش در پنیر پارمسان"
"Are you saying that seriously?"
"ایا شما این را جدی می گیرید؟"
"Why should I tell you a lie?"
«چرا باید دروغ بگویم؟»
"but why, then, do you wear a cotton hat?"
"اما چرا کلاه پنبه ای می پوشید؟"
"is covers up all of your ears"
"تمام گوشات رو میپوشه"
"The doctor ordered me to wear it"
"دکتر به من دستور داد که ان را بپوشم"
"because I have hurt this knee"
"چون این زانوم اسیب دیده"
"And you, dear puppet," asked Candle-wick

"و شما، عروسک خیمه شب بازی عزیز،" شمع فتیله پرسید
"why have you pulled that cotton hat passed your nose?"
"چرا اون کلاه پنبه ای رو از دماغت رد کردی؟"
"The doctor prescribed it because I have grazed my foot"
"دکتر ان را تجویز کرد زیرا من پایم را خراشیده ام"
"Oh, poor Pinocchio!" - "Oh, poor Candle-wick!"
"اوه، پینوکیو بیچاره" - "!اوه، شمع بیچاره"!
After these words a long silence followed
پس از این سخنان سکوتی طولانی برقرار شد
the two friends did nothing but look mockingly at each other
این دو دوست هیچ کاری نکردند جز اینکه با تمسخر به یکدیگر نگاه کردند
At last the puppet said in a soft voice to his companion:
سرانجام عروسک به ارامی به رفیقش گفت:
"Satisfy my curiosity, my dear Candle-wick"
"کنجکاوی من را براورده کن، شمع عزیزم"
"have you ever suffered from disease of the ears?"
ایا تا به حال از بیماری گوش رنج می بردید؟
"I have never suffered from disease of the ears!"
"من هرگز از بیماری گوش رنج نمی برم"!
"And you, Pinocchio?" asked Candle-wick
"و شما، پینوکیو؟" شمع فتیله پرسید
"have you ever suffered from disease of the ears?"
ایا تا به حال از بیماری گوش رنج می بردید؟
"I have never suffered from that disease either"
من هم هرگز از این بیماری رنج نبرده ام».
"Only since this morning one of my ears aches"
"فقط از امروز صبح یکی از گوشام درد میکنه"
"my ear is also paining me"
"گوشم هم داره درد میکنه"
"And which of your ears hurts you?"
کدام یک از گوشهای شما به شما اسیب میرساند؟»
"Both of my ears happen to hurt"
"هر دو گوشم زخمی شدن"
"And what about you?"
"و تو چی؟"
"Both of my ears happen to hurt too"

"هر دو گوشم هم اسیب می بینند"
Can we have got the same illness?"
ایا ما هم میتوانیم همین بیماری را داشته باشیم؟»
"I fear we might have caught a fever"
"میترسم که تب کرده باشیم"
"Will you do me a kindness, Candle-wick?"
"میشه بهم لطف کنی، شمعی؟"
"Willingly! With all my heart"
"با میل و رغبت !با تمام قلبم"
"Will you let me see your ears?"
اجازه میدهی گوشهایت را ببینم»
"Why would I deny your request?"
چرا باید درخواست شما را رد کنم»
"But first, my dear Pinocchio, I should like to see yours"
اما اول، پینوکیو عزیزم، دوست دارم پینوکیو تو را ببینم».
"No: you must do so first"
"نه، شما باید اول این کار را انجام دهید"
"No, dear. First you and then I!"
نه عزیزم. اول تو و بعد من»!
"Well," said the puppet
"خوب، "عروسک گفت
"let us come to an agreement like good friends"
"بیایید مثل دوستان خوب به توافق رسیدیم"
"Let me hear what this agreement is"
"بذار ببینم این توافق چیه"
"We will both take off our hats at the same moment"
"ما هر دو کلاه خود را در همان لحظه بر می داریم"
"Do you agree to do it?"
"ایا شما موافقت می کنید که این کار را انجام دهید؟"
"I agree, and you have my word"
"موافقم، و شما قول من را دارید"
And Pinocchio began to count in a loud voice:
پینوکیو با صدای بلند شروع به شمردن کرد:
"One, two, three!" he counted
"یک، دو، سه "!او شمارش
At "Three!" the two boys took off their hats
در" سه "!دو پسر کلاه خود را برداشتند

and they threw their hats into the air
و کلاههای خود را به هوا پرتاب کردند

and you should have seen the scene that followed
و شما باید صحنهای را که در پی ان بود میدیدید

it would seem incredible if it were not true
اگر حقیقت نداشت باور نکردنی به نظر میرسید

they saw they were both struck by the same misfortune
دیدند که هر دوی انها از یک بدبختی رنج می برد

but they felt neither mortification nor grief
اما نه احساس ناراحتی میکردند و نه غمگین.

instead they began to prick their ungainly ears
در عوض شروع به تیز کردن گوش های ناخوشایند خود کردند

and they began to make a thousand antics
و شروع به ساختن هزاران کار عجیب و غریب کردند

they ended by going into bursts of laughter
در پایان قهقهه خندیدند

And they laughed, and laughed, and laughed
خندیدند و خندیدند.

until they had to hold themselves together
تا زمانی که مجبور شدند خود را در کنار هم نگه دارند

But in the midst of their merriment something happened
اما در میان شادیشان اتفاقی افتاد

Candle-wick suddenly stopped laughing and joking
شمع ناگهان خنده و شوخی را متوقف کرد

he staggered around and changed colour
تلوتلو خورد و رنگش عوض شد.

"Help, help, Pinocchio!" he cried

"کمک، کمک، پینوکیو "!او فریاد زد

"What is the matter with you?"

تو چت شده؟«

"Alas, I cannot any longer stand upright"

"متاسفانه، من دیگر نمی توانم ایستاده باشم"

"Neither can I," exclaimed Pinocchio

"من هم نمی توانم، "پینوکیو فریاد زد

and he began to totter and cry

و شروع کرد به تلوت عرعر کردن و گریه کردن.

And whilst they were talking, they both doubled up

و در حالی که انها صحبت می کردند، هر دو دو برابر شدند

and they began to run round the room on their hands and feet

و دستها و پاهایشان شروع به دویدن کردند

And as they ran, their hands became hoofs

و هنگامی که میدویدند، دستهایشان به سم تبدیل شد.

their faces lengthened into muzzles

صورتشان به پوزه کشیده شده بود.

and their backs became covered with a light gray hairs

و پشتشان را با موهای خاکستری روشن پوشانده بود

and their hair was sprinkled with black

و موهایشان از سیاهی پاشیده شده بود

But do you know what was the worst moment?

ایا می دانید بدترین لحظه چه بود؟

one moment was worse than all the others

یک لحظه بدتر از بقیه بود

both of the boys grew donkey tails

هر دو بچه دم خر پرورش داده بودند

the boys were vanquished by shame and sorrow

بچهها از شرم و اندوه مغلوب شدند

and they wept and lamented their fate

و گریه میکردند و از سرنوشت خود میگریستند

Oh, if they had but been wiser!

اگر عاقلتر بودند!

but they couldn't lament their fate

اما انها نمیتوانستند از سرنوشت خود پشیمان شوند

because they could only bray like asses

چون فقط میتوانستند مثل الاغها عرعر کنند

and they brayed loudly in chorus: "Hee-haw!"

و انها با صدای بلند فریاد می زدند" :هی هاو"!

Whilst this was going on someone knocked at the door

در حالی که این اتفاق می افتاد، کسی در را زد

and there was a voice on the outside that said:

و صدایی از بیرون شنید که میگفت:

"Open the door! I am the little man"

»در را باز کن !من مرد کوچک هستم«

"I am the coachman who brought you to this country"

من کالسکهچی هستم که تو رو به این کشور اوردم

"Open at once, or it will be the worse for you!"

"فورا باز کنید، وگرنه برای شما بدتر خواهد شد"!

Pinocchio gets Trained for the Circus
پینوکیو می شود برای سیرک اموزش دیده

the door wouldn't open at his command

در به فرمان او باز نمیشد

so the little man gave the door a violent kick

این بود که مرد کوچک در را با لگدی سخت زد

and the coachman burst into the room

کالسکهچی با عجله وارد اتاق شد

he spoke with his usual little laugh:

با خندهی همیشگی خود گفت:

"Well done, boys! You brayed well"

افرین پسرها !تو خیلی خوب عرعر کردی

"and I recognized you by your voices"

"و من تو رو با صدات شناختم"

"That is why I am here"

"به همین دلیل است که من اینجا هستم"

the two little donkeys were quite stupefied

دو الاغ کوچک کاملا گیج شده بودند

they stood with their heads down

سر به پایین ایستادند

they had their ears lowered

گوشهایشان را پایین اورده بودند

and they had their tails between their legs

و دمشان را میان پاهایشان گذاشته بودند.

At first the little man stroked and caressed them
در ابتدا مرد کوچک دست نوازش و نوازشی به انها زد

then he took out a currycomb
بعد یک شانهی کاری بیرون اورد

and he currycombed the donkeys well
و خرها را خوب شانه کرد

by this process he had polished them
با این روند او انها را صیقل داده بود

and the two donkeys shone like two mirrors
و الاغها چون اینهها میدرخشیدند

he put a halter around their necks
افساری به گردنشان انداخت

and he led them to the market-place
و انها را به بازار برد

he was in hopes of selling them
امیدوار بود که انها را به فروش براند

he thought he could get a good profit
فکر میکرد که میتواند سود خوبی به دست اورد

And indeed there were buyers for the donkeys
و همانا خران خریدار بودند

Candle-wick was bought by a peasant
شمع فتیله توسط یک دهقان خریداری شد

his donkey had died the previous day
الاغش روز قبل مرده بود

Pinocchio was sold to the director of a company
پینوکیو به مدیر یک شرکت فروخته شد

they were a company of buffoons and tight-rope dancers
انها گروهی از دلقکها و رقاصان طنابدار بودند

he bought him so that he might teach him to dance
او را خرید تا به او رقص یاد دهد

he could dance with the other circus animals
میتوانست با دیگر حیوانات سیرک برقصد

And now, my little readers, you understand
و حالا، خوانندگان کوچک من، شما درک می کنید

the little man was just a businessman
مرد کوچک فقط یک تاجر بود

and it was a profitable business that he led
و این یک کسب و کار سوداور بود که او رهبری می کرد

The wicked little monster with a face of milk and honey
هیولای کوچک شرور با چهره ای از شیر و عسل

he made frequent journeys round the world
او سفرهای مکرری در سراسر جهان انجام میداد

he promised and flattered wherever he went
هر جا که میرفت قول میداد و چاپلوسی میکرد

and he collected all the idle boys
و تمام بچههای بیکار را جمع کرد

and there were many idle boys to collect
و بچههای بیکار زیادی بودند که باید جمع میکردند

all the boys who had taken a dislike to books
همه بچههایی که از کتاب متنفر بودند،

and all the boys who weren't fond of school
و همه بچههایی که به مدرسه علاقه نداشتند

each time his wagon filled up with these boys
هر بار که ارابهاش پر از این بچهها میشد،

and he took them all to the Land of Boobie Birds
و همه را به سرزمین پرندگان سینه برد

here they passed their time playing games
در اینجا وقت خود را به بازی می گذراندند

and there was uproar and much amusement
و هیاهو و سرگرمی زیادی به راه افتاد

but the same fate awaited all the deluded boys
اما همین سرنوشت در انتظار همه بچههای فریب خورده بود

too much play and no study turned them into donkeys
بازی بیش از حد و بدون مطالعه انها را به الاغ تبدیل کرد

then he took possession of them with great delight
سپس با کمال خرسندی انان را تصرف کرد

and he carried them off to the fairs and markets

و انها را به بازارها و نمایشگاهها برد

And in this way he made heaps of money

و از این راه پول زیادی به دست اورد

What became of Candle-wick I do not know

چه شد شمع فتیله من نمی دانم

but I do know what happened to poor Pinocchio

اما من میدانم که چه بر سر پینوکیوی بیچاره امد

from the very first day he endured a very hard life

از همان روز اول زندگی سختی را تحمل کرد

Pinocchio was put into his stall

پینوکیو را در غرفهاش گذاشتند

and his master filled the manger with straw

و اربابش اخوری را با کاه پر کرد

but Pinocchio didn't like eating straw at all

اما پینوکیو اصلا دوست نداشت کاه بخورد

and the little donkey spat the straw out again

و الاغ کوچک بار دیگر کاه را تف کرد

Then his master, grumbling, filled the manger with hay

سپس اربابش غرولند کنان اخوری را با یونجه پر کرد

but hay did not please Pinocchio either

اما یونجه پینوکیو را هم راضی نکرد

"Ah!" exclaimed his master in a passion

"اه "!فریاد زد :استاد خود را در یک شور و شوق

"Does not hay please you either?"

ایا شما هم خوشحال نیستید؟«

"Leave it to me, my fine donkey"

"بذارش به من، الاغ خوب من"

"I see you are full of caprices"

"میبینم که پر از هوسی"

"but worry not, I will find a way to cure you!"

اما نگران نباشید، من راهی برای درمان شما پیدا خواهم کرد!

And he struck the donkey's legs with his whip

و با شلاق به پاهای خر ضربه زد

Pinocchio began to cry and bray with pain

پینوکیو شروع به گریه کرد و از درد عرعر کرد

"Hee-haw! I cannot digest straw!"

هی هاو !من نمی توانم حصیری را هضم کنم«!

"Then eat hay!" said his master

"پس از خوردن یونجه "!گفت :استاد خود را

he understood perfectly the asinine dialect

لهجهی نامئینی را به خوبی میفهمید

"Hee-haw! hay gives me a pain in my stomach"

"هی هاو !یونجه به من درد در معده من می دهد"

"I see how it is little donkey"

"من می بینم که چگونه ان را الاغ کوچک است"

"you would like to be fed with capons in jelly"

"دوست داری با کپون های ژله ای تغذیه کنی"

and he got more and more angry

و بیش از پیش عصبانی شد

and he whipped poor Pinocchio again

و دوباره پینوکیو بیچاره را شلاق زد

the second time Pinocchio held his tongue

دومین باری که پینوکیو زبانش را گرفت

and he learned to say nothing more

و یاد گرفت که دیگر چیزی نگوید

The stable was then shut

در ان موقع اصطبل بسته شد

and Pinocchio was left alone

و پینوکیو تنها ماند

He had not eaten for many hours

ساعتها بود که چیزی نخورده بود

and he began to yawn from hunger

و از گرسنگی شروع به خمیازه کشیدن کرد

his yawns seemed as wide as an oven

خمیازهاش به بزرگی یک اجاق گاز بود

but he found nothing else to eat

اما چیز دیگری برای خوردن نیافت

so he resigned himself to his fate

به این ترتیب خود را به سرنوشت خود تسلیم کرد

and gave in and chewed a little hay

و تسلیم شد و مقداری یونجه جوید

he chewed the hay well, because it was dry

یونجه را خوب جوید، چون خشک بود

and he shut his eyes and swallowed it

و چشمانش را بست و ان را بلعید

"This hay is not bad," he said to himself

"این یونجه بد نیست، "او به خود گفت.

"but better would have been if I had studied!"
اما بهتر بود اگر درس میخواندم«!
"Instead of hay I could now be eating bread"
به جای یونجه میتوانستم نان بخورم«.
"and perhaps I would have been eating fine sausages"
و شاید سوسیسهای خوب میخوردم
"But I must have patience!"
اما من باید صبور باشم«!
The next morning he woke up again
صبح روز بعد دوباره از خواب بیدار شد.
he looked in the manger for a little more hay
در اخوری به دنبال یونجه میگشت
but there was no more hay to be found
اما دیگر یونجه پیدا نشد
for he had eaten all the hay during the night
زیرا در طول شب همه یونجهها را خورده بود
Then he took a mouthful of chopped straw
بعد لقمهای از کاه خرد شده برداشت
but he had to acknowledge the horrible taste
اما مجبور بود طعم وحشتناک ان را تصدیق کند
it tasted not in the least like macaroni or pie
مزهی ان به هیچ وجه شبیه ماکارونی یا پای نبود
"I hope other naughty boys learn from my lesson"
"امیدوارم بقیه پسرای شیطون از درس من درس بگیرند"
"But I must have patience!"
اما من باید صبور باشم«!
and the little donkey kept chewing the straw
و الاغ کوچک کاه را میجوید
"Patience indeed!" shouted his master
"صبر در واقع "!فریاد زد :استاد خود را
he had come at that moment into the stable
در ان لحظه به اصطبل امده بود
"but don't get too comfortable, my little donkey"
"اما خیلی راحت نباش، الاغ کوچک من"
"I didn't buy you to give you food and drink"
من تو را نخریدم که به تو غذا و نوشیدنی بدهم«.
"I bought you to make you work"
"من تو رو خریدم تا مجبورت کنم کار کنی"

"I bought you so that you earn me money"
"من تو را خریدم تا تو برایم پول در اوری"

"Up you get, then, at once!"
"پس از ان، در یک بار"!

"you must come with me into the circus"
"تو باید با من به سیرک بیای"

"there I will teach you to jump through hoops"
"اونجا بهت یاد میدم که از حلقه ها بپری"

"you will learn to stand upright on your hind legs"
"تو یاد خواهی داشت که روی پاهای عقبت بایستی"

"and you will learn to dance waltzes and polkas"
و رقص والس و رقص لهستانی یاد خواهی داشت

Poor Pinocchio had to learn all these fine things
پینوکیو بیچاره مجبور بود تمام این چیزهای زیبا را یاد بگیرد

and I can't say it was easy to learn
و من نمیتوانم بگویم که یادگیری ان اسان بود

it took him three months to learn the tricks
سه ماه طول کشید تا این حقهها را یاد بگیرد

he got many a whipping that nearly took off his skin
تازیانههای زیادی خورد که نزدیک بود پوستش را کند

At last his master made the announcement
سرانجام اربابش این خبر را داد

many coloured placards stuck on the street corners
پلاکاردهای رنگارنگی در گوشه خیابانها بود

"Great Full Dress Representation"
"نمایندگی کامل لباس"

"TONIGHT will Take Place the Usual Feats and Surprises"
"امشب شاهکارها و شگفتی های معمول برگزار خواهد شد"

"Performances Executed by All the Artists and horses"
"اجراهای اجرا شده توسط همه هنرمندان و اسب ها"

"and moreover; The Famous LITTLE DONKEY PINOCCHIO"
و علاوه بر این؛ خر کوچک معروف پینوکیو

"THE STAR OF THE DANCE"
"ستاره رقص"

"the theatre will be brilliantly illuminated"
"تئاتر به طرز درخشانی روشن خواهد شد"

you can imagine how crammed the theatre was

میتوانید تصور کنید که تئاتر چقدر شلوغ بود

The circus was full of children of all ages

سیرک پر از کودکان در تمام سنین بود

all came to see the famous little donkey Pinocchio dance

همه برای دیدن رقص خر کوچک معروف پینوکیو امده بودند

the first part of the performance was over

قسمت اول نمایش تمام شده بود

the director of the company presented himself to the public

مدیر شرکت خود را به مردم معرفی کرد

he was dressed in a black coat and white breeches

کت سیاه و شلوار سفیدی پوشیده بود

and big leather boots that came above his knees

و چکمه‌های چرمی بزرگی که تا زانوهایش میرسید،

he made a profound bow to the crowd

تعظیمی عمیق به جمعیت کرد

he began with much solemnity a ridiculous speech:

با لحنی بسیار جدی شروع به سخن کرد و گفت:

"Respectable public, ladies and gentlemen!"

"مردم محترم، خانم ها و اقایان"!

"it is with great honour and pleasure"

"این با افتخار و لذت بزرگ است"

"I stand here before this distinguished audience"

"من اینجا در مقابل این حضار برجسته ایستادم"

"and I present to you the celebrated little donkey"

"و من الاغ کوچک مشهور را به شما معرفی می کنم"

"the little donkey who has already had the honour"

"خر کوچولویی که قبلا این افتخار رو داشته"

"the honour of dancing in the presence of His Majesty"

"افتخار رقصیدن در حضور اعلیحضرت"

"And, thanking you, I beg of you to help us"

"و با تشکر از شما، از شما خواهش می کنم که به ما کمک کنید"

"help us with your inspiring presence"

"با حضور الهام بخش خود به ما کمک کنید"

"and please, esteemed audience, be indulgent to us"

"و لطفا، مخاطبان محترم، به ما بخشنده باشید"

This speech was received with much laughter and applause

این سخنرانی با خنده و تشویق بسیار مورد استقبال قرار گرفت

but the applause soon was even louder than before

اما صدای کف زدنها خیلی زود بلندتر از قبل شد
the little donkey Pinocchio made his appearance
الاغ کوچک پینوکیو ظاهر شد
and he stood in the middle of the circus
و در وسط سیرک ایستاد
He was decked out for the occasion
او برای این مناسبت تزئین شده بود
He had a new bridle of polished leather
یک لگام جدید از چرم صیقلی داشت
and he was wearing brass buckles and studs
و سگکهای برنجی و گل میخی به تن داشت
and he had two white camellias in his ears
و دو تا کاملیا سفید در گوشهایش بود
His mane was divided and curled
یال او از هم جدا و فر خورده بود
and each curl was tied with bows of coloured ribbon
و هر حلقه با کمانی از روبانهای رنگی بسته شده بود
He had a girth of gold and silver round his body
دور بدنش حلقهای از طلا و نقره بود
his tail was plaited with amaranth and blue velvet ribbons
دمش را با گل تاج خروس و روبانهای مخملی ابی میپیچید
He was, in fact, a little donkey to fall in love with!
او در واقع یک الاغ کوچک برای عاشق شدن بود!
The director added these few words:
کارگردان این چند کلمه را اضافه کرد:
"My respectable auditors!"
"حسابرسان محترم من"!
"I am not here to tell you falsehoods"
"من اینجا نیستم که به شما دروغ بگویم"
"there were great difficulties I had to overcome"
"مشکلات بزرگی وجود داشت که باید بر انها غلبه میکردم"
"I understood and subjugated this mammifer"
"من این مادر رو درک کردم و مطیعش کردم"
"he was grazing at liberty amongst the mountains"
"او در میان کوهها در حال چرا بود"
"he lived in the plains of the torrid zone"
"او در دشت های منطقه داغ زندگی می کرد"
"I beg you will observe the wild rolling of his eyes"
"التماست میکنم که غلتیدن وحشیانه چشماش رو تماشا کنی"

"Every means had been tried in vain to tame him"
هر وسیلهای بیهوده برای رام کردن او امتحان شده بود
"I have accustomed him to the life of domestic quadrupeds"
"من او را به زندگی خانگی چهارپا عادت داده ام"
"and I spared him the convincing argument of the whip"
و من او را از استدلال قانع کننده شلاق رها کردم
"But all my goodness only increased his viciousness"
"اما تمام خوبی های من فقط شرارت او را افزایش داد"
"However, I discovered in his cranium a bony cartilage"
"با این حال، من در جمجمه او یک غضروف استخوانی کشف کردم"
"I had him inspected by the Faculty of Medicine of Paris"
"من او را توسط دانشکده پزشکی پاریس بازرسی کردم"
"I spared no cost for my little donkey's treatment"
"من هیچ هزینه ای برای درمان الاغ کوچکم نداشتم"
"in him the doctors found the regenerating cortex of dance"
"در او پزشکان قشر بازسازی رقص را پیدا کردند"
"For this reason I have not only taught him to dance"
به همین دلیل من نه تنها رقص را به او یاد داده ام.
"but I also taught him to jump through hoops"
اما من هم بهش یاد دادم که از حلقه ها بپره
"Admire him, and then pass your opinion on him!"
او را تحسین کنید و سپس نظر خود را در مورد او بیان کنید!
"But before taking my leave of you, permit me this;"
اما قبل از اینکه از من جدا شوید، اجازه دهید این را به من بدهید.
"ladies and gentlemen, esteemed members of the crowd"
"خانم ها و اقایان، اعضای محترم جمعیت"
"I invite you to tomorrow's daily performance"
"من شما را به اجرای روزانه فردا دعوت می کنم"
Here the director made another profound bow
در اینجا مدیر بار دیگر تعظیمی کرد
and, then turning to Pinocchio, he said:
سپس رو به پینوکیو کرد و گفت:
"Courage, Pinocchio! But before you begin:"
شجاع باش پینوکیو !اما قبل از اینکه شروع کنید:
"bow to this distinguished audience"
"به این حضار برجسته تعظیم کن"
Pinocchio obeyed his master's commands
پینوکیو از فرمان اربابش اطاعت کرد

and he bent both his knees till they touched the ground

و زانوهایش را خم کرد تا به زمین رسیدند.

the director cracked his whip and shouted:

مدیر شلاقش را شکست و فریاد زد:

"At a foot's pace, Pinocchio!"

"با سرعت پا، پینوکیو"!

Then the little donkey raised himself on his four legs

سپس الاغ کوچک خود را بر روی چهار پای خود بلند کرد

and began to walk round the theatre

و شروع به قدم زدن در سالن تئاتر کرد

and the whole time he kept at a foot's pace

و در تمام مدتی که پا به پای خود میدوست

After a little time the director shouted again:

بعد از مدتی کارگردان دوباره فریاد زد:

"Trot!" and Pinocchio, obeyed the order

"Trot!"و پینوکیو، اطاعت از دستور

and he changed his pace to a trot

و قدمهایش را به یورتمه تغییر داد

"Gallop!" and Pinocchio broke into a gallop

"گالوپ "!و پینوکیو به یک اسب دوانی شکست

"Full gallop!" and Pinocchio went full gallop

"کامل "gallop!و پینوکیو رفت gallop کامل

he was running round the circus like a racehorse

مثل اسب مسابقهای دور سیرک میدوید

but then the director fired off a pistol

اما بعد مدیر تپانچهای شلیک کرد

at full speed he fell to the floor

با سرعت تمام به زمین افتاد

and the little donkey pretended to be wounded

و الاغ کوچک وانمود کرد که مجروح شده است

he got up from the ground amidst an outburst of applause

در میان صدای کف زدن از روی زمین برخاست

there were shouts and clapping of hands

فریادها و دستها به هم میفشفت

and he naturally raised his head and looked up

و طبیعتا سرش را بلند کرد و سرش را بلند کرد

and he saw in one of the boxes a beautiful lady

و در یکی از جعبهها بانوی زیبایی را دید

she wore round her neck a thick gold chain

زنجیر طلای ضخیمی به گردنش حلقه کرده بود

and from the chain hung a medallion

و از زنجیر یک مدال اویزان بود

On the medallion was painted the portrait of a puppet

روی مدال، تصویر عروسکی نقاشی شده بود

"That is my portrait!" realized Pinocchio

"این پرتره من است "!پینوکیو متوجه شد

"That lady is the Fairy!" said Pinocchio to himself

"این خانم پری است "!پینوکیو به خود گفت

Pinocchio had recognized her immediately

پینوکیو فورا او را شناخت

and, overcome with delight, he tried to call her

و از شادی غلبه کرد و سعی کرد او را صدا کند

"Oh, my little Fairy! Oh, my little Fairy!"

اوه، پری کوچولوی من !پری کوچولوی من«!

But instead of these words a bray came from his throat

اما به جای این کلمات، عرعری از گلویش بیرون امد

a bray so prolonged that all the spectators laughed

صدای عرعر چنان بلند بود که همه تماشاچیها میخندیدند

and all the children in the theatre especially laughed

و همه بچههای تئاتر مخصوصا میخندیدند

Then the director gave him a lesson

بعد مدیر به او درس داد

it is not good manners to bray before the public

عرعر کردن در برابر مردم ادب خوبی نیست

with the handle of his whip he smacked the donkey's nose

با شلاق به دماغ خر ضربه زد

The poor little donkey put his tongue out an inch

الاغ کوچک بینوا زبانش را یک اینچ بیرون اورد.

and he licked his nose for at least five minutes

و دست کم پنج دقیقه بینیاش را لیس زد

he thought perhaps that it would ease the pain

با خود فکر میکرد که شاید این کار درد را تسکین دهد

But how he despaired when looking up a second time

اما وقتی برای بار دوم به بالا نگاه کرد، چقدر ناامید شد.

he saw that the seat was empty

دید که صندلی خالی است

the good Fairy of his had disappeared!

پری مهربانش ناپدید شده بود!

He thought he was going to die

فکر میکرد که خواهد مرد

his eyes filled with tears and he began to weep

چشمانش پر از اشک شد و شروع به گریستن کرد.

Nobody, however, noticed his tears

اما هیچکس متوجه اشکهای او نشد.

"Courage, Pinocchio!" shouted the director

"شجاعت، پینوکیو!"کارگردان فریاد زد

"show the audience how gracefully you can jump through the hoops"

"به تماشاگر نشون بده که چقدر با وقار میتونی از حلقه ها بپری"

Pinocchio tried two or three times

پینوکیو دو سه بار تلاش کرد

but going through the hoop is not easy for a donkey

اما عبور از حلقه برای یک الاغ اسان نیست

and he found it easier to go under the hoop

و رفتن به زیر حلقه را اسانتر میيافت

At last he made a leap and went through the hoop

بالاخره جست و خیزی کرد و از میان حلقه گذشت

but his right leg unfortunately caught in the hoop

اما متاسفانه پای راستش در حلقه گیر کرده بود

and that caused him to fall to the ground

و این باعث شد که او به زمین بیفتد

he was doubled up in a heap on the other side

در طرف دیگر به صورت توده‌ای دو برابر شده بود

When he got up he was lame

وقتی از جا برخاست، لنگ بود.

only with great difficulty did he return to the stable

تنها با زحمت فراوان به اصطبل بازگشت

"Bring out Pinocchio!" shouted all the boys

"پینوکیو را بیرون بیاورید!"همه پسران فریاد زدند

"We want the little donkey!" roared the theatre

"ما الاغ کوچک را می خواهیم"تئاتر غرش کرد

they were touched and sorry for the sad accident

از این حادثه غم انگیز متاثر شدند و متاسف شدند

But the little donkey was seen no more that evening

اما ان شب دیگر الاغ کوچک دیده نشد

The following morning the veterinary paid him a visit

صبح روز بعد دامپزشک او را ملاقات کرد

the vets are doctors to the animals

دامپزشکان پزشک حیوانات هستند

and he declared that he would remain lame for life

و اعلام کرد که تا ابد لنگ خواهد ماند

The director then said to the stable-boy:

سپس مدیر به پسر اصطبل گفت:

"What do you suppose I can do with a lame donkey?"

«فکر میکنی با یه الاغ لنگ چیکار میتونم بکنم؟»

"He will eat food without earning it"

"او غذا می خورد بدون اینکه ان را به دست اورد"

"Take him to the market and sell him"

"ببرش به بازار و بفروشش"

When they reached the market a purchaser was found at once

وقتی به بازار رسیدند، یک خریدار پیدا شد

He asked the stable-boy:

او از پسر اصطبل پرسید:

"How much do you want for that lame donkey?"

"چقدر برای اون الاغ لنگ میخوای؟"

"Twenty dollars and I'll sell him to you"

"بیست دلار و من اونو به تو میفروشم"

"I will give you two dollars"

«من به شما دو دلار می دهم».

"but don't suppose that I will make use of him"

«اما گمان نکنید که من از او استفاده خواهم کرد»

"I am buying him solely for his skin"

«من او را فقط برای پوستش میخرم».

"I see that his skin is very hard"

"من می بینم که پوست او بسیار سخت است"

"I intend to make a drum with him"

"میخوام باهاش طبل بزنم"

he heard that he was destined to become a drum!

شنیده بود که سرنوشتش طبل زدن است!

you can imagine poor Pinocchio's feelings

میتونی احساسات پینوکیو بیچاره رو تصور کنی

the two dollars were handed over

دو دلار را به او دادند

and the man was given his donkey

و الاغش را به او دادند

he led the little donkey to the seashore

الاغ کوچک را به ساحل دریا برد

he then put a stone round his neck

سپس سنگی به گردنش انداخت

and he gave him a sudden push into the water

و او را به طور ناگهانی به اب هل داد

Pinocchio was weighted down by the stone

پینوکیو توسط سنگ وزن شد

and he went straight to the bottom of the sea

و یک راست به اعماق دریا رفت

his owner kept tight hold of the cord

صاحبش طناب را محکم نگه داشته بود

he sat down quietly on a piece of rock

ارام روی یک تکه سنگ نشست

and he waited until the little donkey was drowned

و منتظر ماند تا خر کوچک غرق شود

and then he intended to skin him

و بعد تصمیم گرفت پوستش را کند

Pinocchio gets Swallowed by the Dog-Fish
پینوکیو توسط سگ ماهی بلعیده می شود

Pinocchio had been fifty minutes under the water

پینوکیو پنجاه دقیقه زیر اب بود

his purchaser said aloud to himself:

خریدارش با صدای بلند با خود گفت:

"My little lame donkey must by now be quite drowned"

"الاغ کوچولوی لنگ من باید تا الان کاملا غرق شده باشه"

"I will therefore pull him out of the water"

پس او را از اب بیرون خواهم کشید».

"and I will make a fine drum of his skin"

"و از پوستش یه طبل خوب درست میکنم"

And he began to haul in the rope

و شروع کرد به کشیدن طناب

the rope he had tied to the donkey's leg

طنابی را که به پای خر بسته بود

and he hauled, and hauled, and hauled

و او را حمل کرد و حمل کرد و حمل کرد.

he hauled until at last...

...او ادامه داد تا سرانجام

what do you think appeared above the water?

فکر می کنید چه چیزی بالای اب ظاهر شد؟

he did not pull a dead donkey to land

او یک الاغ مرده را به خشکی نکشید

instead he saw a living little puppet

در عوض او یک عروسک کوچک زنده را دید

and this little puppet was wriggling like an eel!

و این عروسک کوچولو مثل مارماهی میپیچید!

the poor man thought he was dreaming

بیچاره خیال میکرد خواب میبیند،

and he was struck dumb with astonishment

و از تعجب مبهوت شد

he eventually recovered from his stupefaction

سرانجام از حیرت و حیرت خود به حال خود بازگشت

and he asked the puppet in a quavering voice:

و با صدایی لرزان از عروسک پرسید:

"where is the little donkey I threw into the sea?"

الاغ کوچکی که به دریا انداختم کجاست؟«

"I am the little donkey!" said Pinocchio

"من الاغ کوچک هستم "!پینوکیو گفت:

and Pinocchio laughed at being a puppet again

پینوکیو به این که دوباره عروسک خیمه شب بازی شده است، خندید.

"How can you be the little donkey??"

"چگونه می توانید الاغ کوچک باشید؟"

"I was the little donkey," answered Pinocchio

"من الاغ کوچک بودم، "پینوکیو پاسخ داد

"and now I'm a little puppet again"

"و حالا دوباره یه عروسک خیمه شب بازی شدم"

"Ah, a young scamp is what you are!!"

"اه، یک جوان جوان چیزی است که شما هستید"!!

"Do you dare to make fun of me?"

»جرات میکنی مرا مسخره کنی؟«

"To make fun of you?" asked Pinocchio

"برای مسخره کردن شما؟ "پینوکیو پرسید

"Quite the contrary, my dear master?"

»کاملا برعکس، ارباب عزیزم؟«

"I am speaking seriously with you"

"من با شما جدی صحبت می کنم"

"a short time ago you were a little donkey"

"خیلی وقت پیش تو یه خر کوچولو بودی"

"how can you have become a wooden puppet?"

"چگونه می توانید یک عروسک چوبی شوید؟"

"being left in the water does not do that to a donkey!"

"رها شدن در اب این کار را با یک الاغ انجام نمی دهد"!

"It must have been the effect of sea water"

"این باید اثر اب دریا باشد"

"The sea causes extraordinary changes"

"دریا باعث تغییرات فوق العاده ای می شود"

"Beware, puppet, I am not in the mood!"

"مراقب باشید، عروسک خیمه شب بازی، من در خلق و خوی نیست"!

"Don't imagine that you can amuse yourself at my expense"

تصور نکنید که می توانید با هزینه من خودتان را سرگرم کنید.

"Woe to you if I lose patience!"

»وای بر تو اگر صبرم را از دست بدهم«!

"Well, master, do you wish to know the true story?"

»خوب، استاد، ایا میخواهید داستان واقعی را بدانید؟«

"If you set my leg free I will tell it you"

"اگه پام رو ازاد کنی بهت میگم"

The good man was curious to hear the true story

مرد خوب کنجکاو بود که داستان واقعی را بشنود

and he immediately untied the knot

و بلافاصله گره را باز کرد

Pinocchio was again as free as a bird in the air

پینوکیو دوباره مثل پرندهای در هوا ازاد بود

and he commenced to tell his story

و شروع کرد به تعریف داستانش

"You must know that I was once a puppet"

"باید بدونی که من یه زمانی عروسک بودم"

"that is to say, I wasn't always a donkey"

"به عبارت دیگر، من همیشه یک الاغ نبودم"

"I was on the point of becoming a boy"

"من در حال تبدیل شدن به یک پسر بودم"

"I would have been like the other boys in the world"

"من هم مثل بقیه بچه های دنیا بودم"

"but like other boys, I wasn't fond of study"

"اما مانند پسران دیگر، من علاقه ای به مطالعه نداشتم"

"and I followed the advice of bad companions"

"و من از توصیه های همراهان بد پیروی کردم"

"and finally I ran away from home"

"و بالاخره از خونه فرار کردم"

"One fine day when I awoke I found myself changed"

"یک روز خوب وقتی بیدار شدم، متوجه شدم که تغییر کرده ام"

"I had become a donkey with long ears"

"من تبدیل به یک الاغ با گوش های بلند شده بودم"

"and I had grown a long tail too"

"و من هم یه دم بلند داشتم"

"What a disgrace it was to me!"

چه ننگی بود برای من»!

"even your worst enemy would not inflict it upon you!"

حتی بدترین دشمنت هم این را به تو تحمیل نخواهد کرد!

"I was taken to the market to be sold"

"من را به بازار بردند تا فروخته شوم"

"and I was bought by an equestrian company"

"و من توسط یه شرکت سوارکاری خریداری شدم"

"they wanted to make a famous dancer of me"

اونا میخواستن از من یه رقاص مشهور بسازن

"But one night during a performance I had a bad fall"

"اما یک شب در حین اجرا، سقوط بدی داشتم"
"and I was left with two lame legs"
"و من با دو تا پای لنگ تنها موندم"
"I was of no use to the circus no more"
"من دیگه هیچ فایده ای برای سیرک نداشتم"
"and again I was taken to the market
و دوباره به بازار برده شدم
"and at the market you were my purchaser!"
"و در بازار شما خریدار من بودید"!
"Only too true," remembered the man
"فقط خیلی درست است، "مرد به یاد می اورد
"And I paid two dollars for you"
"و من دو دلار برای تو پرداخت کردم"
"And now, who will give me back my good money?"
حالا چه کسی پول خوبم را به من پس خواهد داد؟«
"And why did you buy me?"
چرا مرا خریدی؟«
"You bought me to make a drum of my skin!"
"تو منو خریدی تا از پوستم طبل درست کنم"!
"Only too true!" said the man
"فقط بیش از حد درست است "!مرد گفت:
"And now, where shall I find another skin?"
حالا کجا باید پوست دیگری پیدا کنم؟«
"Don't despair, master"
"ناامید نشوید استاد"
"There are many little donkeys in the world!"
الاغهای کوچک زیادی در دنیا وجود دارند«!
"Tell me, you impertinent rascal;"
بهم بگو، فطرت گستاخ
"does your story end here?"
ایا داستان شما اینجا به پایان میرسد؟«
"No," answered the puppet
"نه، "عروسک پاسخ داد
"I have another two words to say"
دو کلمه دیگر برای گفتن دارم«.
"and then my story shall have finished"
"و بعدش داستان من تموم خواهد شد"

"you brought me to this place to kill me"
"تو منو به اینجا اوردی تا منو بکشی"

"but then you yielded to a feeling of compassion"
"ولی بعدش تسلیم احساس شفقت شدی"

"and you preferred to tie a stone round my neck
و تو ترجیح دادی یه سنگ دور گردنم ببندی

"and you threw me into the sea"
"و تو منو انداختی تو دریا"

"This humane feeling does you great honour"
"این احساس انسانی برای شما افتخار بزرگی است"

"and I shall always be grateful to you"
"و من همیشه از تو سپاسگزار خواهم بود"

"But, nevertheless, dear master, you forgot one thing"
"اما، با این حال، استاد عزیز، شما یک چیز را فراموش کرده اید".

"you made your calculations without considering the Fairy!"
تو محاسباتت رو بدون در نظر گرفتن پری انجام دادی

"And who is the Fairy?"
و پری کیست؟»

"She is my mamma," replied Pinocchio
"او مادر من است، "پینوکیو پاسخ داد

"and she resembles all other good mammas"
"و اون شبیه همه مادرهای خوب دیگه است"

"and all good mammas care for their children"
و همه مادرهای خوب از بچه هاشون مراقبت می کنند

"mammas who never lose sight of their children""
"مادرهایی که هرگز فرزندانشان را از یاد نمی ندازند"

"mammas who help their children lovingly"
"مادرهایی که با عشق به فرزندانشان کمک میکنند"

"and they love them even when they deserve to be abandoned"
"و انها را دوست دارند حتی زمانی که سزاوار رها شدن هستند"

"my good mamma kept me in her sight"
"مامان خوبم منو جلوی چشمش نگه داشت"

"and she saw that I was in danger of drowning"
"و اون دید که من در خطر غرق شدن هستم"

"so she immediately sent an immense shoal of fish"
"بنابراین او بلافاصله یک مقدار عظیم از ماهی ها را فرستاد"

"first they really thought I was a little dead donkey"
"اول اونا واقعا فکر کردن من یه خر مرده ام"
"and so they began to eat me in big mouthfuls"
"و اونا شروع کردن به خوردن من در لقمه های بزرگ"
"I never knew fish were greedier than boys!"
من هرگز نمی دانستم که ماهی ها حریص تر از پسران هستند!
"Some ate my ears and my muzzle"
"بعضی ها گوش هام و پوزه ام رو خوردن"
"and other fish my neck and mane"
"و ماهی های دیگر گردن و یال من"
"some of them ate the skin of my legs"
"بعضی از اونا پوست پاهام رو خوردن"
"and others took to eating my fur"
"و دیگران به خوردن خز من"
"Amongst them there was an especially polite little fish"
در میان انها یک ماهی کوچک بسیار مودب وجود داشت.
"and he condescended to eat my tail"
"و اون با فروتنی دم منو خورد"
the purchaser was horrified by what he heard
خریدار از شنیدن این خبر به وحشت افتاده بود
"I swear that I will never touch fish again!"
قسم می خورم که دیگر هرگز به ماهی دست نزنم!
"imagine opening a mullet and finding a donkey's tail!"
تصور کن یه ماهی رو باز کنی و دم خر رو پیدا کنی
"I agree with you," said the puppet, laughing
"من با شما موافقم،" عروسک گفت، خنده
"However, I must tell you what happened next"
"با این حال، باید به شما بگویم که بعد از ان چه اتفاقی افتاد"
"the fish had finished eating the donkey's hide"
"ماهی ها دیگه پوست خر رو نمیخورن"
"the donkey's hide that had covered me"
"پوست خری که منو پوشانده بود"
"then they naturally reached the bone"
"سپس انها به طور طبیعی به استخوان رسیدند"
"but it was not bone, but rather wood"
"اما استخوان نبود، بلکه چوب بود"
"for, as you see, I am made of the hardest wood"

همانطور که می بینید، من از سخت ترین چوب ساخته شده ام.

"they tried to take a few more bites"

"اونا سعی کردن چند تا گاز دیگه بخورن"

"But they soon discovered I was not for eating"

"اما انها به زودی متوجه شدند که من برای غذا خوردن نیستم"

"disgusted with such indigestible food, they swam off"

"منزجر از چنین غذای غیر قابل هضم، انها شنا کردند"

"and they left without even saying thank you"

و اونا بدون اینکه حتی تشکر کنن رفتن

"And now, at last, you have heard my story"

"و حالا، بالاخره، داستان من را شنیدید"

"and that is why you didn't find a dead donkey"

و به همین دلیل است که شما یک الاغ مرده را پیدا نکردید

"and instead you found a living puppet"

و بجاش یه عروسک زنده پیدا کردی

"I laugh at your story," cried the man in a rage

"من در داستان خود را می خندم، "مرد در خشم گریه کرد

"I only know that I spent two dollars to buy you"

فقط میدانم که دو دلار خرج کردم تا تو را بخرم«.

"and I will have my money back"

"و من پولم رو پس خواهم گرفت"

"Shall I tell you what I will do?"

ایا باید به شما بگویم چه کار خواهم کرد؟«

"I will take you back to the market"

"من تو رو به بازار برمیگردانم"

"and I will sell you by weight as seasoned wood"

"و من تو رو با وزن به عنوان چوب چاشنی میفروشم"

and the purchaser can light fires with you"

و خریدار می تواند با شما اتش روشن کند" .

Pinocchio was not too worried about this

پینوکیو خیلی نگران این موضوع نبود.

"Sell me if you like; I am content"

اگر دوست دارید مرا بفروشید من راضی هستم"

and he plunged back into the water

و دوباره در اب فرو رفت

he swam gaily away from the shore

با خوشحالی از ساحل دور شد

and he called to his poor owner

و صاحب بیچارهاش را صدا زد:
"Good-bye, master, don't forget me"
«خداحافظ استاد، مرا فراموش نکن»
"the wooden puppet you wanted for its skin"
عروسک چوبی که به خاطر پوستش میخواستی
"and I hope you get your drum one day"
"و امیدوارم یه روز طبلت رو بگیری"
And he laughed and went on swimming
خندید و به شنا کردن ادامه داد.
and after a while he turned around again
و بعد از مدتی دوباره برگشت
"Good-bye, master," he shouted louder
"خداحافظ استاد، "او بلندتر فریاد زد
"and remember me when you need well seasoned wood"
"و وقتی به چوب چاشنی دار نیاز داری منو به یاد بیار"
"and think of me when you're lighting a fire"
"و وقتی داری اتیش روشن میکنی به من فکر کن"
soon Pinocchio had swam towards the horizon
به زودی پینوکیو به سمت افق شنا کرد
and now he was scarcely visible from the shore
و اکنون از ساحل به سختی دیده میشد
he was a little black speck on the surface of the sea
او یک ذره کوچک سیاه روی سطح دریا بود
from time to time he lifted out of the water
گاه و بی گاه از اب بلند می شد
and he leaped and capered like a happy dolphin
و مثل یک دلفین خوشحال از جا جست و خیز کرد
Pinocchio was swimming and he knew not whither
پینوکیو شنا میکرد و نمیدانست به کجا میرود.
he saw in the midst of the sea a rock
در میان دریا صخرهای دید
the rock seemed to be made of white marble
سنگ از مرمر سفید ساخته شده بود
and on the summit there stood a beautiful little goat
و در بالای قله بزی زیبا و کوچک ایستاده بود
the goat bleated lovingly to Pinocchio
بز با عشق به پینوکیو بعبع میکرد
and the goat made signs to him to approach
و بز به او علامت داد تا به او نزدیک شود

But the most singular thing was this:

اما عجیبترین چیز این بود:

The little goat's hair was not white nor black

موی بز کوچک نه سفید بود و نه سیاه

nor was it a mixture of two colours

و نه مخلوطی از دو رنگ

this is usual with other goats

این کار برای بزهای دیگر عادی است

but the goat's hair was a very vivid blue

اما موی بز ابی روشن بود

a vivid blue like the hair of the beautiful Child

ابی روشن مانند موی ان کودک زیبا

imagine how rapidly Pinocchio's heart began to beat

تصور کنید که قلب پینوکیو با چه سرعتی شروع به تپید

He swam with redoubled strength and energy

با قدرت و انرژی مضاعف شنا میکرد

and in no time at all he was halfway there

و به هیچ وجه او در نیمه راه بود

but then he saw something came out the water

اما بعد دید که چیزی از اب بیرون امد

the horrible head of a sea-monster!

سر وحشتناک یک هیولای دریایی!

His mouth was wide open and cavernous

دهانش کاملا باز و غار مانند بود

there were three rows of enormous teeth

سه ردیف دندان بزرگ داشت

even a picture of if would terrify you

حتی یک تصویر از اگر شما وحشت زده

And do you know what this sea-monster was?

و میدونی این هیولای دریایی چی بود؟

it was none other than that gigantic Dog-Fish

او کسی نبود جز ان سگ ماهی غول پیکر

the Dog-Fish mentioned many times in this story

سگ ماهی که بارها در این داستان ذکر شده است

I should tell you the name of this terrible fish

باید اسم این ماهی وحشتناک را به شما بگویم.

Attila of Fish and Fishermen

اتیلا از ماهی و ماهیگیران

on account of his slaughter and insatiable voracity

به سبب کشتار و شور و شعف سیری ناپذیرش،
think of poor Pinocchio's terror at the sight
با دیدن این منظره به وحشت پینوکیو بیچاره فکر کنید
a true sea monster was swimming at him
هیولای دریایی واقعی به سوی او شنا میکرد
He tried to avoid the Dog-Fish
او سعی کرد از سگ ماهی اجتناب کند
he tried to swim in other directions
سعی کرد در جهات دیگر شنا کند
he did everything he could to escape
هر کاری از دستش بر می رفت انجام داد تا فرار کند
but that immense wide-open mouth was too big
اما ان دهان باز و بزرگ بیش از حد بزرگ بود
and it was coming with the velocity of an arrow
و با سرعت تیری میامد
the beautiful little goat tried to bleat
بز کوچک زیبا سعی کرد بعبع کند
"Be quick, Pinocchio, for pity's sake!"
"سریع باش پینوکیو، به خاطر ترحم"!
And Pinocchio swam desperately with all he could
پینوکیو نومیدانه با تمام توان شنا میکرد
his arms, his chest, his legs, and his feet
بازوها، قفسه سینه، پاها و پاهایش
"Quick, Pinocchio, the monster is close upon you!"
"سریع، پینوکیو، هیولا به شما نزدیک است"!
And Pinocchio swam quicker than ever
پینوکیو سریعتر از همیشه شنا کرد
he flew on with the rapidity of a ball from a gun
با سرعت توپی که از توپ بیرون امده بود به پرواز خود ادامه داد
He had nearly reached the rock
نزدیک بود به صخره برسد
and he had almost reached the little goat
و نزدیک بود به بز کوچکش برسد
and the little goat leaned over towards the sea
و بز کوچک به طرف دریا خم شد
she stretched out her fore-legs to help him
او پاهای جلوش را دراز کرد تا به او کمک کند
perhaps she could get him out of the water
شاید بتواند او را از اب بیرون اورد
But all their efforts were too late!

اما تمام تلاش های انها خیلی دیر شده بود!

The monster had overtaken Pinocchio

هیولا از پینوکیو سبقت گرفته بود

he drew in a big breath of air and water

نفس عمیقی از اب و هوا کشید

and he sucked in the poor puppet

و عروسک بیچاره را مکید

like he would have sucked a hen's egg

مثل این بود که تخم مرغی را مکیده باشد

and the Dog-Fish swallowed him whole

و سگ ماهی او را بلعید

Pinocchio tumbled through his teeth

پینوکیو در میان دندانهایش فرو میتپید

and he tumbled down the Dog-Fish's throat

و او در گلوی سگ ماهی فرو رفت

and finally he landed heavily in his stomach

و سرانجام به شدت در شکمش فرود امد

he remained unconscious for a quarter of an hour

یک ربع ساعت بیهوش ماند

but eventually he came to himself again

اما سرانجام دوباره به خود امد

he could not in the least imagine in what world he was

به هیچ وجه نمیتوانست تصور کند که در چه دنیایی است

All around him there was nothing but darkness

دور و بر او چیزی جز تاریکی نبود.

it was as if he had fallen into a pot of ink
مثل این بود که در ظرف جوهری افتاده باشد

He listened, but he could hear no noise
گوش میداد، اما هیچ صدایی نمیشنید.

occasionally great gusts of wind blew in his face
گاهی وزش باد شدیدی در چهرهاش میوزید،

first he could not understand from where it came from
نخست نمیتوانست بفهمد که از کجا امده است.

but at last he discovered the source
اما سرانجام منبع را کشف کرد

it came out of the monster's lungs
از ریههای هیولا بیرون امد

there is one thing you must know about the Dog-Fish
یک چیز وجود دارد که شما باید در مورد ماهی سگ بدانید

the Dog-Fish suffered very much from asthma
سگ ماهی بسیار از اسم رنج می برد

when he breathed it was exactly like the north wind
وقتی نفس میکشید درست مثل باد شمال بود

Pinocchio at first tried to keep up his courage
پینوکیو در ابتدا سعی کرد شجاعت خود را حفظ کند

but the reality of the situation slowly dawned on him
اما واقعیت این وضعیت به تدریج بر او اشکار شد

he was really shut up in the body of this sea-monster
او واقعا در بدن این هیولای دریایی خفه شده بود

and he began to cry and scream and sob
و شروع به گریه کرد و فریاد کشید و هق هق کرد.

"Help! help! Oh, how unfortunate I am!"
"کمک !کمک !چقدر بدبخت هستم»!

"Will nobody come to save me?"
ایا کسی برای نجات من نخواهد امد؟»

from the dark there came a voice
از تاریکی صدایی به گوش رسید

the voice sounded like a guitar out of tune
صدایش مثل گیتاری بود که از اهنگ خارج شده بود.

"Who do you think could save you, unhappy wretch?"
فکر میکنی کی میتونه تو رو نجات بده بدبخت بدبخت؟

Pinocchio froze with terror at the voice
پینوکیو از وحشت از این صدا یخ زد

"Who is speaking?" asked Pinocchio, finally

"چه کسی صحبت می کند؟ "پینوکیو پرسید، در نهایت
"It is I! I am a poor Tunny Fish"
من هستم !من یک ماهی تنی فقیر هستم"
"I was swallowed by the Dog-Fish along with you"
"من توسط سگ ماهی همراه با تو بلعیده شدم"
"And what fish are you?"
تو چه ماهی هستی؟«
"I have nothing in common with fish"
"من هیچ وجه اشتراکی با ماهی ندارم"
"I am a puppet," added Pinocchio
"من یک عروسک خیمه شب بازی هستم، "پینوکیو اضافه کرد
"Then why did you let yourself be swallowed?"
پس چرا گذاشتی خودت بلعیده بشی؟«
"I didn't let myself be swallowed"
"من به خودم اجازه ندادم که بلعیده شوم"
"it was the monster that swallowed me!"
هیولایی بود که مرا بلعید!
"And now, what are we to do here in the dark?"
"و حالا، ما اینجا در تاریکی چه باید بکنیم؟"
"there's not much we can do but to resign ourselves"
کار زیادی از دستمون بر نمیایم جز اینکه خودمون رو تسلیم کنیم
"and now we wait until the Dog-Fish has digested us"
و حالا صبر میکنیم تا سگ ماهی ما رو هضم کرده
"But I do not want to be digested!" howled Pinocchio
"اما من نمی خواهم هضم شود "!پینوکیو زوزه می زد
and he began to cry again
و دوباره شروع به گریه کرد
"Neither do I want to be digested," added the Tunny Fish
"من نمی خواهم هضم شود، "ماهی Tunny اضافه شده است
"but I am enough of a philosopher to console myself"
اما من به اندازه کافی فیلسوف هستم تا خودم را تسلی دهم.
"when one is born a Tunny Fish life can be made sense of"
وقتی کسی متولد می شود زندگی ماهی Tunny می تواند معنی داشته باشد
"it is more dignified to die in the water than in oil"
مردن در اب شرافتمندانه تر از مردن در نفت است«.
"That is all nonsense!" cried Pinocchio
"این همه مزخرف است "!پینوکیو فریاد زد

"It is my opinion," replied the Tunny Fish
"این نظر من است، "پاسخ Tunny ماهی
"and opinions ought to be respected"
"و نظرات باید محترم شمرده شوند"
"that is what the political Tunny Fish say"
"این چیزی است که ماهی های سیاسی Tunny می گویند"
"To sum it all up, I want to get away from here"
"برای خلاصه کردن همه چیز، من می خواهم از اینجا دور شوم"
"I do want to escape."
"من می خواهم فرار کنم".
"Escape, if you are able!"
"اگر می توانید فرار کنید"!
"Is this Dog-Fish who has swallowed us very big?"
«ایا این سگ ماهی است که ما را خیلی بزرگ بلعیده است؟»
"Big? My boy, you can only imagine"
"بزرگ؟ پسرم، فقط میتونی تصور کنی"
"his body is two miles long without counting his tail"
"طول بدنش دو مایله بدون اینکه دمش رو بشماره"
they held this conversation in the dark for some time
مدتی این گفتگو را در تاریکی ادامه دادند
eventually Pinocchio's eyes adjusted to the darkness
سرانجام چشمان پینوکیو با تاریکی سازگار شد
Pinocchio thought that he saw a light a long way off
پینوکیو فکر کرد که نوری را از راه دور میبیند
"What is that little light I see in the distance?"
«این نور کوچکی که در دوردست میبینم چیست؟»
"It is most likely some companion in misfortune"
"این به احتمال زیاد یک همراه در بدبختی است"
"he, like us, is waiting to be digested"
"او، مانند ما، منتظر هضم است"
"I will go and find him"
"من میرم و پیداش میکنم"
"perhaps it is an old fish that knows his way around"
شاید این ماهی پیر است که راه خود را در اطراف می داند.
"I hope it may be so, with all my heart, dear puppet"
امیدوارم با تمام قلبم اینطور باشد، عروسک خیمه شب بازی عزیز».
"Good-bye, Tunny Fish" - "Good-bye, puppet"

"خداحافظ" - "Tunny Fish" خداحافظ عروسک خیمه شب بازی"
"and I wish a good fortune to you"
"و من ارزوی خوشبختی برای شما دارم"
"Where shall we meet again?"
«دوباره کجا همدیگر را ببینیم؟»
"Who can see such things in the future?"
«چه کسی می تواند چنین چیزهایی را در اینده ببیند؟»
"It is better not even to think of it!"
«بهتر است حتی فکرش را هم نکنیم»!

A Happy Surprise for Pinocchio
سورپرایزی برای پینوکیو

Pinocchio said farewell to his friend the Tunny Fish
پینوکیو با دوستش ماهی تونی خداحافظی کرد
and he began to grope his way through the Dog-Fish
و او شروع به grope راه خود را از طریق سگ ماهی
he took small steps in the direction of the light
قدمهای کوچکی در جهت روشنایی برداشت
the small light shining dimly at a great distance
نور کوچکی که از فاصلهی دور به طور مبهمی میدرخشد
the farther he advanced the brighter became the light
هرچه بیشتر پیش می رفت روشنایی روشن تر می شد
and he walked and walked until at last he reached it
و رفت و رفت تا سرانجام به ان رسید
and when he reached the light, what did he find?
و وقتی به نور رسید، چه چیزی پیدا کرد؟
I will let you have a thousand and one guesses
بهت اجازه میدم هزار تا حدس بزنی
what he found was a little table all prepared
چیزی که او پیدا کرد یک میز کوچک بود که همه اماده شده بودند
on the table was a lighted candle in a green bottle
روی میز شمعی روشن در یک بطری سبز رنگ قرار داشت
and seated at the table was a little old man
و پیرمردی کوچک روی میز نشسته بود
the little old man was eating some live fish
پیرمرد در حال خوردن ماهی زنده بود
and the little live fish were very much alive

و ماهیهای کوچک زنده بسیار زنده بودند

some of the little fish even jumped out of his mouth
حتی بعضی از ماهیهای کوچک از دهان او بیرون پریدند

at this sight Pinocchio was filled with happiness
با دیدن این منظره پینوکیو سرشار از شادی بود

he became almost delirious with unexpected joy
از شادی غیر منتظره تقریبا هذیان میگفت

He wanted to laugh and cry at the same time
میخواست همزمان بخندد و گریه کند.

he wanted to say a thousand things at once
میخواست هزاران چیز را فورا بگوید

but all he managed were a few confused words
اما تنها چیزی که توانست بگوید چند کلمه گیج کننده بود

At last he succeeded in uttering a cry of joy
سرانجام موفق شد فریاد شادی سر دهد

and he threw his arm around the little old man
و دست خود را به دور پیرمرد انداخت

"Oh, my dear papa!" he shouted with joy
"اوه، پدر عزیز من!" او با شادی فریاد زد

"I have found you at last!" cried Pinocchio
"من شما را در نهایت پیدا کرده اند" فریاد پینوکیو

"I will never never never never leave you again"
"من هرگز هرگز تو را ترک نخواهم کرد"

the little old man couldn't believe it either
پیرمرد هم نمیتوانست باور کند.

"are my eyes telling the truth?" he said
"ایا چشمان من حقیقت را می گویند؟" او گفت.

and he rubbed his eyes to make sure
و چشمانش را مالید تا مطمئن شود

"then you are really my dear Pinocchio?"
پس تو واقعا پینوکیو عزیزم هستی؟

"Yes, yes, I am Pinocchio, I really am!"
بله، بله، من پینوکیو هستم، واقعا هستم»!

"And you have forgiven me, have you not?"
و تو مرا بخشیدی، اینطور نیست؟»

"Oh, my dear papa, how good you are!"
اوه، بابای عزیزم، چقدر خوبی»!

"And to think how bad I've been to you"

"و فکر کردن به اینکه چقدر با تو بد بودم"
"but if you only knew what I've gone through"
اما اگه فقط می دونستی که من چه سختی هایی رو تحمل کردم
"all the misfortunes I've had poured on me"
"تمام بدبختی هایی که روی من ریخته شده"
"and all the other things that have befallen me!"
"و تمام چیزهای دیگری که برای من اتفاق افتاده است"!
"oh think back to the day you sold your jacket"
به روزی که ژاکتت رو فروختی فکر کن
"oh you must have been terribly cold"
"اوه، حتما خیلی سردت شده"
"but you did it to buy me a spelling book"
اما تو این کار رو کردی تا برام یه کتاب هجی بخری
"so that I could study like the other boys"
تا بتونم مثل بقیه بچه ها درس بخونم
"but instead I escaped to see the puppet show"
ولی بجاش فرار کردم تا نمایش عروسکی رو ببینم
"and the showman wanted to put me on the fire"
و شومن میخواست منو توی اتیش بذاره
"so that I could roast his mutton for him"
تا بتونم گوشت گوسفندش رو براش کباب کنم
"but then the same showman gave me five gold pieces"
ولی بعدش همون نمایشگر بهم پنج تیکه طلا داد
"he wanted me to give you the gold"
"اون ازم خواست که طلاها رو بهت بدم"
"but then I met the Fox and the Cat"
اما بعدش روباه و گربه رو دیدم
"and they took me to the inn of The Red Craw-Fish"
و اونا منو بردن به مسافرخانه ی سرخ خرچنگی
"and at the inn they ate like hungry wolves"
و در مسافرخانه مثل گرگهای گرسنه غذا میخوردند
"and I left by myself in the middle of the night"
"و من نیمه شب تنها موندم"
"and I encountered assassins who ran after me"
و با قاتل هایی روبرو شدم که دنبالم می دویدند
"and I ran away from the assassins"
"و من از دست قاتل ها فرار کردم"
"but the assassins followed me just as fast"
"اما قاتلین به همون سرعت دنبالم کردن"

"and I ran away from them as fast as I could"
و با تمام سرعتی که میتونستم از دستشون فرار کردم
"but they always followed me however fast I ran"
"اما اونا همیشه دنبالم می کردن هر چقدر سریع می دویدم"
"and I kept running to get away from them"
"و من به فرار کردن از دستشون ادامه دادم"
"but eventually they caught me after all"
"اما بالاخره اونا بالاخره منو گرفتن"
"and they hung me to a branch of a Big Oak"
"و اونا منو به یه شاخه بلوط بزرگ اویزون کردن"
"but then there was the beautiful Child with blue hair"
اما بعدش یه بچه خوشگل با موهای ابی بود
"she sent a little carriage to fetch me"
"اون یه کالسکه کوچیک فرستاد تا منو بیاره"
"and the doctors all had a good look at me"
"و دکترها همه خوب منو نگاه کردن"
"and they immediately made the same diagnosis"
"و انها بلافاصله همان تشخیص را انجام دادند"
"If he is not dead, it is a proof that he is still alive"
اگر او نمرده است، این اثبات این است که او هنوز زنده است.
"and then by chance I told a lie"
"و بعدش اتفاقی دروغ گفتم"
"and my nose began to grow and grow and grow"
و دماغم شروع کرد به بزرگ شدن و بزرگ شدن و بزرگ شدن
"and soon I could no longer get through the door"
و به زودی دیگه نتونستم از در رد بشم
"so I went again with the Fox and the Cat"
پس دوباره با روباه و گربه رفتم
"and together we buried the four gold pieces"
"و با هم چهار قطعه طلا رو دفن کردیم"
"because one piece of gold I had spent at the inn"
"چون یه تیکه طلا توی مسافرخانه خرج کردم"
"and the Parrot began to laugh at me"
و طوطی شروع کرد به خندیدن به من
"and there were not two thousand pieces of gold"
و دو هزار قطعه طلا وجود نداشت
"there were no pieces of gold at all anymore"
"دیگه هیچ تیکه طلا وجود نداشت"

"so I went to the judge of the town to tell him"
"بنابراین من به قاضی شهر رفتم تا به او بگویم"

"he said I had been robbed, and put me in prison"
او گفت که از من دزدی شده و مرا به زندان انداخت».

"while escaping I saw a beautiful bunch of grapes"
"در حالی که فرار می کردم، یک دسته انگور زیبا دیدم"

"but in the field I was caught in a trap"
"اما در مزرعه من در یک تله گرفتار شدم"

"and the peasant had every right to catch me"
"و اون دهاتی حق داشت منو دستگیر کند"

"he put a dog-collar round my neck"
"اون یه قلاده سگ دور گردنم گذاشت"

"and he made me the guard dog of the poultry-yard"
و اون منو سگ نگهبان مرغداری کرد

"but he acknowledged my innocence and let me go"
"اما اون بیگناهی منو قبول کرد و گذاشت برم"

"and the Serpent with the smoking tail began to laugh"
"و مار با دم دود شروع به خندیدن کرد"

"but the Serpent laughed until he broke a blood-vessel"
"اما مار خندید تا رگ خونی را شکست"

"and so I returned to the house of the beautiful Child"
و به این ترتیب من به خانه کودک زیبا بازگشتم

"but then the beautiful Child was dead"
"اما بعدش اون بچه زیبا مرده بود"

"and the Pigeon could see that I was crying"
و کبوتر می تونست ببینه که من گریه می کنم

"and the Pigeon said, 'I have seen your father'"
کبوتر گفت :من پدرت را دیدهام».

'he was building a little boat to search of you'
اون داشت یه قایق کوچیک می ساخت تا تو رو بگرده

"and I said to him, 'Oh! if I also had wings,'"
و من به او گفتم :اوه !اگر من هم بال داشتم».

"and he said to me, 'Do you want to see your father?'"
و او به من گفت :میخواهی پدرت را ببینی؟«

"and I said, 'Without doubt I would like to see him!'"
گفتم :بدون شک دوست دارم او را ببینم».

"'but who will take me to him?' I asked"

اما چه کسی مرا نزد او خواهد برد؟ «پرسیدم
"and he said to me, 'I will take you,'"
و او به من گفت،" من شما را می گیرم".
"and I said to him, 'How will you take me?'"
و من به او گفتم," چگونه می خواهی مرا ببری؟"
"and he said to me, 'Get on my back,'"
و او به من گفت،" برو پشت من،"
"and so we flew through all that night"
و ما تمام اون شب رو پرواز کردیم
"and then in the morning there were all the fishermen"
و صبح همه ماهیگیرها بودن
"and the fishermen were looking out to sea"
"و ماهیگیرها به دریا نگاه میکردن"
"and one said to me, 'There is a poor man in a boat'"
و یکی به من گفت،" یک مرد فقیر در یک قایق وجود دارد".
"he is on the point of being drowned"
"اون داره غرق میشه"
"and I recognized you at once, even at that distance
و من فورا تو را شناختم، حتی در ان فاصله.
"because my heart told me that it was you"
"چون قلبم بهم گفت که تو بودی"
"and I made signs so that you would return to land"
و من نشانه هایی ساختم تا شما به سرزمین خود بازگردید.
"I also recognized you," said Geppetto
"من همچنین شما را به رسمیت شناخته شده، گفت ":ژپتو
"and I would willingly have returned to the shore"
"و با میل و رغبت به ساحل برمیگشتم"
"but what was I to do so far out at sea?"
اما من باید این همه دور در دریا چه میکردم؟»
"The sea was tremendously angry that day"
دریا ان روز به شدت عصبانی بود».
"and a great wave came over and upset my boat"
"و موج بزرگی اومد و قایقم رو ناراحت کرد"
"Then I saw the horrible Dog-Fish"
"بعد سگ ماهی وحشتناک رو دیدم"
"and the horrible Dog-Fish saw me too"
و اون سگ ماهی وحشتناک هم منو دید

"and so the horrible Dog-Fish came to me"

و بعدش سگ ماهی وحشتناک اومد پیش من

"and he put out his tongue and swallowed me"

"و اون زبونش رو بیرون اورد و منو قورت داد"

"as if I had been a little apple tart"

"مثل اینکه من یه تارت سیب کوچولو بودم"

"And how long have you been shut up here?"

چند وقته اینجا خفه شدی؟»

"that day must have been nearly two years ago"

"اون روز باید نزدیک به دو سال پیش بوده باشد"

"two years, my dear Pinocchio," he said

"دو سال، پینوکیو عزیز من،" او گفت.

"those two years seemed like two centuries!"

ان دو سال مثل دو قرن به نظر می رسید!

"And how have you managed to live?"

"و چگونه توانستید زندگی کنید؟"

"And where did you get the candle?"

شمع را از کجا اوردید؟»

"And from where are the matches for the candle?

"و از کجا مسابقات برای شمع هستند؟

"Stop, and I will tell you everything"

"بس کن، و من همه چیز را به شما می گویم"

"I was not the only one at sea that day"

ان روز من تنها کسی نبودم که در دریا بودم».

"the storm had also upset a merchant vessel"

طوفان یه کشتی تجاری رو هم ناراحت کرده بود

"the sailors of the vessel were all saved"

"ملوانان کشتی نجات یافتند"

"but the cargo of the vessel sunk to the bottom"

"اما محموله کشتی به پایین غرق شد"

"the Dog-Fish had an excellent appetite that day"

ماهی سگی اون روز اشتهای خوبی داشت

"after swallowing me he swallowed the vessel"

"بعد از اینکه منو قورت داد اون کشتی رو قورت داد"

"How did he swallow the entire vessel?"

"چطور کل کشتی رو قورت داد؟"

"He swallowed the whole boat in one mouthful"

"اون کل قایق رو توی یه لقمه قورت داد"

"the only thing that he spat out was the mast"

"تنها چیزی که تف کرد دکل بود"

"it had stuck between his teeth like a fish-bone"

"مثل استخوان ماهی بین دندوناش گیر کرده بود"

"Fortunately for me, the vessel was fully laden"

"خوشبختانه برای من، کشتی به طور کامل پر شده بود"

"there were preserved meats in tins, biscuit"

"گوشت حفظ شده در قوطی، بیسکویت وجود دارد"

"and there were bottles of wine and dried raisins"

"و بطری های شراب و کشمش خشک شده بود"

"and I had cheese and coffee and sugar"

"و من پنیر و قهوه و شکر خوردم"

"and with the candles were boxes of matches"

و با شمع ها جعبه های کبریت بود

"With this I have been able to live for two years"

با این کار توانستم دو سال زندگی کنم«.

"But I have arrived at the end of my resources"

"اما من به پایان منابعم رسیده ام"

"there is nothing left in the larder"

"هیچی تو انبار باقی نمونده"

"and this candle is the last that remains"

"و این شمع اخرین شمعی است که باقی مانده است"

"And after that what will we do?"

و بعد از ان چه خواهیم کرد؟«

"oh my dear boy, Pinocchio," he cried

"اوه پسر عزیزم، پینوکیو، "او گریه کرد

"After that we shall both remain in the dark"

"بعد از اون هردومون توی تاریکی میمونیم"

"Then, dear little papa there is no time to lose"

"پس بابای کوچولوی عزیزم وقتی برای از دست دادن نیست"

"We must think of a way of escaping"

"ما باید راهی برای فرار کردن در نظر بگیریم"

"what way of escaping can we think of?"

به چه راهی برای فرار فکر کنیم؟«

"We must escape through the mouth of the Dog-Fish"

"ما باید از دهان سگ ماهی فرار کنیم"

"we must throw ourselves into the sea and swim away"
"ما باید خودمان را به دریا بیاندازیم و شنا کنیم"

"You talk well, my dear Pinocchio"
"خوب حرف میزنی پینوکیو عزیزم"

"but I don't know how to swim"
"اما من بلد نیستم چطور شنا کنم"

"What does that matter?" replied Pinocchio
"این چه اهمیتی دارد؟ "پینوکیو پاسخ داد

"I am a good swimmer," he suggested
"من یک شناگر خوب هستم، "او پیشنهاد کرد

"you can get on my shoulders"
"میتونی روی شونه هام باشی"

"and I will carry you safely to shore"
"و من تو رو سالم به ساحل میبرم"

"All illusions, my boy!" replied Geppetto
"همه توهمات، پسر من "!پاسخ ژپتو

and he shook his head with a melancholy smile
و با لبخندی اندوهناک سرش را تکان داد

"my dear Pinocchio, you are scarcely a yard high"
پینوکیو عزیزم، تو به سختی یه یارد ارتفاع داری

"how could you swim with me on your shoulders?"
"چطور تونستی با من روی شونه هات شنا کنی؟"

"Try it and you will see!" replied Pinocchio
پینوکیو پاسخ داد" :ان را امتحان کنید و خواهید دید"!

Without another word Pinocchio took the candle
پینوکیو بی انکه کلمهای بر زبان اورد شمع را برداشت

"Follow me, and don't be afraid"
"دنبالم بیا و نترس"

and they walked for some time through the Dog-Fish
و برای مدتی در میان سگ ماهی قدم زدند

they walked all the way through the stomach
انها تمام راه را از طریق معده راه می رفتند

and they were where the Dog-Fish's throat began
و انها جایی بودند که گلوی سگ ماهی شروع شد

and here they thought they should better stop
و در اینجا انها فکر کردند که بهتر است متوقف شوند

and they thought about the best moment for escaping
و به بهترین زمان برای فرار فکر کردند

Now, I must tell you that the Dog-Fish was very old
حالا باید به شما بگویم که سگ ماهی خیلی قدیمی بود
and he suffered from asthma and heart palpitations
و از اسم و تپش قلب رنج میبرد
so he was obliged to sleep with his mouth open
بنابراین مجبور شد با دهان باز بخوابد
and through his mouth they could see the starry sky
و از خلال دهان او اسمان پر ستاره را میدیدند
and the sea was lit up by beautiful moonlight
و دریا با نور زیبای مهتاب روشن میشد
Pinocchio carefully and quietly turned to his father
پینوکیو با دقت و اهسته رو به پدرش کرد
"This is the moment to escape," he whispered to him
"این لحظه برای فرار است، "او به او زمزمه کرد
"the Dog-Fish is sleeping like a dormouse"
"سگ ماهی مثل یه خوابگاه خوابیده"
"the sea is calm, and it is as light as day"
دریا ارام است و مثل روز روشن است.
"follow me, dear papa," he told him
"دنبال من، پدر عزیز، "او به او گفت.
"and in a short time we shall be in safety"
و در مدت کوتاهی ما در امنیت خواهیم بود
they climbed up the throat of the sea-monster
انها از گلوی هیولای دریایی بالا رفتند
and soon they reached his immense mouth
و به زودی به دهان بزرگ او رسیدند
so they began to walk on tiptoe down his tongue
به این ترتیب شروع کردند به قدم زدن روی نوک پا در زبانش
they were about to make the final leap
انها میخواستند اخرین پرش را انجام دهند
the puppet turned around to his father
عروسک به طرف پدرش برگشت
"Get on my shoulders, dear Papa," he whispered
"برو روی شونه های من، بابای عزیز، "او زمزمه کرد
"and put your arms tightly around my neck"
"و دستات رو محکم دور گردنم حلقه کن"
"I will take care of the rest," he promised
"من از بقیه مراقبت خواهم کرد، "او قول داد.
soon Geppetto was firmly settled on his son's shoulders

بزودی ژپتو بر شانههای پسرش نشست

Pinocchio took a moment to build up courage

پینوکیو لحظه ای شجاعت خود را افزایش داد

and then he threw himself into the water

و بعد خودش را در اب انداخت

and began to swim away from the Dog-Fish

و شروع به شنا کردن از سگ ماهی

The sea was as smooth as oil

دریا به نرمی روغن بود

the moon shone brilliantly in the sky

ماه در اسمان میدرخشید

and the Dog-Fish was in deep sleep

و سگ ماهی در خواب عمیق بود

even cannons wouldn't have awoken him

حتی توپها هم او را بیدار نمیکردند

Pinocchio at last Ceases to be a Puppet and Becomes a Boy
پینوکیو بالاخره عروسک خیمه شب بازی بودن را متوقف کرد و پسر شد

Pinocchio was swimming quickly towards the shore

پینوکیو به سرعت به سمت ساحل شنا میکرد

Geppetto had his legs on his son's shoulders

ژپتو پاهایش را روی شانههای پسرش گذاشته بود

but Pinocchio discovered his father was trembling

اما پینوکیو متوجه شد که پدرش میلرزد

he was shivering from cold as if in a fever

از سرما میلرزید، انگار تب داشت.

but cold was not the only cause of his trembling

اما سرما تنها علت لرزش او نبود

Pinocchio thought the cause of the trembling was fear

پینوکیو فکر میکرد علت این لرزش ترس است

and the Puppet tried to comfort his father

و عروسک سعی کرد پدرش را ارام کند

"Courage, papa! See how well I can swim?"

شجاع باش بابا !میبینی چقدر خوب میتوانم شنا کنم؟«

"In a few minutes we shall be safely on shore"

"تا چند دقیقه دیگه به سلامت در ساحل خواهیم بود"

but his father had a higher vantage point

اما پدرش برتری بیشتری داشت

"But where is this blessed shore?"

"اما این ساحل مقدس کجاست؟"

and he became even more frightened

و وحشتزدهتر شد

and he screwed up his eyes like a tailor

و چشمهایش را مثل خیاطها پیچ و مهره کرد

when they thread string through a needle

هنگامی که انها رشته را از طریق یک سوزن

"I have been looking in every direction"

"من به هر سمتی نگاه کردم"

"and I see nothing but the sky and the sea"

"و من چیزی جز اسمان و دریا نمی بینم"

"But I see the shore as well," said the puppet

"اما من ساحل را نیز می بینم، "عروسک گفت.

"You must know that I am like a cat"

"باید بدونی که من مثل یه گربه ام"

"I see better by night than by day"

"من شب بهتر از روز می بینم"

Poor Pinocchio was making a pretence

پینوکیو بیچاره تظاهر میکرد

he was trying to show optimism

سعی میکرد خوشبینی نشان دهد

but in reality he was beginning to feel discouraged

اما در واقع احساس دلسردی میکرد

his strength was failing him rapidly

نیرویش به سرعت در حال از دست دادن بود

and he was gasping and panting for breath

نفس نفس میزد و نفس نفس میزد.

He could not swim much further anymore

دیگر نمیتوانست بیشتر شنا کند.

and the shore was still far off

و ساحل هنوز دور بود

He swam until he had no breath left

او شنا کرد تا نفسش بند امده بود.

and then he turned his head to Geppetto

و بعد سر خود را به سوی ژپتو گرداند

"Papa, help me, I am dying!" he said

"بابا، کمکم کن، من دارم میمیرم"!

The father and son were on the point of drowning

پدر و پسر در حال غرق شدن بودند

but they heard a voice like an out of tune guitar

اما صدایی شبیه به گیتاری که از کوک خارج شده بود، شنیدند.

"Who is it that is dying?" said the voice

"چه کسی است که می میرد؟ "صدا گفت.

"It is I, and my poor father!"

من و پدر بیچاره‌ام»!

"I know that voice! You are Pinocchio!"

من این صدا را میشناسم !تو پینوکیو هستی«!

"Precisely; and you?" asked Pinocchio

دقیقا؛ و شما؟ "پینوکیو پرسید

"I am the Tunny Fish," said his prison companion

"من ماهی Tunny هستم، "همراه زندان خود گفت

"we met in the body of the Dog-Fish"

"ما در بدن سگ ماهی ملاقات کردیم"

"And how did you manage to escape?"

چگونه توانستید فرار کنید؟«

"I followed your example"

"من از تو پیروی کردم"

"You showed me the road"

"تو جاده رو به من نشون دادی"

"and I escaped after you"

"و من بعد از تو فرار کردم"

"Tunny Fish, you have arrived at the right moment!"

Tunny Fish"، شما در زمان مناسب رسیده اید"!

"I implore you to help us or we are dead"

"التماست میکنم که به ما کمک کنی وگرنه میمیریم"

"I will help you willingly with all my heart"

"من با تمام قلبم به تو کمک خواهم کرد"

"You must, both of you, take hold of my tail"

"شما باید، هر دو شما، دم من را نگه دارید"

"leave it to me to guide you

به من بسپارید تا شما را راهنمایی کنم

"I will take you both on shore in four minutes"

"هر دوتون رو تا 4 دقیقه دیگه به ساحل میبرم"

I don't need to tell you how happy they were
لازم نیست بهت بگم چقدر خوشحال بودن
Geppetto and Pinocchio accepted the offer at once
ژپتو و پینوکیو فورا این پیشنهاد را پذیرفتند
but grabbing the tail was not the most comfortable
اما گرفتن دم چندان راحت نبود
so they got on the Tunny Fish's back
به همین ترتیب سوار تون ماهی شدند.

The Tunny Fish did indeed take only four minutes
ماهی تنی در واقع فقط چهار دقیقه طول کشید
Pinocchio was the first to jump onto the land
پینوکیو اولین کسی بود که به زمین پرید.
that way he could help his father off the fish
به این ترتیب او می تواند به پدرش کمک کند تا ماهی را از بین ببرد
He then turned to his friend the Tunny Fish
سپس رو به دوستش ماهی تونی کرد
"My friend, you have saved my papa's life"

"دوست من، تو زندگی پدرم رو نجات دادی"

Pinocchio's voice was full of deep emotions

صدای پینوکیو پر از احساسات عمیق بود

"I can find no words with which to thank you properly"

"من هیچ کلمه ای پیدا نمی کنم که با ان از شما به درستی تشکر کنم"

"Permit me at least to give you a kiss"

"حداقل اجازه بده یه بوس بهت بدم"

"it is a sign of my eternal gratitude!"

"این نشانه ای از قدردانی ابدی من است"!

The Tunny put his head out of the water

تونی سرش را از اب بیرون اورد

and Pinocchio knelt on the edge of the shore

و پینوکیو در لبه ساحل زانو زد

and he kissed him tenderly on the mouth

و با مهربانی دهان او را بوسید

The Tunny Fish was not used to such warm affection

ماهی تنی به این محبت گرم عادت نداشت

he felt both very touched, but also ashamed

هر دو احساس ناراحتی میکرد، اما خجالت میکشید.

because he had started crying like a small child

چون مثل بچهای کوچک شروع به گریه کرده بود

and he plunged back into the water and disappeared

و دوباره در اب فرو رفت و ناپدید شد.

By this time the day had dawned

در این هنگام روز روشن شده بود

Geppetto had scarcely breath to stand

ژپتو به زحمت نفس میکشید

"Lean on my arm, dear papa, and let us go"

"به بازوی من تکیه بده، بابای عزیز، و بذار ما بریم"

"We will walk very slowly, like the ants"

"ما خیلی اهسته راه خواهیم رفت، مانند مورچه ها"

"and when we are tired we can rest by the wayside"

"و وقتی خسته شدیم میتونیم کنار جاده استراحت کنیم"

"And where shall we go?" asked Geppetto

"و کجا باید برویم؟" ژپتو پرسید

"let us search for some house or cottage"

"بذار دنبال یه خونه یا کلبه بگردیم"

"there they will give us some charity"

"در انجا به ما مقداری صدقه خواهند داد"

"perhaps we will receive a mouthful of bread"

"شاید یه لقمه نون دریافت کنیم"

"and a little straw to serve as a bed"

"و کمی کاه برای خدمت به عنوان یک تخت"

Pinocchio and his father hadn't walked very far

پینوکیو و پدرش زیاد راه نرفته بودند

they had seen two villainous-looking individuals

دو نفر را دیده بودند که قیافهشان بد بود.

the Cat and the Fox were at the road begging

گربه و روباه در جاده گدایی میکردند

but they were scarcely recognizable

اما انها به سختی قابل تشخیص بودند

the Cat had feigned blindness all her life

گربه در تمام عمرش تظاهر به نابینایی کرده بود

and now she became blind in reality

و حالا در واقعیت کور شده بود

and a similar fate must have met the Fox

و سرنوشت مشابهی باید با روباه روبرو شده باشد

his fur had gotten old and mangy

پوستتش کهنه و کهنه شده بود

one of his sides was paralyzed

یکی از پهلوهایش فلج شده بود
and he had not even his tail left
و حتی دمش را هم از دست نداده بود
he had fallen in the most squalid of misery
در بدبختی و بدبختی فرو رفته بود
and one fine day he was obliged to sell his tail
و یک روز خوب مجبور شد دم خود را بفروشد
a travelling peddler bought his beautiful tail
یک دستفروش سیار دم زیبایش را خرید
and now his tail was used for chasing away flies
و حالا از دمش برای تعقیب مگسها استفاده میشد
"Oh, Pinocchio!" cried the Fox
"اوه، پینوکیو "!روباه فریاد زد
"give a little in charity to two poor, infirm people"
کمی به دو فقیر و ناتوان صدقه دهید
"Infirm people," repeated the Cat
"مردم ناتوان، "تکرار گربه
"Be gone, impostors!" answered the puppet
"رفته، متقلب "!پاسخ عروسک خیمه شب بازی
"You fooled me once with your tricks"
"تو یه بار با حقه هات منو گول زدی"
"but you will never catch me again"
"ولی دیگه هیچوقت منو نمی گیرین"
"this time you must believe us, Pinocchio"
این بار باید حرف ما را باور کنی پینوکیو
"we are now poor and unfortunate indeed!"
ما فقیر و بدبختیم«!
"If you are poor, you deserve it"
اگر فقیر هستید، لیاقتش را دارید«.
and Pinocchio asked them to recollect a proverb
پینوکیو از انها خواست که یک ضربالمثل را به خاطر داشته باشند
"Stolen money never fructifies"
"پول دزدیده شده هرگز میوه نمی دهد"
"Be gone, impostors!" he told them
"رفته، کلاهبرداران "!او به انها گفت
And Pinocchio and Geppetto went their way in peace
و پینوکیو و ژپتو در ارامش راه خود را رفتند
soon they had gone another hundred yards
به زودی صد یارد دیگر رفته بودند

they saw a path going into a field

جادهای را دیدند که به مزرعهای میرفت

and in the field they saw a nice little hut

و در مزرعه کلبه کوچکی دیدند

the hut was made from tiles and straw and bricks

کلبه از کاشی و کاه و اجر ساخته شده بود

"That hut must be inhabited by someone"

"اون کلبه باید توسط یه نفر ساکن بشه"

"Let us go and knock at the door"

"بیا بریم و در بزنیم"

so they went and knocked at the door

بنابراین رفتند و در زدند

from in the hut came a little voice

از کلبه صدای کوچکی به گوش رسید

"who is there?" asked the little voice

"چه کسی وجود دارد؟ "صدای کوچک پرسید

Pinocchio answered to the little voice

پینوکیو به صدای کوچکش پاسخ داد:

"We are a poor father and son"

"ما یک پدر و پسر فقیر هستیم"

"we are without bread and without a roof"

"ما بدون نان و بدون سقف هستیم"

the same little voice spoke again:

همان صدای کوچک دوباره گفت:

"Turn the key and the door will open"

"کلید رو برگردون و در باز میشه"

Pinocchio turned the key and the door opened

پینوکیو کلید را چرخاند و در باز شد

They went in and looked around

وارد شدند و به اطراف نگاه کردند.

they looked here, there, and everywhere

انها اینجا، انجا و همه جا را نگاه کردند.

but they could see no one in the hut

اما در کلبه کسی را نمیدیدند

Pinocchio was much surprised the hut was empty

پینوکیو تعجب کرد که کلبه خالی است

"Oh! where is the master of the house?"

"اوه !ارباب خانه کجاست؟«

"Here I am, up here!" said the little voice
"من اینجا هستم، اینجا "!صدای کوچک گفت

The father and son looked up to the ceiling
پدر و پسر به سقف نگاه کردند

and on a beam they saw the talking little Cricket
و روی تیری، جیرجیرک کوچک را دیدند که حرف میزد.

"Oh, my dear little Cricket!" said Pinocchio
"اوه، کریکت کوچک عزیز من "پینوکیو گفت

and Pinocchio bowed politely to the little Cricket
پینوکیو مؤدبانه به جیرجیرک کوچک تعظیم کرد

"Ah! now you call me your dear little Cricket"
"اه !حالا تو منو جیرجیرک کوچولوی عزیزت صدا میکنی

"But do you remember when we first met?"
اما اولین باری که همدیگر را دیدیم را به یاد دارید؟»

"you wanted me gone from your house"
"تو میخواستی من از خونت بیرون بیام"

"and you threw the handle of a hammer at me"
"و تو دسته چکش رو به سمت من پرت کردی"

"You are right, little Cricket! Chase me away also!"
حق با شماست کریکت کوچک !مرا هم دور کن»!

"Throw the handle of a hammer at me"
"دسته چکش رو به سمت من پرت کن"

"but please, have pity on my poor papa"
"اما لطفا به پدر بیچاره من رحم کنید"

"I will have pity on both father and son"
"من به پدر و پسر رحم خواهم کرد"

"but I wished to remind you my ill treatment"
اما میخواستم بدرفتاریم رو به تو یاداوری کنم

"the ill treatment I received from you"
"رفتار بدی که تو با من کردی"

"but there's a lesson I want you to learn"
اما یه درسی هست که میخوام یاد بگیری

"life in this world is not always easy"
"زندگی در این دنیا همیشه اسان نیست"

"when possible, we must be courteous to everyone"
در صورت امکان، باید با همه مودب باشیم».

"only so can we expect to receive courtesy"

"فقط میتونیم انتظار داشته باشیم که ادب و احترام رو دریافت کنیم"
"because we never know when we might be in need"
چون ما هرگز نمی دانیم که چه زمانی ممکن است به ان نیاز داشته باشیم.
"You are right, little Cricket, you are right"
"حق با تونه کریکت کوچولو، حق با تونه"
"and I will bear in mind the lesson you have taught me"
"و درسی که بهم یاد دادی رو به خاطر خواهم داشت"
"But tell me how you managed to buy this beautiful hut"
"اما به من بگویید که چگونه شما موفق به خرید این کلبه زیبا"
"This hut was given to me yesterday"
"این کلبه دیروز به من داده شد"
"the owner of the hut was a goat"
"صاحب کلبه بز بود"
"and she had wool of a beautiful blue colour"
"و اون پشمی به رنگ ابی زیبا داشت"
Pinocchio grew lively and curious at this news
پینوکیو با این خبر سر و صدا و کنجکاوی کرد
"And where has the goat gone?" asked Pinocchio
"و بز کجا رفته است؟ "پینوکیو پرسید
"I do not know where she has gone"
"نمیدونم کجا رفته"
"And when will the goat come back?" asked Pinocchio
"و چه زمانی بز باز خواهد گشت؟ "پینوکیو پرسید
"oh she will never come back, I'm afraid"
"اوه اون هیچوقت برنمیگرده، میترسم"
"she went away yesterday in great grief"
"دیروز با اندوه فراوان رفت"
"her bleating seemed to want to say something"
"به نظر می رسید که بعبعش میخواست چیزی بگوید"
"Poor Pinocchio! I shall never see him again"
پینوکیو بیچاره !دیگر هرگز او را نخواهم دید«.
"by now the Dog-Fish must have devoured him!"
"تا الان سگ ماهی باید اونو خورده باشد"
"Did the goat really say that?"
ایا بز واقعا این را گفت؟«
"Then it was she, the blue goat"
"بعدش اون بود، بز ابی"

"It was my dear little Fairy," exclaimed Pinocchio

"این پری کوچک عزیز من بود، "پینوکیو فریاد زد

and he cried and sobbed bitter tears

و گریه میکرد و اشک میریخت.

When he had cried for some time he dried his eyes

پس از انکه مدتی گریه کرد چشمانش را خشک کرد

and he prepared a comfortable bed of straw for Geppetto

و برای ژپتو تخت راحتی از کاه اماده کرد

Then he asked the Cricket for more help

سپس از کریکت کمک بیشتری خواست.

"Tell me, little Cricket, please"

"بهم بگو کریکت کوچولو، لطفا"

"where can I find a tumbler of milk"

"کجا میتونم یه لیوان شیر پیدا کنم"

"my poor papa has not eaten all day"

"بابای بیچاره من تمام روز غذا نخورده"

"Three fields from here there lives a gardener"

"سه تا مزرعه از اینجا یه باغبان زندگی میکنه"

"the gardener is called Giangio"

"باغبان را جیانجیو می نامند"

"and in his garden he also has cows"

"و در باغش هم گاو دارد"

"he will let you have the milk you want"

"اون بهت اجازه میده شیری که میخوای رو داشته باشی"

Pinocchio ran all the way to Giangio's house

پینوکیو تمام راه را تا خانه جیانجیو دوید

and the gardener asked him:

باغبان از او پرسید:

"How much milk do you want?"

«چقدر شیر میخوای؟»

"I want a tumblerful," answered Pinocchio

"من می خواهم یک tumblerful" ، "پینوکیو پاسخ داد

"A tumbler of milk costs five cents"

"یک لیوان شیر پنج سنت قیمت دارد"

"Begin by giving me the five cents"

"با دادن پنج سنت به من شروع کن"

"I have not even one cent," replied Pinocchio

"من حتی یک سنت ندارم، "پینوکیو پاسخ داد

and he was grieved from being so penniless

و از این که این همه بیپول بود ناراحت بود.

"That is bad, puppet," answered the gardener

"این بد است، عروسک خیمه شب بازی، "باغبان پاسخ داد

"If you have not one cent, I have not a drop of milk"

اگر شما یک سنت نداشته باشید، من یک قطره شیر ندارم.

"I must have patience!" said Pinocchio

"من باید صبر داشته باشم "!پینوکیو گفت

and he turned to go again

و برگشت تا دوباره برود

"Wait a little," said Giangio

"کمی صبر کنید، Giangio "گفت.

"We can come to an arrangement together"

"میتونیم با هم به توافق برسیم"

"Will you undertake to turn the pumping machine?"

"ایا شما متعهد به چرخاندن دستگاه پمپاژ؟"

"What is the pumping machine?"

دستگاه پمپاژ چیست؟«

"It is a kind of wooden screw"

"این یک نوع پیچ چوبی است"

"it serves to draw up the water from the cistern"

"اب را از اب انبار بیرون می اورد"

"and then it waters the vegetables"

"و بعد سبزیجات رو اب می کنه"

"I can try to turn the pumping machine"

"من می توانم سعی کنم دستگاه پمپاژ را بچرخانم"

"great, I need a hundred buckets of water"

"عالیه، من به صد سطل اب نیاز دارم"

"and for the work you'll get a tumbler of milk"

"و برای این کار یه لیوان شیر گیرت میاد"

"we have an agreement," confirmed Pinocchio

"ما یک توافق داریم، "پینوکیو تایید کرد

Giangio then led Pinocchio to the kitchen garden

جیانجیو پینوکیو را به باغ اشپزخانه برد

and he taught him how to turn the pumping machine

و به او یاد داد که چگونه دستگاه پمپاژ را بچرخاند

Pinocchio immediately began to work
پینوکیو بلافاصله شروع به کار کرد
but a hundred buckets of water was a lot of work
اما صد سطل اب کار زیادی بود
the perspiration was pouring from his head
عرق از سرش جاری بود
Never before had he undergone such fatigue
هرگز تا این حد خسته نشده بود.
the gardener came to see Pinocchio's progress
باغبان برای دیدن پیشرفت پینوکیو امد
"my little donkey used to do this work"
"خر کوچولوی من عادت داشت این کار رو بکنه"
"but the poor animal is dying"
اما حیوون بیچاره داره میمیره
"Will you take me to see him?" said Pinocchio
پینوکیو گفت" :ایا مرا به دیدن او می بردی؟"
"sure, please come to see my little donkey"
"حتما، لطفا برای دیدن الاغ کوچک من بیایید"
Pinocchio went into the stable
پینوکیو به اصطبل رفت
and he saw a beautiful little donkey
و او را دیدم یک الاغ کوچک زیبا
but the donkey was stretched out on the straw
اما خر روی کاه دراز شده بود
he was worn out from hunger and overwork
از گرسنگی و کار زیاد خسته شده بود
Pinocchio was much troubled by what he saw
پینوکیو از انچه میدید بسیار ناراحت بود.
"I am sure I know this little donkey!"
مطمئنم که این الاغ کوچولو رو میشناسم«!
"His face is not new to me"
"چهره او برای من جدید نیست"
and Pinocchio came closer to the little Donkey
و پینوکیو به خر کوچولو نزدیکتر شد
and he spoke to him in asinine language:
و با زبان نامتجانی با او سخن میگفت:
"Who are you?" asked Pinocchio
"شما چه کسی هستید؟ "پینوکیو پرسید

the little donkey opened his dying eyes

الاغ کوچک چشمانش را که در حال مرگ بود باز کرد

and he answered in broken words in the same language:

و با کلمات درهم شکسته به همان زبان پاسخ داد:

"I... am... Candle-wick"

"من ...هستم ...شمع فتیله"

And, having again closed his eyes, he died

و وقتی دوباره چشمانش را بست، مرد.

"Oh, poor Candle-wick!" said Pinocchio

"اوه، فقیر شمع فتیله "!گفت :پینوکیو

and he took a handful of straw

و یک مشت کاه برداشت

and he dried a tear rolling down his face

و اشکی را که روی صورتش میغلتد خشک کرد

the gardener had seen Pinocchio cry

باغبان گریه پینوکیو را دیده بود

"Do you grieve for a dead donkey?"

"ایا شما برای یک الاغ مرده سوگواری می کنید؟"

"it was not even your donkey"

"حتی الاغ تو هم نبود"

"imagine how I must feel"

"تصور کن چه حسی دارم"

Pinocchio tried to explain his grief

پینوکیو سعی کرد غم و اندوه خود را توضیح دهد

"I must tell you, he was my friend!"

باید به شما بگویم که او دوست من بود»!

"Your friend?" wondered the gardener

"دوست شما؟ "باغبان تعجب کرد

"yes, one of my school-fellows!"

"بله، یکی از دانش اموزان من"!

"How?" shouted Giangio, laughing loudly

"چگونه؟ Giangio "فریاد زد، خنده با صدای بلند

"Did you have donkeys for school-fellows?"

"ایا شما الاغ برای بچه های مدرسه ای داشتید؟"

"I can imagine the wonderful school you went to!"

"من می توانم تصور کنم که مدرسه فوق العاده ای که شما به ان رفتید"!

The puppet felt mortified at these words

عروسک از این کلمات احساس ناراحتی میکرد

but Pinocchio did not answer the gardener
اما پینوکیو جواب باغبان را نداد

he took his warm tumbler of milk
لیوان شیر گرمش را برداشت

and he returned back to the hut
و به کلبه برگشت

for more than five months he got up at daybreak
بیش از پنج ماه در سپیده دم از جا برخاست

every morning he turned the pumping machine
هر روز صبح دستگاه پمپاژ را می چرخاند

and each day he earned a tumbler of milk
و هر روز یک لیوان شیر به دست می اورد

the milk was of great benefit to his father
شیر برای پدرش بسیار سودمند بود

because his father was in a bad state of health
چون پدرش وضع سلامتی بدی داشت

but Pinocchio was now satisfied with working
اما پینوکیو اکنون از کار کردن راضی بود

during the daytime he still had time
در طول روز هنوز وقت داشت

so he learned to make baskets of rushes
بنابر این یاد گرفت که سبدهای پر از عجله درست کند

and he sold the baskets in the market
و سبدها را در بازار میفروخت

and the money covered all their expenses
و این پول تمام مخارج انها را تامین کرد

he also constructed an elegant little wheel-chair
او همچنین یک صندلی چرخدار کوچک زیبا ساخت

and he took his father out in the wheel-chair
و پدرش را روی صندلی چرخدار برد

and his father got to breathe fresh air
و پدرش هوای تازه تنفس میکرد

Pinocchio was a hard working boy
پینوکیو یک پسر سخت کوش بود

and he was ingenious at finding work
و در پیدا کردن کار بسیار هوشمندانه عمل میکرد

he not only succeeded in helping his father
نه تنها توانسته بود به پدرش کمک کند

but he also managed to save five dollars
اما او همچنین موفق به صرفه جویی در پنج دلار

One morning he said to his father:

یک روز صبح به پدرش گفت:

"I am going to the neighbouring market"

"من به بازار همسایه می روم"

"I will buy myself a new jacket"

"من برای خودم یک ژاکت جدید می خرم"

"and I will buy a cap and pair of shoes"

"و من یه کلاه و یه جفت کفش میخرم"

and Pinocchio was in jolly spirits

و پینوکیو سرحال بود

"when I return you'll think I'm a gentleman"

"وقتی برگردم فکر میکنی من یه جنتلمنم"

And he began to run merrily and happily along

و با خوشحالی و خوشحالی شروع به دویدن کرد.

All at once he heard himself called by name

ناگهان شنید که خود را به نام صدا زدند

he turned around and what did he see?

برگشت و چی دید؟

he saw a Snail crawling out from the hedge

حلزونی را دید که از پرچین بیرون خزید

"Do you not know me?" asked the Snail

"ایا شما مرا نمی شناسید؟" حلزون پرسید

"I'm sure I know you," thought Pinocchio

"من مطمئن هستم که من شما را می دانم, "پینوکیو فکر کرد

"and yet I don't know from where I know you"

"و هنوز نمیدونم از کجا میشناسمت"

"Do you not remember the Snail?"

«حلزون را به یاد نمیاوری؟»

"the Snail who was a lady's-maid"

"حلزونی که خدمتکار خانم بود"

"a maid to the Fairy with blue hair"

"خدمتکار پری با موهای ابی"

"Do you not remember when you knocked on the door?"

«یادت نمیاد کی در زدی؟»

"and I came downstairs to let you in"

"و من اومدم طبقه پایین تا بذارم بیای تو"

"and you had your foot caught in the door"

- 304 -

"و تو پاتو توی در گیر کردی"

"I remember it all," shouted Pinocchio

"من همه چیز را به یاد می اورم، "پینوکیو فریاد زد

"Tell me quickly, my beautiful little Snail"

"سریع بهم بگو حلزون کوچولوی خوشگل من"

"where have you left my good Fairy?"

«پری خوب من را کجا گذاشتی؟»

"What is she doing?"

"اون داره چیکار میکنه؟"

"Has she forgiven me?"

«ایا او مرا بخشیده است؟»

"Does she still remember me?"

«ایا او هنوز مرا به یاد دارد؟»

"Does she still wish me well?"

"ایا او هنوز هم برای من ارزوی موفقیت می کند؟"

"Is she far from here?"

«ایا او از اینجا دور است؟»

"Can I go and see her?"

«میتونم برم ببینمش؟»

these were a lot of questions for a snail

اینها سؤالات زیادی برای یک حلزون بود

but she replied in her usual phlegmatic manner

اما با حالت خلط همیشگیاش جواب داد:

"My dear Pinocchio," said the snail

"پینوکیو عزیز من، "حلزون گفت

"the poor Fairy is lying in bed at the hospital!"

پری بیچاره در بیمارستان روی تخت دراز کشیده است!

"At the hospital?" cried Pinocchio

"در بیمارستان؟ "پینوکیو فریاد زد

"It is only too true," confirmed the snail

"این فقط بیش از حد درست است، "حلزون تایید کرد

"she has been overtaken by a thousand misfortunes"

"هزاران بدبختی به او دست داده اند"

"she has fallen seriously ill"

"او به شدت بیمار شده است"

"she has not even enough to buy herself a mouthful of bread"

"او حتی به اندازه کافی برای خرید یک لقمه نان برای خود ندارد"

"Is it really so?" worried Pinocchio

"ایا واقعا اینطور است؟ "پینوکیو نگران شد

"Oh, what sorrow you have given me!"

"اوه، چه غم و اندوهی به من دادی"!

"Oh, poor Fairy! Poor Fairy! Poor Fairy!"

اوه، پری بیچاره !پری بیچاره !بیچاره پری«!

"If I had a million I would run and carry it to her"

"اگر من یک میلیون داشتم، می دویدم و ان را به او می دادم".

"but I have only five dollars"

اما من فقط پنج دلار دارم

"I was going to buy a new jacket"

"من می خواستم یک ژاکت جدید بخرم"

"Take my coins, beautiful Snail"

"سکه های من را بگیر، حلزون زیبا"

"and carry the coins at once to my good Fairy"

"و سکه ها را به یک باره برای پری خوب من حمل کنید"

"And your new jacket?" asked the snail

"و ژاکت جدید خود را؟ "حلزون پرسید

"What matters my new jacket?"

ژاکت جدید من چه اهمیتی دارد؟«

"I would sell even these rags to help her"

"من حتی این ژندهپوشها رو هم میفروشم تا کمکش کنم"

"Go, Snail, and be quick"

"برو حلزون و سریع باش"

"return to this place, in two days"

"بازگشت به اینجا، در دو روز"

"I hope I can then give you some more money"

امیدوارم بتوانم پول بیشتری به شما بدهم«.

"Up to now I worked to help my papa"

"تا الان برای کمک به پدرم کار میکردم"

"from today I will work five hours more"

"از امروز من پنج ساعت بیشتر کار خواهم کرد"

"so that I can also help my good mamma"

تا بتونم به مامان خوبم کمک کنم

"Good-bye, Snail," he said

"خداحافظ حلزون، "او گفت.

"I shall expect you in two days"
"دو روز دیگه منتظرت خواهم بود"
at this point the snail did something unusual
در این لحظه حلزون کاری غیرعادی انجام داد
she didn't move at her usual pace
او با سرعت معمول خود حرکت نمیکرد
she ran like a lizard across hot stones
مثل مارمولک روی سنگهای داغ میدوید
That evening Pinocchio sat up till midnight
ان شب پینوکیو تا نیمه شب بیدار نشست
and he made not eight baskets of rushes
و هشت سبد را هم نمیساخت،
but be made sixteen baskets of rushes that night
اما در ان شب شانزده سبد پر از گل و بوته درست کردند
Then he went to bed and fell asleep
سپس به رختخواب رفت و به خواب رفت.
And whilst he slept he thought of the Fairy
و در حالی که خواب بود به یاد پری میشتپید
he saw the Fairy, smiling and beautiful
پری را دید که لبخند میزد و زیبا بود.
and he dreamt she gave him a kiss
و خواب دید که او او را بوسیده است
"Well done, Pinocchio!" said the fairy
"افرین، پینوکیو "!گفت :پری
"I will forgive you for all that is past"
"من تو را برای تمام چیزهایی که گذشته است می بخشم"
"To reward you for your good heart"
"تا به خاطر قلب خوبت بهت پاداش بده"
"there are boys who minister tenderly to their parents"
"پسرهایی هستن که با مهربانی به پدر و مادرشون وزیری می کنند"
"they assist them in their misery and infirmities"
"انها انها را در بدبختی و ضعف خود کمک می کنند"
"such boys are deserving of great praise and affection"
"چنین پسرانی سزاوار ستایش و محبت زیادی هستند"
"even if they cannot be cited as examples of obedience"
"حتی اگر انها را نمی توان به عنوان نمونه ای از اطاعت ذکر کرد"
"even if their good behaviour is not always obvious"
"حتی اگر رفتار خوب انها همیشه اشکار نباشد"

"Try and do better in the future and you will be happy"
"سعی کنید در اینده بهتر عمل کنید و خوشحال خواهید شد".
At this moment his dream ended
در این لحظه رؤیای او به پایان رسید
and Pinocchio opened his eyes and awoke
پینوکیو چشمانش را باز کرد و بیدار شد.
you should have been there for what happened next
تو باید برای اتفاقی که بعدش افتاد اونجا میبودی
Pinocchio discovered that he was no longer a wooden puppet
پینوکیو کشف کرد که او دیگر یک عروسک چوبی نیست
but he had become a real boy instead
اما در عوض به یک پسر واقعی تبدیل شده بود
a real boy just like all other boys
یک پسر واقعی درست مثل بقیه پسرها
Pinocchio glanced around the room
پینوکیو نگاهی به اطراف انداخت
but the straw walls of the hut had disappeared
اما دیوارهای کاهی کلبه ناپدید شده بود
now he was in a pretty little room
اکنون در اتاق بسیار کوچکی بود
Pinocchio jumped out of bed
پینوکیو از تخت بیرون پرید
in the wardrobe he found a new suit of clothes
در کمد لباس یک کت و شلوار جدید پیدا کرد
and there was a new cap and pair of boots
و یک کلاه نو و یک جفت چکمه در دست داشت
and his new clothes fitted him beautifully
و لباسهای نو او را به زیبایی میپوشانید
he naturally put his hands in his pocket
طبیعتا دستهایش را در جیب گذاشت
and he pulled out a little ivory purse
و یک کیف عاج کوچک بیرون اورد
on on the purse were written these words:
روی کیف این کلمات نوشته شده بود:
"From the Fairy with blue hair"
"از پری با موهای ابی"
"I return the five dollars to my dear Pinocchio"
من پنج دلار رو به پینوکیو عزیزم برگردونم

"and I thank him for his good heart"
"و من از او به خاطر قلب خوبش تشکر میکنم"

He opened the purse to look inside
کیف را باز کرد تا نگاهی به داخل ان کند

but there were not five dollars in the purse
اما در کیف پول پنج دلار نبود

instead there were fifty shining pieces of gold
در عوض پنجاه قطعه طلای درخشان وجود داشت

the coins had come fresh from the minting press
سکهها تازه از مطبوعات ضرب شده بودند

he then went and looked at himself in the mirror
سپس رفت و خود را در اینه نگاه کرد

and he thought he was someone else
و فکر میکرد که شخص دیگری است

because he no longer saw his usual reflection
چون دیگر افکار عادی خود را نمیدید،

he no longer saw a wooden puppet in the mirror
دیگر عروسک چوبی را در اینه نمیدید

he was greeted instead by a different image
در عوض تصویر دیگری از او استقبال کرد

the image of a bright, intelligent boy
تصویر یک پسر باهوش و باهوش

he had chestnut hair and blue eyes
موهای شاه بلوطی و چشمان ابی داشت

and he looked as happy as can be
و تا انجا که میتوانست خوشحال به نظر میرسید

as if it were the Easter holidays
گویی تعطیلات عید پاک است

Pinocchio felt quite bewildered by it all
پینوکیو از این همه احساس سردرگمی میکرد

he could not tell if he was really awake
نمیتوانست تشخیص دهد که ایا واقعا بیدار است یا نه

maybe he was dreaming with his eyes open
شاید با چشمان باز خواب میدید

"Where can my papa be?" he exclaimed suddenly
"پدر من کجا می تواند باشد؟ "او ناگهان فریاد زد

and he went into the next room
و به اتاق مجاور رفت

there he found old Geppetto quite well

در انجا ژپتو پیر را به خوبی یافت

he was lively, and in good humour

سرحال و شوخ طبع بود

just as he had been formerly

درست مثل سابق،

He had already resumed his trade of wood-carving

او قبلا تجارت چوب کنده کاری را از سر گرفته بود

and he was designing a beautiful picture frame

و او در حال طراحی یک قاب عکس زیبا بود

there were leaves flowers and the heads of animals

برگهای گل و سر حیوانات وجود داشت

"Satisfy my curiosity, dear papa," said Pinocchio

پینوکیو گفت :کنجکاوی من را براورده کن، بابای عزیز.

and he threw his arms around his neck

و دستهایش را به دور گردنش حلقه کرد

and he covered him with kisses

و او را با بوسه پوشاند

"how can this sudden change be accounted for?"

"چگونه می توان این تغییر ناگهانی را به حساب اورد؟"

"it comes from all your good doing," answered Geppetto

"این از تمام کارهای خوب شما می اید، "ژپتو پاسخ داد

"how could it come from my good doing?"

"چگونه می تواند از کار خوب من باشد؟"

"something happens when naughty boys turn over a new leaf"

"وقتی پسرای شیطون یه برگ جدید رو برمیگردن یه اتفاقی میفته"

"they bring contentment and happiness to their families"

"انها رضایت و خوشبختی را برای خانواده هایشان به ارمغان می اورند"

"And where has the old wooden Pinocchio hidden himself?"

و پینوکیو چوبی قدیمی خودش را کجا پنهان کرده است؟»

"There he is," answered Geppetto

"او اینجاست، "ژپتو پاسخ داد

and he pointed to a big puppet leaning against a chair

و به عروسک بزرگی اشاره کرد که به صندلی تکیه داده بود

the Puppet had its head on one side

عروسک سر خود را در یک طرف قرار داده بود

its arms were dangling at its sides

بازوانش از پهلو اویخته بود

and its legs were crossed and bent

و پاهایش را روی هم انداخته و خم کرده بود.

it was really a miracle that it remained standing

واقعا معجزه بود که هنوز ایستاده بود

Pinocchio turned and looked at it

پینوکیو برگشت و به ان نگاه کرد

and he proclaimed with great complacency:

و با کمال رضایت اعلام کرد:

"How ridiculous I was when I was a puppet!"

چقدر مسخره بودم وقتی عروسک بودم«!

"And how glad I am that I have become a well-behaved little boy!"

چقدر خوشحالم که به یک پسر کوچک خوشرفتار تبدیل شدهام«!

www.ingramcontent.com/pod-product-compliance
Lightning Source LLC
Chambersburg PA
CBHW012002090526
44590CB00026B/3834